Socios en la integración productiva

PABLO TRUCCO (EDITOR)

Socios en la integración productiva

La estrategia asociativa de las empresas en el Mercosur

teseo

FLACSO
ARGENTINA

LATN
Red Latinoamericana
de Política Comercial

Rede Latino-Americana
de Política Comercial

Latin American
Trade Network

Trucco, Pablo

Socios en la integración productiva : la estrategia asociativa de las empresas en el Mercosur /
Pablo Trucco ; coordinación general de Pablo Trucco. - 1a ed. . - Ciudad Autónoma de Buenos
Aires : Teseo, 2015.

240 p. ; 23 x 15 cm.

ISBN 978-987-723-049-9

1. Integración. 2. Asociativismo. 3. Mercosur. I. Trucco, Pablo , coord. II. Título.

CDD 338.9

© Editorial Teseo, 2015

© Flacso Argentina, 2015

© LATN, 2015

Buenos Aires, Argentina

ISBN 978-987-723-049-9

Editorial Teseo

Hecho el depósito que previene la ley 11.723

Para sugerencias o comentarios acerca del contenido de esta obra, escríbanos a:
info@editorialteseo.com

www.editorialteseo.com

Índice

AGRADECIMIENTOS

Esta investigación es el fruto de una confluencia de esfuerzos y recursos de instituciones, investigadores y consultores comprometidos con la temática de la integración productiva y el desarrollo industrial en el Mercosur. Sin la contribución de cada uno de ellos, esta publicación no hubiera sido posible. A todos ellos, nuestro sincero agradecimiento.

En particular, debemos un agradecimiento especial a Diana Tussie, coordinadora del Observatorio de Emprendimientos Conjuntos e Integración Productiva del Mercosur (Observatorio IP, de la Red LATN), quien alentó y apoyó desde el primer momento el desarrollo de este estudio para profundizar el conocimiento de las estrategias empresarias en la integración productiva del bloque. Melisa Deciancio, Investigadora del Área de Relaciones Internacionales de FLACSO, ha sido un sostén incondicional a lo largo de todo el proyecto y ha tenido una participación decisiva en el rumbo de la investigación. Debemos asimismo un agradecimiento especial al Banco Interamericano de Desarrollo, tanto por su apoyo económico como por la dedicación ofrecida por sus funcionarios a la creación del Observatorio IP, la gestión del proyecto y la difusión de sus resultados. En este sentido, agradecemos el apoyo del Jefe de Proyecto, Pablo García, quien acompañó con paciencia el día a día de la construcción del Observatorio IP, y a Gustavo Beliz, Alejandro Ramos Martínez y Romina Gayá, del INTAL, quienes generosamente ofrecieron un espacio para dar a conocer los primeros hallazgos. Eduardo Bianchi desde la Secretaría de Industria de Argentina y Welber Barral desde la Secretaría de Comercio Exterior de Brasil se involucraron en el proyecto desde su nacimiento y ofrecieron un inestimable apoyo gubernamental para comprender los alcances de la integración productiva en el Mercosur.

Este libro se ha beneficiado asimismo de valiosas ideas y sugerencias provenientes del encuentro de trabajo del Observatorio IP en Montevideo, realizado en noviembre de 2014, aportadas por integrantes de su Comité Estratégico y de su Comité Técnico Consultivo. Agradecemos por ello a Ricardo Beltramino y Romina Gómez, del Ministerio de Industria de Argentina, Ana Caroline Suzuki Bellucci, del Ministério do

Desenvolvimento, Indústria e Comércio Exterior de Brasil, Lisa Oviedo y Diana Carolina Centurión, del Ministerio de Industria y Comercio de Paraguay, y a Natalia Bertullo, del Ministerio de Industria, Energía y Minería de Uruguay, así como a Rubén Geneyro y María Fernanda Becce, del Ministerio de Producción de la Provincia de Buenos Aires, y a Gustavo Bittencourt, de la UDELAR.

Un proyecto relacionado y financiado por el Centro Internacional de Investigaciones para el Desarrollo (IDRC, por sus siglas en inglés) de Canadá, enfocado en el crecimiento verde e inclusivo, enriqueció esta investigación a través de sus estudios, contribuyendo a la generación de sinergias entre ambas líneas de investigación de la Red LATN. Por ello agradecemos también a Ben Petrazzini, Director Regional de IDRC en Montevideo, y a Cintia Quiliconi, Juliana Peixoto y Diego Taraborelli, quienes coordinaron esa investigación y compartieron sus resultados con los autores de este libro. Los colegas del Área de Relaciones Internacionales de FLACSO-Argentina, Marcelo Saguier, Pablo Nemiña y Belén Herrero, contribuyeron de diferentes formas a la realización de esta obra. A ellos también nuestro agradecimiento.

Por supuesto, no podemos omitir nuestra gratitud hacia el equipo de más de veinte consultores de los países del Mercosur que con incansable empeño recolectaron y organizaron la información incorporada en las bases de datos del Observatorio IP utilizadas posteriormente para los estudios incluidos en este libro. Los primeros análisis realizados por ellos también han sido de gran ayuda para esta obra.

Este libro no hubiera sido posible sin el esmero, la paciencia y el trabajo diligente de los autores de los capítulos, quienes llevaron adelante sus estudios de acuerdo a los términos de referencia de la investigación y se mostraron predispuestos a realizar modificaciones a las sucesivas versiones de sus trabajos, facilitando de esa manera una aproximación articulada e integral del accionar de las empresas en el marco de la integración productiva en el Mercosur. Por ello, nuestro enorme reconocimiento.

Finalmente, agradecemos a Agustina Rayes la invalorable ayuda en la edición de los capítulos, a Carolina Del' Acqua y Miranda Gilbert, del Banco Interamericano de Desarrollo, quienes se abocaron a la incansable tarea de llevar adelante las actividades administrativas vinculadas a la gestión del proyecto, y a Octavio Kulesz y Laura Díaz, de la Editorial Teseo, quienes una y otra vez mostraron la mayor predisposición para adecuar las necesidades de la editorial con los tiempos del proyecto.

Aprovechamos también este espacio para aclarar que las afirmaciones y recomendaciones incluidas en este libro reflejan el pensamiento de los autores que firman los capítulos y, por lo tanto, son de su exclusiva responsabilidad. Las mismas no necesariamente reflejan la opinión de las instituciones financiadoras de la investigación, de la Red LATN, de las instituciones que ayudaron a su difusión, ni de ninguna otra persona física o jurídica.

Pablo Trucco
Buenos Aires, agosto de 2015

Acrónimos

ACE Asociaciones de Colaboración Empresaria
ACE Acuerdo de Complementación Económica
AEC Arancel Externo Común
APL Arreglos Productivos Locales
ASEAN Asociación de Naciones del Sudeste Asiático
BID Banco Interamericano de Desarrollo
BNDES Banco Nacional de Desarrollo Económico y Social (Brasil)
CADER Cámara Argentina de Energías Renovables
CEF Caja de Economía Federal (Brasil)
CEMIG Compañía Energética de Minas Gerais (Brasil)
CEPAL Comisión Económica para América Latina
CIIU Clasificación Industrial Internacional Uniforme
CIPIBIC Cámara de Industriales de Proyectos e Ingeniería de Bienes de
    Capital (Argentina)
CTA Centro de Tecnología Aeroespacial (Brasil)
DICYT Dirección de Invocación, Ciencia y Tecnología para el Desarrollo
    (Uruguay)
EDS Embraer Defensa y Seguridad (Brasil)
EEC Emprendimientos Empresariales Conjuntos
EMBRAER Empresa Brasilera de Aeronáutica
EMBRAPA Empresa Brasileña de Investigaciones Agropecuarias
ENARSA Energía Argentina Sociedad Anónima
FAB Fuerza Aérea Brasileña
FADEA Fábrica de Aviones Brigadier San Martín S.A. (Argentina)
FINAME Financiamiento de Máquinas y Equipamientos (Brasil)
FGTS Fundo de Garantía do Tempo de Serviço (Brasil)
FMA Fábrica Militar de Aviones (Argentina)
FOCEM Fondo de Convergencia Estructural del Mercosur
GEI Gases Efecto Invernadero
GENREN Programa de Generación de Energías Renovables (Argentina)
GIP Grupo de Integración Productiva (Mercosur)
I+D Investigación y Desarrollo

IED Inversión Extranjera Directa
IMPSA Industrias Metalúrgicas Pescarmona Sociedad Anónima
INTI Instituto Nacional de Tecnología Industrial (Argentina)
IPD Instituto de Investigación y Desarrollo (Brasil)
ITA Ingeniería del Instituto de Tecnología Aeronáutica (Brasil)
JAEC Japanese Aero Engines Corporation
LATN Red Latinoamericana de Política Comercial (Latin American Trade
    Network)
MOA Manufacturas de origen agropecuario
MOI Manufacturas de origen industrial
MW Megavatios
NCM Nomenclatura Común del Mercosur
OCDE (OECD) Organización para la Cooperación y el Desarrollo
    Económicos
ONU Organización de las Naciones Unidas
PAC Programa de Aceleración del Crecimiento (Brasil)
PIP Programa de Integración Productiva (Mercosur)
PNUD Programa de Naciones Unidas para el Desarrollo
PP Productos primarios
PROINFA Programa de Apoyo Financiero a Inversiones en Fuentes
    Alternativas de Energía Eléctrica (Brasil)
PU Productor-usuario
PYME Pequeña y Mediana Empresa
RAF Régimen de Aduana Factoría
REDIEX Red de Inversiones y Exportaciones (Paraguay)
SAFRAR Sociedad Anónima Franco Argentina de Automóviles
SEVEL Sociedad Ensambladora de Vehículos Europeos Livianos
SNI Sistema Nacional de Innovación
SPL Sistemas productivos locales
UE Unión Europea
UTE Unión Transitoria de Empresas
UTE Administración Nacional de Usinas y Trasmisiones Eléctricas
    (Uruguay)
WPE Wind Power Energy

¿Victoria de los Grandes o Éxito Compartido? La Gran Disyuntiva en la Integración Productiva del Mercosur

Pablo Trucco[1]

1. Introducción

La integración productiva ha hecho pie en las costas del Mercosur, y llegó para quedarse. Lejos de un proceso avasallante, los graduales pasos en la articulación productiva de algunos sectores capital-intensivos liderados por empresas de gran tamaño y las aún tímidas iniciativas entre PyMEs de los países de la región han dado lugar a estrategias empresarias que se valen del Mercosur como el entorno territorial e institucional en la organización de su proceso productivo. No hay vuelta atrás. Más allá de los vaivenes políticos e inconsistencias regulatorias, lo cierto es que la transnacionalización económica en su faceta productiva ha impactado en la organización de la producción en la región, imponiendo en varias industrias una externalización de eslabones productivos que se articulan en cadenas de valor regionales y globales. Los días de aislacionismo económico han quedado en el pasado, y nuevos vientos de interdependencia impulsan las economías del sur de América. El avance en el proceso es cuestión de tiempo. Sus beneficios y sus costos, sin embargo, no ocurren de manera automática. El desafío es entonces conducir la integración productiva por un sendero de desarrollo equilibrado y sostenible, que permita a todas las partes insertarse en procesos productivos de formas que faciliten el aprovechamiento de las oportunidades surgidas de un proceso prácticamente ineludible en el largo plazo.

La integración productiva se desarrolla en base a la combinación de las acciones del sector privado y del sector público. Es responsabilidad del segundo comprender las motivaciones y estrategias de las empresas y, en base a ello, guiar el proceso para que redunde en el desarrollo de las economías locales y en mejoras en la competitividad sistémica de la región y de las firmas que operan en ella. La ausencia de regulaciones o el establecimiento de regulaciones desacertadas conducirán inevitablemente a que el proceso sea beneficioso únicamente para los *países* y las *empresas* de mayor tamaño, en detrimento de los socios más pequeños. Por eso, la integración productiva guiada por el libre mercado es la

---

[1]   El autor agradece los comentarios y sugerencias de Juan Doubik y Matías Ciminari.

victoria de los grandes. El mercado por sí solo es incapaz de conducir la integración productiva por un sendero de desarrollo sostenido con impacto positivo en todos los países socios ni en su entramado productivo local. Tampoco puede asegurar que los costos ambientales del desarrollo sean minimizados en términos inter-temporales, dado que la lógica de mercado no tiene en cuenta aquellos costos afrontados por terceros en el futuro. Es por ello que los Estados deben planificar coordinadamente con sus socios de la región políticas de desarrollo orientadas a la promoción de sectores estratégicos, apuntando a potenciar las transferencias y los desarrollos tecnológicos entre los socios salvaguardando simultáneamente las capacidades locales.

En este libro presentamos un estudio de la integración productiva en el Mercosur poniendo el foco sobre las estrategias productivas de las empresas y de los gobiernos del bloque, analizando sus resultados, dificultades y posibilidades. En particular, y dado su enorme potencial para impulsar tanto los procesos de aprendizaje tecnológico como la inclusión de las PyMEs en los beneficios de la integración productiva regional, se presta una atención especial a las estrategias empresarias asociativas y a las condiciones necesarias para que las mismas impacten positivamente sobre el desarrollo local y regional.

Con ello en mente, en este capítulo introductorio se busca situar al lector en la problemática de la integración productiva y de las distintas estrategias de articulación empresaria, de manera de facilitar el abordaje de los seis estudios incluidos en el volumen. Para ello, en el siguiente apartado se presenta una breve reseña del surgimiento del proceso de integración productiva en el Mercosur, incluyendo la evolución de las perspectivas gubernamentales y de las políticas sobre la materia, los cambios en los ejes impulsores del proceso de integración regional y su entrelazamiento con transformaciones en la economía internacional, así como la importancia de las empresas transnacionales en la organización territorial de la producción dentro del bloque. Se ofrecen asimismo herramientas para facilitar una aproximación a las motivaciones de las empresas al momento de definir su organización y/o articulación productiva dentro de un territorio determinado.

En el tercer apartado se presenta el hilo conductor de la investigación, explicando los niveles de análisis así como aquellos ejes temáticos transversales a todos ellos. Se apunta a facilitar una comprensión de la lógica subyacente de la investigación y del lugar que ocupa cada uno de los capítulos que la integran. Asimismo, en el tercer apartado se realiza una articulación de los niveles de análisis en torno a dichos ejes comunes. El cuarto apartado presenta la parte propositiva de los capítulos, procurando organizar de manera consistente aquellas políticas recomendadas por varios autores y ofreciendo una síntesis de propuestas para apuntalar la integración productiva regional. Por último, se recogen algunas reflexiones a modo de síntesis previa al abordaje de los capítulos subsiguientes.

2. La Integración Productiva en el Mercosur: estrategias empresarias y gubernamentales en la era post-fordista

Hasta la década de 1970 primó un modelo de desarrollo enfocado en el mercado interno que veía en el fordismo su camino para avanzar en el desarrollo industrial. En América Latina la producción integrada en grandes plantas fue muchas veces impulsada y organizada desde el Estado, ya que los países del sur enfrentaban frecuentemente insuficiencia tanto de capital como de capitalistas con una visión industrialista. Esta forma de organización productiva sumada a la similitud de perfiles productivos se tradujo en un escaso nivel de relacionamiento entre las economías del sur de América, dando lugar a un pseudo aislacionismo fomentado por gobiernos recelosos y desconfiados del desarrollo industrial de sus vecinos.

La creciente transnacionalización económica global apuntalada por la crisis del petróleo de la década de 1970 comenzó a resquebrajar los cimientos del paradigma tecnológico-productivo fordista que terminó por sucumbir tras el final de la Guerra Fría, ya avanzada la década de 1980. Fue en esa misma década cuando se plantó la semilla del Mercosur, que germinaría en 1991 con la firma del Tratado de Asunción. Si bien la idea de un mercado común entre Argentina, Brasil, Paraguay y Uruguay apuntaba a aprovechar las ventajas de la mayor escala ofrecida por un mercado ampliado, no se diseñó ninguna planificación sectorial para el bloque, salvo en contados casos como el automotriz, delegando en el libre mercado la tarea de especialización productiva en base a ventajas competitivas (Bozzala et al., 2006; García y Graña; y Bovris, en este volumen). Los gobiernos del Mercosur se limitaron a implementar una reducción lineal y automática de los aranceles intrazona y a intentar establecer un arancel externo común en plazos relativamente cortos, sin prestar atención a las necesidades y relaciones sectoriales y empresariales de la región (Botto, 2013). A partir de allí, los avances en el bloque serían medidos en función del volumen de comercio y de su desarrollo institucional.

Hacia el final de la década de 1990 el crecimiento del comercio intra-bloque alcanzó un techo. Por otro lado, si bien el intercambio comercial intrazona había experimentado importantes cambios, no se había transformado en un mecanismo de desarrollo industrial (Grupo de Integración Productiva et al., 2010) sino que había derivado en una profundización de las asimetrías existentes (Lorenzo, 2011; Porta, 2008; Bouzas, 2001). Los socios de mayor tamaño se habían beneficiado en mayor grado de la integración regional, incrementando la participación relativa de sus ventas en la región. En efecto, la apertura de los mercados no sólo no estaba generando beneficios mutuos, sino que replicaba un esquema de integración centro-periferia, al no resolverse las asimetrías estructurales (Bittencourt, 2003; Porta, 2010). El mayor desarrollo relativo de Brasil y, en menor medida, de Argentina, les permitía a esos países diseñar políticas y establecer incentivos para atraer la inversión extranjera y fomentar –al tiempo que diversificar– sus exportaciones (Lorenzo, 2011; Porta, 2008). Esta situación generaba malestar en las economías de menor tamaño (Paraguay y Uruguay).

Con el cambio de siglo, el *realineamiento político* en los países del bloque y la *modificación en la dinámica económica* del proceso de integración regional llevaron a una gradual transformación de la concepción acerca del Mercosur. El fracaso de las políticas económicas neoliberales para conducir a la región hacia un rápido desarrollo se tradujo en un profundo desencanto en la población de los países de la región que se vio reflejado hacia el amanecer de la década de 2000 en gobiernos de izquierda y centroizquierda en la mayor parte de los países del bloque (y de América del Sur). Considerada por sectores conservadores como una ola de populismo radical (Castañeda y Morales, 2008), la llegada al poder de gobiernos progresistas fue interpretada por otros como democracia desde abajo, "una genuina reacción desde las bases sociales contra los efectos negativos de las políticas neoliberales, la guerra contra las drogas, la intensificación del ajuste y el empobrecimiento de millones de latinoamericanos, que tuvo lugar simultáneamente con una creciente concentración de la riqueza y el ingreso, corrupción y cinismo en la política dentro del hemisferio" (Loveman, 2010: 89). Los nuevos gobiernos revirtieron la delegación de funciones estatales al sector privado que había tenido lugar durante la década de 1990 y recuperaron el protagonismo del Estado en varios ámbitos de la organización social, incluyendo la construcción del regionalismo (Trucco y Tussie, 2012).

Simultáneamente, la dinámica del proceso de integración se desplazó desde el comercio intra-bloque hacia los capitales locales, que comenzaron a expandirse hacia países vecinos. Ese proceso de integración económica a través del capital se vio favorecido por una combinación de factores coyunturales y sistémicos. Entre los primeros sobresalen la crisis argentina de principios de 2002 y las reformas económicas implementadas por algunos gobiernos que se vieron traducidas en una mayor estabilidad. Por su parte, entre los factores sistémicos se destaca la mayor disponibilidad de capital como consecuencia, por un lado, de una mejora sustantiva en los términos de intercambio derivada de altos precios de *commodities* exportados por los países del bloque y, por el otro, mejoras en el acceso al financiamiento internacional a partir de tasas de interés internacionales en niveles históricamente reducidos (CEPAL, 2014).

En relación a la crisis argentina de 2002, es menester señalar que la importante devaluación experimentada por ese país tras el abandono del régimen de convertibilidad en un contexto de inexistencia de una política monetaria y cambiaria coordinada entre los socios del Mercosur le posibilitó a Argentina obtener un tipo de cambio alto en relación a sus socios. Si bien ello mejoró su competitividad para la producción y comercio de bienes y facilitó un retorno al equilibrio de sus cuentas externas, tuvo simultáneamente el efecto no buscado de incentivar el ingreso de capitales para adquirir empresas nacionales a precios reducidos. Así, la falta de coordinación macroeconómica indujo la integración regional a través del flujo intra-regional de capitales. Las ventajas de un tipo de cambio elevado para las cuentas externas y para la competitividad de las empresas argentinas implicaron simultáneamente una mayor vulnerabilidad frente a políticas ofensivas de expansión llevadas a cabo por competidores externos a través de inversiones transfronterizas (Tussie y Trucco, 2010).

Desde el punto de vista de la construcción institucional del bloque, la atención comenzó a virar hacia la necesidad de coordinar las políticas sectoriales entre los socios con el objetivo de generar las condiciones adecuadas para la competencia intra-regional (Grupo de Integración Productiva et al., 2010). En este contexto, se discutía la necesidad de introducir una lógica sectorial y de desarrollar proyectos específicos en sectores estratégicos tales como la industria naval y la provisión de equipos de petróleo y gas (Porta, 2010). En 2002 se crearon los Foros de Competitividad de las Cadenas del Mercosur para generar un espacio de discusión, relevar las problemáticas sectoriales en la región y construir un ámbito para delinear políticas sectoriales. Asimismo, se creó en 2004 el Fondo de Convergencia Estructural del Mercosur (FOCEM) para reducir las asimetrías entre los países miembros a través del financiamiento de proyectos que mejoraran la competitividad y contribuyeran a la integración productiva, especialmente en las economías de menor desarrollo relativo de la región.

Entre las medidas para avanzar en integración productiva se destaca la creación en 2008 del Grupo de Integración Productiva (SGT Nº 14), encargado de coordinar y ejecutar acciones vinculadas con dicha problemática.[2] En una vuelta de tuerca al espíritu del Tratado de Asunción, los gobiernos establecerían los lineamientos para configurar el marco de la integración productiva y tendrían una mayor incidencia en el proceso aunque, en los hechos, esta sería llevada adelante por las empresas.

Es por ello que en este libro ponemos el foco sobre la empresa y su rol dentro del proceso de integración productiva, así como en la necesidad de articular políticas sectoriales consistentes entre los gobiernos que integran el bloque. Los análisis acerca de la construcción institucional y armonización de políticas, cadenas de valor y comercio sectorial, entre otros, deben entenderse como elementos de importancia sustancial para comprender el contexto en el que las empresas llevan adelante sus estrategias productivas o expansivas. De hecho, la existencia de regímenes sectoriales específicos o regulaciones sobre la operatoria de las empresas transnacionales y de PyMEs son determinantes al momento de evaluar los efectos sobre el desarrollo productivo de los países del bloque (Naclerio y Salas; García y Graña; Inchauspe y Barrera; Bovris; Rojas y Arce, en este volumen), pero son las empresas privadas o públicas, y no las políticas o las instituciones, los actores que protagonizan la integración productiva.

En este marco, el Mercosur lanzó en 2008 un Programa de Integración Productiva[3] (PIP) orientado a fortalecer la complementariedad productiva entre las empresas del bloque, principalmente entre las PyMEs. Entre otros aspectos el PIP postulaba la promoción de la cooperación interempresarial; el incremento de la asociatividad empresaria de una forma que trascendiera la integración comercial así como el fomento de las estrategias asociativas de empresas PyMEs de un mismo sector productivo o de servicios, el estímulo de mecanismos de desarrollo de *joint ventures*, *clusters*, entornos productivos locales, redes de proveedores y clientes, y consorcios de exportación. El PIP veía en las estrategias asociativas entre las empresas del bloque un instrumento para que las PyMEs pudieran tanto beneficiarse como contribuir al proceso de integración productiva regional. En contraste, escasearon las propuestas relacionadas con la regulación de la operación regional de empresas de gran tamaño, fundamentalmente de empresas transnacionales, que desempeñan un papel de vital importancia en la integración productiva. La línea de trabajo del

---

[2]   La creación de este grupo fue presentada por el Subgrupo de Trabajo de Industria (SGT Nº 7) durante la LXVIII Reunión del Grupo Mercado Común, elevando una Propuesta de Pautas para la Integración Productiva del MERCOSUR.

[3]   MERCOSUR/CMC/DEC. Nº 12/08. Programa de Integración Productiva del Mercosur.

PIP relacionada con empresas de mayor tamaño se limita al desarrollo de proveedores de "empresas ancla", sin poner atención sobre regulaciones orientadas a la promoción de transferencias y derrames tecnológicos ni tampoco a influenciar la orientación de trayectorias tecnológicas.

Si bien la coyuntura se fue modificando a lo largo de la década, la persistencia de los factores sistémicos que afectaban positivamente la disponibilidad de capitales permitió la expansión intra-regional e internacional de varias empresas sudamericanas. Los casos más visibles fueron las grandes empresas de capitales regionales que iniciaron estrategias expansivas más allá de sus fronteras. Así, la década de 2000 fue también la década de las translatinas, que en el Mercosur se limitan fundamentalmente a capitales de origen brasileño y argentino. Las economías de menor tamaño del bloque, por su parte, no han logrado constituir translatinas de un tamaño significativo que operen en otros países del Mercosur (ver Cuadro 1). La distribución de la inversión favorable a los países de mayor tamaño se replica en relación a la localización de empresas transnacionales de capitales extra-regionales (ver Cuadro 2).

Las empresas brasileñas fueron especialmente beneficiadas en este escenario debido, en primer término, a que contaron con las ventajas de un Real fuerte durante más de una década (como consecuencia del importante flujo de ingreso de capitales en ese país) y, en segundo lugar, a que fueron favorecidas por un Banco Nacional de Desarrollo Económico y Social (BNDES) que proveyó una suma de fondos muy significativa para el desarrollo de sectores estratégicos y para apuntalar la formación de campeones nacionales. De esta manera, el Estado brasileño desempeñó un papel de enorme importancia en la internacionalización de sus compañías locales tanto en forma indirecta (políticas que fomentaron el ingreso de los capitales que permitieron financiar la expansión) como directa, a través del direccionamiento del crédito por medio del BNDES. En el caso de Argentina, a pesar de contar con varias empresas con potencial expansivo, las políticas gubernamentales sobre el control de capitales, comercio administrado, etcétera, han jugado en contra de la expansión internacional de los capitales locales. La prioridad del gobierno argentino ha estado puesta en la inversión interna por sobre la inversión en el exterior (CEPAL, 2014). Algunas empresas argentinas han logrado, sin embargo, expandirse en otros países del bloque e inclusive en mercados extra-regionales, tal como demuestra el caso de IMPSA (ver Inchauspe y Barrera, en este volumen).

Cuadro 1. Principales empresas translatinas de capitales de origen de países del Mercosur que operan en más de un país del bloque

| Sector | Origen del capital | Empresa | Países del bloque en los que opera | | | | |
| | | | Mercosur | | | | |
			Argentina	Brasil	Uruguay	Paraguay	Venezuela
Hidrocarburos	Brasil	Petrobras	x	x	x	x	x
Energía renovable	Argentina	Impsa	x	x	x		
Minería	Brasil	Vale	x	x		x	
Cemento	Brasil	Camargo Correa	x	x		x	x
Siderurgia	Argentina	Techint	x	x			
Siderurgia	Brasil	Gerdau	x	x	x		x
Alimentos	Argentina	Arcor	x	x	x		
Alimentos	Argentina	Los Grobo	x	x			
Alimentos	Argentina	Molinos	x	x	x		
Alimentos	Brasil	Marfrig	x	x	x		
Construcción	Argentina	Iecsa	x	x	x	x	x
Construcción	Brasil	Odebrecht	x	x	x	x	x
Química (Farmacia)	Argentina	Bagó	x	x	x		
Química (Farmacia)	Brasil	Natura	x	x			

Fuente: elaboración a partir de información de CEPAL (2014)

El Cuadro 1 presenta algunas de las más importantes empresas translatinas de capitales de países del Mercosur que operan de manera simultánea en otros países del bloque. Ello es de singular importancia para la integración productiva regional, dado que las habilita, al igual que al resto de las empresas transnacionales con subsidiarias en varios países, a organizar su proceso productivo regionalmente en base al comercio intra-firma, dividiendo funcionalmente sus plantas con roles especializados y complementarios. Estas empresas transnacionales locales están generalmente concentradas alrededor de pocos sectores económicos. Existe por un lado un grupo mayoritario de firmas relacionadas con industrias básicas asociadas a la explotación y transformación de recursos naturales (como los hidrocarburos, la minería, la siderurgia y el cemento) y, por otro lado, un grupo de empresas relacionadas con la producción de alimentos y bebidas (Mortimer, 2006). En línea con el argumento de García y Graña (en este volumen), se trata de actividades que, salvo excepciones, implican una intensidad tecnológica baja o media. Ello se repite en el caso de empresas transnacionales de capitales de origen extra-regional que operan en el bloque, aunque en este último caso se añaden otros sectores relevantes como la industria automotriz y la de telecomunicaciones, entre otros (ver Cuadro 2). En este sentido, es preciso hacer una distinción entre los efectos de esta modalidad de organización productiva por parte de las empresas transnacionales de capitales extra-regionales y las translatinas, debido a que las primeras localizan los eslabones productivos más intensivos en conocimiento en sus casas matrices que se encuentran fuera de la región, mientras que las segundas desarrollan dichos eslabones en el territorio del Mercosur, incrementando las oportunidades para que tengan lugar derrames tecnológicos sobre proveedores locales.

Cuadro 2. Principales empresas transnacionales no
financieras, de capitales de origen extra-regional,
que operan en más de un país del Mercosur

Sector	Origen del capital	Empresa	Países del bloque en los que opera Mercosur				
			Argentina	Brasil	Uruguay	Paraguay	Venezuela
Alimentos	Suiza	Nestlé	x	x			
	Estados Unidos	Cargill	x	x			
	Estados Unidos	PepsiCo	x	x			x
	Estados Unidos	The Coca-Cola Co.	x	x			
	Francia	Danone	x	x			
Automotriz / Autop.	Estados Unidos	General Motors	x	x			
	Alemania	Volkswagen	x	x			
	Estados Unidos	DaimlerChrisler	x	x			
	Estados Unidos	Ford	x	x			
	Francia	Peugeot-Citroën	x	x			
	Japón	Honda	x	x			
	Francia	Renault	x	x			
	Estados Unidos	Lear	x	x			
	Alemania	Bosch	x	x			
Celulosa / Papel	Estados Unidos	Kimberly Clark Co.		x			x
Comercio	Estados Unidos	Wal-Mart	x	x			
	Francia	Carrefour	x	x			
Energía	España	Endesa	x	x			
	Estados Unidos	AES Corporation	x	x			
Hidrocarburos	Países Bajos, UK	Royal Ducth-Shell	x	x			x
	Estados Unidos	ExxonMobil	x	x			x
	Estados Unidos	Chevron	x	x			x
	Reino Unido	BP Group	x				x
Informática	Estados Unidos	Hewlett Packard	x	x			
	Estados Unidos	IBM	x	x			
Minería	Reino Unido	Anglo-American		x			x
Química	Estados Unidos	Dow Chemicals	x	x			
	Estados Unidos	Procter & Gamble	x	x			x
	Estados Unidos	E.I. Du Pont de Nemours	x	x			
	Alemania	Bayer	x	x			
Tabaco	Reino Unido	British American Tobacco	x	x			x
Telecomunicaciones	España	Telefónica	x	x			
	México	Telmex/América Movil	x	x	x	x	

Fuente: adaptado de CEPAL (2008: 83-84).

El Cuadro 2 incluye a un subconjunto de 33 firmas transnacionales
(que cumplen la condición de operar en más de un país del Mercosur)
extraídas de un listado de las 60 mayores empresas transnacionales no
financieras (según ventas consolidadas) (CEPAL, 2008). Dado que estas

empresas transnacionales ocupan un rol de liderazgo dentro del armado productivo en las cadenas de valor, resulta de singular importancia comprender sus estrategias para capitalizar su accionar en beneficio del desarrollo local.

Adaptando la perspectiva desarrollada por Dunning (1993) y revisada por Mortimer (2006) y CEPAL (2008) sobre las *motivaciones* que guían a las empresas en la localización de sus inversiones, es posible interpretar las estrategias seguidas por las firmas transnacionales y translatinas que operan en varios países del bloque de acuerdo a las siguientes alternativas: i) acceder a la explotación de recursos naturales; ii) acceder a la explotación de un mercado; iii) reducir costos, fundamentalmente laborales (especialmente en aquellas actividades intensivas en mano de obra); iv) mejorar su acceso a tecnología y capacidad de innovación; y podría agregarse una quinta estrategia: v) explotar beneficios financieros, legales y regulatorios, así como las ventajas logísticas ofrecidas por cada país socio para la radicación de inversiones y el desarrollo del proceso productivo. Así, las empresas desarrollan sus estrategias regionales en base a sus estrategias globales y al marco de regulaciones establecidas dentro del entorno en el que operan.

En este sentido, las empresas transnacionales de servicios como las del sector de telecomunicaciones e informática, comercio, producción y distribución de energía, así como las firmas automotrices, de alimentos y químicas, se han caracterizado mayormente por la prevalencia de una estrategia orientada a aprovechar la explotación de mercados. En segundo lugar, y en línea con las translatinas, las empresas transnacionales vinculadas con el sector de hidrocarburos; minería; y celulosa y papel, han tendido a desarrollar estrategias principalmente orientadas a la explotación de recursos naturales.

Cada una de estas estrategias acarrea una serie de desafíos para el país anfitrión que pueden ser afrontados por medio de regulaciones y políticas públicas, pero que difícilmente sean superados a partir de la voluntad espontánea de las empresas transnacionales. En particular, Mortimer identifica los siguientes problemas frecuentemente derivados de las estrategias vinculadas a la explotación de mercados: niveles de competitividad internacional de la producción de bienes y servicios por debajo de los estándares internacionales; desplazamiento de empresas (y tecnologías) locales; y problemas de regulación y de competencia. Por su parte, las estrategias motivadas por la explotación de recursos naturales también acarrean una serie de desafíos como el desarrollo de actividades de enclave con vínculos débiles con la economía local; niveles reducidos de procesamiento local y bajo valor agregado de los recursos extraídos; alta volatilidad en los precios; y externalidades negativas sobre el medio ambiente. Por eso, aunque en muchos casos la operatoria de firmas transnacionales ha tenido impactos positivos en los niveles de productividad y en las exportaciones, con frecuencia ello no se ha visto reflejado en mejoras en la competitividad de los entramados productivos locales (Mortimer, 2006).

En esta línea, además de estudiar qué uso hacen las empresas de la integración productiva regional, en esta investigación buscamos entender en qué condiciones ésta debe llevarse a cabo para constituirse en una herramienta para el desarrollo de todos los socios del bloque. En particular, nos enfocamos en observar la existencia o ausencia de transferencias o derrames tecnológicos sobre las economías locales derivados de la operatoria tanto de empresas transnacionales como de PyMEs que participan del proceso de integración productiva en el Mercosur, así como las políticas o reglamentaciones públicas necesarias para inducir que ello ocurra. Asimismo, las estrategias asociativas entre empresas del bloque estudiadas en este libro son abordadas en función de su capacidad para promover el aprendizaje tecnológico, la innovación de productos y procesos y las mejoras en la competitividad de su entorno productivo. Dichos resultados, sin embargo, no son directos ni tampoco ocurrirán en forma necesaria. La utilización de la estrategia asociativa obedece a diferentes motivaciones que orientan los esfuerzos de las empresas en direcciones que no siempre priorizan las mejoras productivas o tecnológicas. Estudiar las condiciones en las que tiene lugar la asociatividad empresaria entre firmas de distintos países del Mercosur y conocer si las mismas conducen o no a mejoras en los entramados productivos locales y regionales constituye uno de los objetivos cardinales que guían esta investigación.

3. El hilo conductor de la investigación[4]

En los siguientes capítulos se ofrecen diferentes aproximaciones para entender el potencial y los límites de la estrategia asociativa de las empresas en el contexto de la integración productiva en el Mercosur. Para ello, el estudio ha sido estructurado teniendo en cuenta *cinco niveles de análisis* que son atravesados por ejes temáticos en común, de manera de obtener una perspectiva abarcativa y articulada de este fenómeno. El

---

[4]   En los apartados 3 y 4, que siguen a continuación, al referenciar a los autores de los capítulos entre paréntesis nos referimos a sus estudios incluidos en este volumen.

primer nivel de análisis, abordado en el capítulo 2, se enfoca en la teoría de la asociatividad empresaria y su utilidad para la integración productiva, presentando los elementos teórico-conceptuales necesarios para entender el paradigma tecnológico-productivo en el que tiene lugar la integración productiva regional tratada en los capítulos posteriores. En el segundo nivel de análisis, desarrollado en el capítulo 3, se estudian las tendencias de la integración productiva sectorial a partir de los flujos comerciales regionales, destacando los desafíos para el desarrollo de emprendimientos asociativos en algunos sectores. El tercer nivel de análisis (mesoeconómico) es desarrollado en el capítulo 4, a partir del estudio de caso de una cadena de valor regional. Seguidamente, el cuarto nivel de análisis (microeconómico) es abordado a través de dos estudios de caso de emprendimientos conjuntos entre empresas del Mercosur, cada uno de ellos desarrollado en un capítulo (capítulos 5 y 6). Por último, en el quinto nivel de análisis, desarrollado en el capítulo 7, se estudian las principales tendencias en materia de emprendimientos conjuntos regionales.

Cada uno de los niveles de análisis es atravesado por *seis ejes temáticos transversales*, a saber: la asociatividad como estrategia empresarial y su impacto sobre la innovación y el desarrollo tecnológico; la integración productiva como un espacio coordinador de procesos productivos fragmentados; la relevancia de las firmas transnacionales en la organización productiva regional; la importancia del Estado y de políticas públicas para que el proceso de integración productiva redunde en beneficios y en desarrollo para todos los países socios del bloque y para empresas pequeñas y medianas; la necesidad de armonización de políticas sectoriales y de incentivos a la producción y a la inversión; y la importancia de incluir el cuidado del medio ambiente y los recursos naturales como un aspecto relevante del desarrollo a largo plazo.

En este apartado presentamos brevemente las temáticas tratadas en cada nivel de análisis así como algunos denominadores comunes y contrapuntos hallados en relación a los ejes transversales, apuntando a facilitar una lectura de cada capítulo manteniendo de fondo el marco general de la investigación.

3. a. Niveles de análisis

En el capítulo 2 Naclerio y Salas realizan un recorrido por la literatura sobre la relación entre los enfoques de *clusters* y aglomeraciones productivas con aquellos enfoques de desarrollo local y regional, profundizando sus implicancias a la luz de la teoría de la economía de las innovaciones. A partir de esta articulación teórica y conceptual profundizan sobre el potencial de la asociatividad empresaria como un elemento catalizador del aprendizaje tecnológico. De esta manera, el segundo capítulo procura ofrecer los elementos conceptuales para entender los beneficios de la estrategia asociativa entre las empresas y sus efectos sobre la competitividad de la producción. La contribución más reveladora del capítulo teórico-conceptual radica en la argumentación sobre los efectos positivos de la asociatividad que tradicionalmente son estudiados en relación con el territorio en el nivel de localidad y que los autores hacen extensibles, en diferente medida, al plano regional en el marco de la integración productiva. Ello es consecuencia de que el Mercosur es utilizado y explotado por numerosas firmas como un espacio económico-institucional coordinador de los procesos productivos fragmentados característicos del post-fordismo. Las consecuencias económicas, tecnológicas, sobre el empleo, etc., de las estrategias asociativas, al igual que ocurre con otras estrategias de articulación productiva al interior del bloque, dependen de las regulaciones del espacio económico y de la existencia de una articulación consistente entre legislaciones nacionales de los países socios entre sí y con las regulaciones comunes acordadas para el bloque.

En el tercer capítulo García y Graña abordan la evolución de la integración productiva en el Mercosur a partir del estudio del comercio intra-regional en varios sub-niveles de análisis. En primer lugar, estudian el comercio exterior de los socios regionales para establecer la importancia comercial del bloque para cada uno de sus integrantes en relación con su comercio extra-regional. A posteriori, se focalizan en el contenido de ese comercio: estudian la evolución de las exportaciones intra-regionales y extra-regionales de los socios por grandes grupos (productos primarios; manufacturas de origen agropecuario; manufacturas de origen industrial; combustible) y en función de su contenido tecnológico, verificando que el Mercosur recibe de sus miembros exportaciones de una mayor complejidad y mayor vinculación con el sector industrial en relación con las exportaciones hacia el resto del mundo. Observan asimismo que las economías de mayor tamaño logran exportar dentro del bloque bienes en los que no son competitivos en los mercados globales, mientras que los países de menor tamaño relativo destinan al bloque productos en los que presentan ventajas competitivas globales.

Adicionalmente, García y Graña presentan un análisis del comercio intra-industrial orientado a entender el escenario de la integración productiva en cada sector y sus posibilidades para el desarrollo de estrategias asociativas. El comercio intra-industrial es frecuentemente utilizado como un indicador de integración productiva ya que el intercambio en el nivel de bienes intermedios comúnmente (aunque no necesariamente) refleja la articulación de las empresas en una misma cadena de valor regional. A partir de allí se explican las tendencias observadas –tanto en las ramas que efectivamente presentan un comercio intra-industrial relevante como en aquellas en las que ello no ocurre– en función de la estructura sectorial y del tipo de empresa que opera en ellos, resaltando sus efectos sobre las posibilidades para desarrollar emprendimientos asociativos entre las firmas del Mercosur. Los autores hacen hincapié en el hecho de que, si bien la cadena de químicos (tanto los químicos básicos como otros productos químicos-farmacéuticos), la cadena de maquinaria general (que incluye maquinaria agrícola), y la cadena automotriz (todas ellas analizadas en apartados específicos) aparecen como los sectores con mayor volumen de comercio intra-industrial, resulta difícil que esos sectores dinamicen una integración productiva con externalidades positivas y derrames tecnológicos en la región. Ello es consecuencia de que dichas cadenas productivas son comandadas por empresas transnacionales cuyas estrategias tienden a priorizar la explotación del mercado ampliado (la estrategia ii, explicada en el apartado anterior), especializando sus filiales para minimizar costos y organizando su proceso productivo de formas que limitan potenciales efectos positivos sobre entramados productivos locales. Asimismo, la forma de estructurar el proceso productivo lleva a que el accionar de las empresas transnacionales genere una profundización de las asimetrías entre los países y entre las empresas (por ejemplo, estableciendo relaciones jerárquicas en su articulación con proveedores locales). Por el contrario, para impulsar la integración productiva los autores apuntan a sectores con alto potencial para generar emprendimientos asociativos pero cuyo comercio intra-industrial aparece todavía con menor relevancia, como la cadena Madera-Muebles o la cadena de calzado de vestir. Sin ser intensivas en tecnología, estas cadenas cuentan con firmas locales y PyMEs que desarrollan productos de calidad y poseen la capacidad de continuar desarrollando de manera competitiva, en la región, los eslabones productivos más intensivos en conocimiento, incluyendo al eslabón de diseño.

Posteriormente, con el objetivo de estudiar la dinámica, alcances y limitaciones de la asociatividad empresaria como estrategia de integración productiva en un sector en concreto, se incluye en este volumen un estudio de caso de un sector intensivo en conocimiento y en desarrollo tecnológico, con alto potencial de crecimiento y alineado con el paradigma de crecimiento verde. Para ello, Inchauspe y Barrera analizan en el cuarto capítulo la cadena de bienes de capital para la generación de energía eólica en el mercado regional durante el período 2003-2013, centrando la atención en Argentina, Brasil y Uruguay. Luego de una revisión del funcionamiento del sector y su coyuntura en los tres países mencionados, Inchauspe y Barrera profundizan sobre algunas experiencias de asociatividad empresaria desarrolladas por la firma IMPSA, empresa translatina argentina dedicada a la producción de aerogeneradores y a la construcción y explotación de parques eólicos. La estrategia seguida por esta firma en sus emprendimientos asociativos refleja que gran parte de sus asociaciones no obedecen a motivaciones productivas sino que se orientan a conseguir financiamiento o sortear requisitos regulatorios para la adjudicación de parques eólicos en Brasil, en línea con las estrategias v y ii, explicadas en el apartado anterior. Paradójicamente, la apuesta regional de IMPSA que orientó su estrategia a la explotación de ventajas fundadas en incentivos y políticas asimétricas entre los socios del bloque la ha conducido a una situación de fuerte vulnerabilidad financiera, erosionando la fortaleza intrínseca de la empresa que radica en su capacidad productiva y su trayectoria tecnológica.

La investigación continúa con dos estudios de caso sobre emprendimientos conjuntos entre empresas del Mercosur. En el capítulo 5, Bovris analiza un caso de integración productiva entre dos terminales automotrices transnacionales (PSA y Fiat), ambas radicadas en Argentina y Brasil. Si bien se trata de empresas transnacionales que son competidoras en los mercados globales, en este emprendimiento conjunto mantienen una relación de tipo terminal-proveedor. En el estudio se aborda la motivación (emprendimiento guiado por la estrategia iii, orientada a reducir costos, que opera en una cadena que sigue la estrategia ii, que apunta a la explotación de mercados), las características y los resultados del proyecto asociativo, al tiempo que se profundiza sobre el rol de la política pública en la industria automotriz en general y en la problemática asociativa en particular. A partir de la observación de este caso queda en evidencia que las regulaciones del régimen sectorial lograron condicionar las estrategias de localización de la producción para que las empresas terminales produjeran a ambos lados de la frontera, induciendo una integración productiva regional basada en la especialización y la complementariedad. Sin embargo, las pautas de comportamiento exigidas se limitaron a mantener cierto equilibrio comercial y mínimos de integración de autopartes producidas en el Mercosur sin tener en consideración el disciplinamiento de las políticas de promoción locales (que terminaron profundizando las asimetrías en favor de Brasil), al tiempo que omitían pautas para el desarrollo tecnológico local. Ambas omisiones dejaron al complejo automotriz regional en una situación de subordinación con respecto a las decisiones de estrategia global de las casas matrices y, en el interior del bloque, implicó la subordinación de las filiales argentinas con respecto a las brasileñas, quienes concentraron los eslabones de mayor valor agregado e intensidad tecnológica (Bovris). Esto último resulta consistente con los desafíos derivados de la estrategia iii, en relación a los problemas para escalar en la cadena de valor y la atención centrada en ventajas estáticas por sobre las dinámicas.

En el capítulo seis Rojas de Cerqueira César y Arce desarrollan el segundo estudio de caso microeconómico sobre el emprendimiento asociativo entre la Empresa Brasileira de Aeronáutica S.A. (en adelante, Embraer) y la Fábrica Argentina de Aviones Brigadier San Martín S.A. (en adelante, FAdeA), para la producción del avión de carga KC-390. Luego de una revisión del contexto en el que tiene lugar este emprendimiento conjunto, los autores se enfocan en diferentes aspectos de esta asociación, su impacto sobre el desarrollo tecnológico y los efectos y esfuerzos de estas empresas y de la industria aeronáutica en relación al desarrollo sustentable. El rol desempeñado por el Estado en la evolución de estas firmas ha determinado el camino seguido por la industria aeronáutica en Brasil y Argentina desde sus inicios hasta la actualidad (2015). Por eso, este emprendimiento conjunto refleja el interés de los gobiernos en llevar adelante una asociación estratégica con consecuencias muy importantes para las empresas estudiadas y con efectos significativos para la integración productiva en esta industria, promoviendo un mayor equilibrio y diversificación sectorial y comercial entre ambos países (Rojas y Arce). De esta manera, el elevado nivel de involucramiento de los gobiernos en el emprendimiento ha logrado atemperar la asimetría jerárquica derivada de la relación terminal-proveedor implícita en el proyecto conjunto.

En términos individuales, el proyecto le ha representado a FAdeA rearmar su cadena productiva en el marco de la inserción en la cadena de valor a partir de la producción de aeropartes en la frontera tecnológica, al tiempo que le garantiza un importante flujo de ingreso durante los diez años de duración del contrato inicial. A Embraer, por su parte, el emprendimiento le ha permitido contar con un proveedor con capacidades dentro de sus especificaciones y requerimientos que además posee su propio financiamiento. Adicionalmente, Embraer ha captado un socio dentro de la Argentina con importante influencia al momento de determinar la compra de aeronaves (Rojas y Arce). Se observa así que mientras ambas firmas comparten en su estrategia asociativa objetivos análogos a la estrategia ii (acceder y explotar un mercado para sus productos), a FAdeA le ha significado además el acceso a tecnología (estrategia iv) mientras que Embraer ha logrado abastecerse de insumos en condiciones favorables (estrategia iii). En este caso, la intervención estatal ha apuntado directamente a impulsar un sector y a asegurar la existencia de derrames derivados del emprendimiento conjunto.

Con este panorama sobre el estado de las cadenas de valor regionales y sobre casos concretos de asociatividad entre empresas del Mercosur, se avanza en el análisis de tendencias de asociatividad empresaria recogidas por el Observatorio de Emprendimientos Conjuntos e Integración Productiva de la Red LATN (Observatorio IP). Para ello, Cafferata y Dos Santos desarrollan en el capítulo 7 un análisis comparativo tomando en cuenta las principales características y tendencias a escala nacional observadas en un grupo de 310 empresas que operan en alguno de los países del bloque y que se asociaron con otras firmas que desarrollan su actividad en otro país del Mercosur. Analizan el impacto potencial de la asociatividad empresaria sobre el aprendizaje tecnológico y el desarrollo sustentable, las implicancias del predominio de la asociatividad horizontal o vertical y el rol del Estado en materia de asociatividad empresaria en cada país.

Para entender las motivaciones de las empresas al llevar adelante un emprendimiento conjunto los autores utilizan una categorización similar a la utilizada en este capítulo introductorio (Dunning, 1993; Mortimer, 2006; CEPAL, 2008) pero adaptada a la base de datos del Observatorio IP, estableciendo motivaciones productivas, comerciales y tecnológicas. Concluyen que los emprendimientos con fuerte participación del sector público tienen en general un mayor alcance tecnológico, productivo e innovador, implican grandes inversiones y tienen objetivos de largo plazo, con gran potencial para llevar adelante una reconversión hacia la economía verde. En el sector privado el número de emprendimientos conjuntos es mayor, prevaleciendo las asociaciones entre PyMEs con fines comerciales que implican inversiones de menor escala, bajo riesgo y objetivos con horizontes cercanos. Las franquicias de productos textiles y gastronómicos son buenos ejemplos de esta dimensión de la transnacionalización en donde la integración sería más comercial que productiva. Sin embargo, estos últimos suelen ser portadores de conocimientos que los autores denominan "innovación blanda", al promover un proceso de aprendizaje por parte del franquiciado en relación a la estrategia comercial, modelos de negocio, capacitación del personal y procesamiento de productos (Cafferata y Dos Santos).

3. b. Ejes transversales

Los ejes temáticos transversales que se presentan a continuación están fuertemente correlacionados entre sí en procesos que se retroalimentan y generan resultados que impactan en la situación del conjunto de ellos.

En este sentido, no es posible una aproximación de cada eje siguiendo un razonamiento *ceteris paribus*. Sin embargo, a los fines de contribuir a un ordenamiento de las ideas desarrolladas en esta investigación y facilitar el análisis y la comprensión de las estrategias asociativas de las empresas, los ejes transversales son presentados por separado.

El primer eje temático hace referencia al impacto de la estrategia asociativa sobre el desarrollo tecnológico y la innovación productiva. Por las características intrínsecas de su funcionamiento, la estrategia asociativa refleja un modo de coordinación entre unidades productivas que facilita el aprendizaje interactivo y el desarrollo de innovaciones, constituyéndose en una configuración productiva proclive a la generación de conocimientos y, por lo tanto, alineada con la idea de una integración productiva orientada a lograr una aceleración del crecimiento en base a mejoras en la competitividad sistémica (Naclerio y Salas, Cafferata y Dos Santos). Sin embargo, los efectos positivos de la asociatividad sobre el aprendizaje tecnológico no ocurren de manera automática sino que requieren de condiciones propicias en el entorno productivo en el que operan las empresas, así como de una organización al interior del proceso productivo de éstas orientada a sacar provecho de la articulación con otras firmas. En este sentido, el caso del emprendimiento asociativo entre PSA y Fiat se concentró en sustituir importaciones fundamentalmente para disminuir costos, omitiendo en el acuerdo la variable "desarrollo tecnológico". Este último aspecto era implícitamente delegado a las casas matrices y, en menor medida, a las filiales del lado brasileño, en respuesta a requisitos regulatorios de ese país. Ello resultó, por un lado, en que los beneficios sobre las economías locales del emprendimiento conjunto, que implicó inversiones y modernización del proceso productivo y el incremento en la demanda de componentes locales, no alcanzaran a la generación de derrames tecnológicos. Por otro lado, la exclusión de la variable "desarrollo tecnológico" contribuyó al acrecentamiento de las asimetrías al interior del bloque (Bovris).

Distinto es el caso del emprendimiento conjunto entre FAdeA y Embraer que incluyó en el acuerdo la transferencia de tecnología de la segunda a la primera y la capacitación de técnicos de la planta argentina. Ello estaba en línea con el objetivo de corto y mediano plazo de FAdeA en relación a lograr la reindustrialización de la fábrica y reimpulsar el desarrollo tecnológico de sus proveedores locales para rearmar su cadena productiva, apuntando a lograr en el largo plazo su inserción como proveedor en las cadenas globales. Simultáneamente, la colaboración le ha permitido a Embraer contar con un proveedor con la capacidad para cumplir con sus especificaciones y requerimientos, en base a sus necesidades tecnológicas y de calidad. Adicionalmente, el hecho de que el desarrollo tecnológico sea uno de los ejes de la asociación abre las puertas a que dicha colaboración continúe ampliándose y extendiéndose hacia nuevas líneas de trabajo, incrementando con ello las posibilidades de derrames hacia los proveedores de menor tamaño (Rojas y Arce).

El caso de los proyectos asociativos en la cadena de valor de bienes de capital para la generación de energía eólica que involucran a IMPSA se encuentra en una posición intermedia. Si bien el gobierno brasileño buscó promover la transferencia de tecnología y los derrames tecnológicos y económicos de los emprendimientos conjuntos sobre los entramados productivos locales, no existía un objetivo conjunto de desarrollo tecnológico que beneficiara a las dos partes. Se trataba fundamentalmente de una estrategia expansiva de IMPSA, inducida por políticas sectoriales de Brasil, para extender sus actividades en el mercado de ese país por medio de financiamiento brasileño a cambio de transferir tecnología y facilitar derrames sobre los proveedores locales. Así, el emprendimiento entre IMPSA y CEMIG implicó una sociedad para la construcción de tres parques eólicos que le facilitaba a IMPSA el acceso a capital, pero simultáneamente le implicaba la transferencia de tecnología de aerogeneradores Vensys. Por su parte, el emprendimiento entre IMPSA y FTGS le facilitaba a la primera el acceso a fondos y a una mayor cuota de mercado a cambio de incorporar contenido brasileño en los aerogeneradores, esto último como un requisito del gobierno brasileño para promover un derrame sobre la economía local (Inchauspe y Barrera). Así, a pesar de que estas iniciativas generaron transferencia de tecnología y conocimiento, el tratamiento gubernamental (brasileño) sobre estos emprendimientos asociativos se asemeja más a una estrategia orientada a inducir derrames a partir de la operación de una firma transnacional que a la construcción conjunta implícita en la lógica de una estrategia asociativa.

Cafferata y Dos Santos, por su parte, encuentran que en los emprendimientos conjuntos integrados por empresas públicas y mixtas (con la mayoría del capital accionario en manos del Estado) incluyen objetivos vinculados al desarrollo productivo, tecnológico y la innovación. Ello contrasta con los emprendimientos entre firmas privadas donde predominan los objetivos comerciales, con transferencias tecnológicas sobre las economías locales más vinculadas a la "innovación blanda" que a la noción convencional de innovación productiva (Cafferata y Dos Santos).

Finalmente, y en otra línea de pensamiento, García y Graña entienden que, en base a las tendencias sectoriales y tecnológicas del comercio intra-industrial entre los países de la región y de las características de las empresas que operan en ellos, el núcleo del problema para la propagación de emprendimientos asociativos y desarrollos tecnológicos conjuntos en la región no radica en la debilidad de voluntad de los empresarios, en la motivación de los emprendimientos conjuntos, o en la insuficiencia de políticas y regulaciones regionales que la promuevan, sino que obedece fundamentalmente a características intrínsecas compartidas por las empresas de la región y de los segmentos productivos en los que operan. La solución a estas condiciones productivas de las PyMEs regionales que limitan las posibilidades de desarrollar estrategias cooperativas orientadas a la promoción de desarrollos tecnológicos requiere políticas específicas coherentes de amplio alcance (García y Graña).

El segundo eje transversal se concentra en la noción del Mercosur como un territorio coordinador de procesos productivos fragmentados que, en algunos sectores, resulta en integración productiva regional. Naclerio y Salas señalan, en este sentido, la importancia del territorio a partir de su capacidad articuladora y de la región como potencial espacio generador de distintas formas de cooperación entre firmas e instituciones. De hecho, las fortalezas, capacidades y potencialidades del territorio subyacen en sus estructuras institucionales y organizacionales que influyen de manera determinante sobre los niveles de competitividad. Así entendido, el territorio ofrece el entorno en el que interactúan varios actores de la cadena productiva siguiendo una trayectoria tecnológica-cognoscitiva de características acumulativas (Naclerio y Salas).

El desarrollo de emprendimientos asociativos aparece como una de las estrategias posibles en dicha articulación territorial, mientras que el comercio intra-firma o el intercambio entre firmas diferentes a través de contratos de mercado ofrecen caminos de articulación alternativos. Cafferata y Dos Santos entienden los emprendimientos asociativos como una primera fase (en el nivel microeconómico) en la conformación de cadenas de valor regionales que conlleven a una profundización de la integración productiva, sobre la base de una producción coordinada y complementaria entre empresas de los países del bloque. Sin embargo, en las cadenas regionales más consolidadas, como el caso de la industria automotriz, la articulación productiva predominante tiene lugar a través del comercio intra-firma entre empresas terminales y sistemistas, que aprovechan el Mercosur emplazando establecimientos especializados en diferentes segmentos productivos en dos o más países del bloque (Bovris). Es bajo esta lógica que se desarrolla el emprendimiento asociativo entre PSA y Fiat.

La industria aeronáutica, por su parte, deja ver una incipiente integración productiva regional a partir del emprendimiento asociativo entre FAdeA y Embraer, ambas empresas líderes sectoriales indiscutidas en sus respectivos países. La articulación territorial desarrollada en ese emprendimiento conjunto es consecuencia directa del impulso otorgado por los gobiernos de Argentina y Brasil (Rojas y Arce).

A diferencia de los casos anteriores, los emprendimientos asociativos desarrollados por IMPSA son indicadores de que, más que una coordinación de procesos productivos fragmentados, las asimetrías en el bloque han generado en esa industria un creciente desplazamiento de la producción hacia Brasil (Inchauspe y Barrera). Finalmente, García y Graña estudian la articulación productiva sectorial en función del comercio intra-firma de las empresas transnacionales.

En efecto, la operatoria de las firmas transnacionales en la organización productiva regional, que conforma el tercer eje transversal, ha sido destacada en los distintos niveles de análisis como un factor de gran relevancia. Ello obedece a que en el proceso de externalización de eslabones productivos característico del post-fordismo las empresas transnacionales delegaron en sus filiales y proveedores aquellos eslabones que no constituían el núcleo distintivo de su actividad, impactando de manera sustantiva sobre la estructura productiva de países en desarrollo, entre los que se encuentran los países del Mercosur. Retuvieron, sin embargo, los eslabones clave, tanto en términos de coordinación de la producción (a partir de la centralización de los vínculos con sus proveedores y clientes) como en términos de complejidad tecnológica (eslabones de diseño, ingeniería e I+D) (Naclerio y Salas; García y Graña).

Así, se observa una coincidencia entre los autores de este libro en relación a que las empresas transnacionales no han utilizado al Mercosur como un espacio coordinador para potenciar el aprendizaje tecnológico y la innovación productiva sino para reducir costos y explotar mercados (estrategias ii y iii) (Naclerio y Salas) en función de sus estrategias globales (Inchauspe y Barrera; Bovris), aunque aplicadas a una cadena de valor de alcance regional dada la falta de interés en utilizar a la región como una plataforma de exportación (García y Graña). De hecho, resulta muy indicativo cómo las estrategias globales han sido determinantes en el caso del emprendimiento Fiat-PSA, donde la primera fue escogida para proveer a PSA de un conjunto autopartista como consecuencia de la existencia de alianzas entre ambas empresas transnacionales a nivel global (Bovris). En el caso de las empresas transnacionales proveedoras de aerogeneradores, también se observa cómo privilegian sus estrategias globales de abastecimiento con proveedores internacionales, inclusive en algunos casos apuntando a colocar capacidad ociosa en mercados de la región (Inchauspe y Barrera). Estas formas organizativas de las empresas transnacionales han derivado en una articulación con firmas locales en los segmentos con menor potencial tecnológico (García y Graña). Inclusive, en casos más extremos, proveedores globales sin plantas en el territorio del Mercosur se limitan a montar puntos de distribución (pequeñas unidades de fabricación o simplemente oficinas de representación) en el entorno de empresas locales que demandan sus productos (Rojas y Arce).

Las empresas transnacionales se encuentran, simultáneamente, entre las mayores beneficiarias de la existencia de asimetrías, temática tratada por el cuarto eje transversal. Al respecto, Naclerio y Salas consideran que una estrategia de desarrollo basada en una trayectoria tecnológica orientada en función de las necesidades y prioridades de los países del Mercosur no puede estar delineada en función de la operación de las empresas transnacionales. Se necesita un actor público local que induzca el derrame interno de conocimientos y que tienda a nivelar los efectos de las diferencias de tamaño entre países y entre empresas (Naclerio y Salas). Ante la ausencia de un rol claro y consistente de los Estados miembros del bloque en relación a las políticas industriales y de regulación en general, los actores privados moldean los mecanismos de acuerdo a sus intereses y, comúnmente, son únicamente las firmas de mayor tamaño quienes terminan capitalizando los beneficios, así como los mercados de mayores dimensiones en donde éstas se localizan. Ello se ha visto reflejado, por un lado, en el relevamiento realizado por el Observatorio IP, donde han predominado en los emprendimientos conjuntos las empresas de los países de mayor tamaño (Cafferata y Dos Santos) y es asimismo consistente con la operatoria de las firmas translatinas y transnacionales en la región (ver cuadros 1 y 2).

Adicionalmente, las asimetrías se han reflejado en la dirección y composición del comercio intra-regional. De acuerdo a García y Graña, dado que la mayor parte del comercio de los países de mayor tamaño con los socios menores es de una vía, las posibilidades de establecer procesos de integración productiva (y de asociatividad) estaría sesgado hacia las economías de mayor tamaño. Mientras Argentina y Brasil lograron incrementar significativamente la participación de los bienes de mayor complejidad en el comercio intra-regional, Uruguay y Paraguay no consiguieron ese cometido, dejando ver que las economías de menor tamaño constituyen mercados para los productos industriales de los países más grandes (García y Graña).

Estas asimetrías y sus consecuencias han sido reflejadas claramente en algunos de los casos estudiados en este volumen. Así, el mayor tamaño de la economía brasileña potenciado por políticas regulatorias de ese país orientadas a la promoción del sector de energía eólica que pasaban por alto sus externalidades negativas sobre el desarrollo del sector en los otros socios del bloque, indujeron una tendencia que privilegiaba la concentración de la producción en Brasil por sobre un desarrollo más equilibrado en la región como espacio coordinador de la producción (Inchauspe y Barrera). Algo similar ocurrió en el sector automotriz, concentrado en mantener el equilibrio en la balanza de pagos pero sin profundizar sobre la armonización de políticas de promoción nacionales y subnacionales con los objetivos sectoriales regionales. Como consecuencia de ello, el mayor tamaño del mercado brasileño junto con políticas más agresivas de atracción de inversiones y de desarrollo tecnológico derivó en una profundización de las asimetrías entre Argentina y Brasil que favorecieron a las empresas subsidiarias en el segundo país (Bovris).

En el caso del emprendimiento entre FAdeA y Embraer, la influencia del sector público y la importancia estratégica de las empresas que lo conforman ha facilitado el establecimiento de una política sectorial alineada con el objetivo del proyecto conjunto, pero el desarrollo sectorial en el mediano y largo plazo requiere de la existencia de un régimen tarifario armonizado consistente con el necesario desarrollo del comercio intra-industrial regional (Rojas y Arce).

El quinto eje transversal se enfoca en el establecimiento de regulaciones consistentes entre los Estados del bloque, fundamentalmente aquellas orientadas a amortiguar los efectos de las asimetrías como una condición necesaria para que la integración productiva regional resulte en beneficio de todos los países miembros. Dado que esta temática es aún una asignatura pendiente en el Mercosur, este eje es tratado en forma extensiva en el apartado siguiente, conjuntamente con las recomendaciones de políticas públicas.

El último eje temático transversal se relaciona con la consideración del medio ambiente como un aspecto relevante del desarrollo a largo plazo. La satisfacción de las necesidades en el presente debe tener en cuenta la satisfacción de las necesidades futuras. Por eso, la noción de crecimiento verde implica una industrialización a partir de los recursos disponibles en la actualidad, sin perder de vista que esos recursos (incluyendo la calidad del aire, el agua, etc.) estén disponibles también para las generaciones futuras. Ello requiere una reconversión gradual hacia el desarrollo de sectores con potencial económico y de creación de empleo que simultáneamente sean compatibles con el cuidado del medio ambiente (Naclerio y Salas). Entre estos sectores se destaca el enorme potencial del sector energético en general (Cafferata y Dos Santos) y la producción de energías renovables en particular (Inchauspe y Barrera).

Los acuerdos de Kyoto para revertir el calentamiento global junto a la necesidad de sustituir combustibles fósiles por energías renovables y limpias coadyuvó para que se iniciara un proceso de transformación gradual de las matrices energéticas de los países de la región en donde la energía eólica ocupa una importancia creciente y demuestra un potencial de desarrollo muy significativo (Inchauspe y Barrera). En este sentido, el desarrollo de la cadena de bienes de capital para la producción de energía eólica es, tanto por sus requerimientos tecnológicos y de trabajo altamente calificado como por su impacto sobre el cuidado del medio ambiente, un sector intrínsecamente alineado con la perspectiva de crecimiento verde.

Sin embargo, excluyendo algunos casos puntuales como el mencionado previamente, en términos agregados el paradigma de crecimiento verde ha permanecido al margen de la integración productiva en el Mercosur. De hecho, García y Graña no abordan este eje temático en su capítulo debido a que consideran que este aspecto no ha logrado tener ninguna influencia sobre las tendencias generales del comercio intra-regional. Tampoco forma parte de los acuerdos del sector automotriz ni del emprendimiento conjunto en el sector aeronáutico, aunque dichos sectores siguen en cada país normativas que no están coordinadas regionalmente. Es decir, en el sector automotriz los gobiernos han ido avanzando en forma paralela hacia una cierta convergencia en la práctica, por ejemplo, en aspectos relacionados con la eficiencia energética (Bovris). Por otro lado, tanto FAdeA como Embraer tienen programas de cuidado del medio ambiente, pero el emprendimiento conjunto en sí no incluye esta variable como uno de los aspectos centrales del proyecto (Rojas y Arce).

A partir de estos análisis sobre la asociatividad, la integración productiva y el aprendizaje tecnológico, este libro incluye en cada uno de los capítulos un ejercicio propositivo sobre algunas acciones y políticas públicas que, en opinión de los autores, podrían contribuir a profundizar y obtener el mayor provecho del proceso de integración productiva por parte de los países del bloque. En el apartado siguiente se sintetizan algunas de esas propuestas.

4. Recomendaciones de políticas públicas

La necesidad de planificar e implementar las regulaciones, políticas e incentivos articuladamente y de manera consistente entre los países integrantes del bloque obliga a que la planificación de cada Estado para orientar a los actores productivos e integrantes de sus respectivos sistemas nacionales de innovación (organismos de ciencia y tecnología nacionales y actores privados) esté armonizada con las políticas de sus socios regionales. Esa es la única manera para lograr reducir los efectos de las asimetrías y permitir que la necesaria interacción entre el desarrollo endógeno regional y el sistema global redunde en un desarrollo equilibrado y sustentable en términos económicos, sociales y ambientales para todos los integrantes del Mercosur (Naclerio y Salas; Inchauspe y Barrera; Rojas y Arce).

Ello implica la necesidad de consensuar un plan industrial regional que sirva de parámetro para adecuar las políticas y regulaciones en el nivel nacional y en el nivel Mercosur, con políticas industriales conjuntas (Inchauspe y Barrera; Bovris) o de promoción de aquellos sectores con mayor potencial de complementariedad productiva (Naclerio y Salas). Debe prestarse especial atención tanto a aquellos sectores en los que resulte viable la formación de "jugadores Mercosur", con capacidad de utilizar al bloque como una plataforma de lanzamiento hacia el mercado global, como a los sectores más proclives a la innovación tecnológica y a la producción de bienes y servicios intensivos en conocimiento (Naclerio y Salas). En la misma línea, García y Graña subrayan que la promoción de empresas regionales resultaría en proyectos viables en algunos sectores como en el eslabón autopartista, orientadas a la provisión de conjuntos de mayor complejidad e intensidad en I+D, así como empresas regionales para la provisión a escala mundial de ciertos implementos del sector de maquinaria agrícola o laboratorios farmacéuticos regionales capaces de desarrollar principios activos y medicamentos innovadores en un nivel competitivo.

La articulación consistente de políticas para la promoción del desarrollo debería tener en cuenta, al momento de establecer el arancel externo común y sus especificidades sectoriales, las capacidades productivas nacionales para determinar si existen posiciones afectadas que presenten producción regional (Inchauspe y Barrera). A partir de ello deberían concederse condiciones favorables a los productores de los países socios en relación a las firmas extra-zona. Esta propuesta se encuentra a su vez emparentada con el establecimiento de requisitos para aquellas empresas que busquen acceder a incentivos productivos y financieros en los países del bloque, como por ejemplo, la exigencia de que sus productos contengan como mínimo un porcentaje regulado de insumos o partes de origen regional (Inchauspe y Barrera).

En consecuencia, la planificación estatal debe prestar especial atención a la lógica de funcionamiento de las empresas transnacionales que lideran cadenas productivas ya integradas regionalmente, incentivando la radicación de los eslabones más complejos y estableciendo regulaciones para que su operación tenga externalidades positivas sobre los anillos de proveedores locales que proliferen a su alrededor así como sobre el desarrollo de la capacidad tecnológica del sistema productivo local. La ausencia de regulaciones en este sentido o la debilidad del Estado para implementarlas y garantizar su cumplimiento derivaría en que los beneficios de la integración productiva sean retenidos fundamentalmente por los actores de mayor tamaño y fuerza: los países de mayor tamaño en el bloque (fundamentalmente Brasil, seguido por Argentina), y las empresas transnacionales que privilegian sus estrategias globales en detrimento de las PyMEs y proveedores locales, quienes se convertirían en vulnerables apéndices productivos, acreedores de los mayores riesgos en función de la externalización de costos fijos, y sin capacidad de decisión sobre su propio destino y trayectoria tecnológica (Naclerio y Salas; García y Graña; Inchauspe y Barrera; Bovris).

En particular, la explotación por parte de Brasil de la falta de coordinación de políticas entre los socios del bloque, estableciendo regímenes de promoción y financiamiento orientados a atraer la radicación o relocalización de inversiones en su territorio sin prestar atención o directamente en detrimento de sus socios, es una temática repetida en varios capítulos de este volumen (García y Graña; Inchauspe y Barrera; Bovris; Rojas y Arce). Inclusive, en ocasiones las políticas de promoción nacionales entraron en conflicto con los objetivos perseguidos por acuerdos bilaterales (Bovris). No solamente los países de menor tamaño se verían perjudicados por estas inconsistencias regulatorias sino que firmas importantes de la región podrían quedar en graves dificultades por cuestiones ajenas a su capacidad productiva y potencial tecnológico, tal como lo demuestra el caso de IMPSA (Inchauspe y Barrera).

La planificación estatal y la armonización de regulaciones sectoriales orientadas a lograr derrames y minimizar asimetrías deben trascender la dimensión comercial e involucrarse con cuestiones productivas que incluyan regímenes de promoción regionales favorables a la realización de I+D, el desarrollo de nuevos materiales y tecnologías, la eficiencia energética, y que regulen los mecanismos de promoción nacionales y subnacionales teniendo en cuenta los complejos industriales sectoriales desde una óptica regional (Bovris). Ello resulta, en alguna medida, menos arduo (en términos relativos) en sectores donde los gobiernos tienen mayor influencia, tal como ocurre en el caso de la industria aeronáutica. El involucramiento y compromiso de los Estados con el sector y su participación directa en las negociaciones entre las empresas reduce las asimetrías intrínsecas de la jerarquía entre los segmentos de la pirámide productiva propios de esa cadena y facilita la armonización de políticas en base a acuerdos entre los gobiernos (Rojas y Arce). Así, se ha logrado incentivar la transferencia de tecnología y conocimientos a través de la capacitación, pero resta mucho por hacer en este sentido. Rojas y Arce consideran que la transferencia de conocimientos y el derrame tecnológico debería ser incentivada aún más a través del establecimiento de programas conjuntos de posgrado e investigación entre instituciones técnicas y universidades argentinas y brasileñas y a través del estudio conjunto, con una perspectiva regional de la industria, sobre las mejores alternativas de requerimientos de *offsets* a los actores transnacionales del sector.

Por último, la planificación en el marco del Mercosur orientada a la búsqueda del máximo aprovechamiento de la integración productiva regional requiere contar con más y mejor información, tanto en materia de indicadores sectoriales y georreferenciales, emprendimientos conjuntos e inversiones industriales, como también en relación a las políticas, planes, programas y proyectos implementados por los gobiernos nacionales y subnacionales de los países socios. En esta línea, Cafferata y Dos Santos consideran necesario continuar incrementando la información disponible en el Observatorio de Emprendimientos Conjuntos e Integración Productiva de la Red LATN para consolidarlo como una fuente de información y espacio de discusión y propuestas sobre la integración productiva regional y su impacto sobre el desarrollo económico, social y ambiental.

5. Reflexiones preliminares

El Mercosur ha dado sus primeros pasos en la integración productiva. Algunos sectores, como el automotriz, llevan la delantera mientras que la mayoría de las cadenas regionales lo siguen de lejos. Dadas las características del paradigma tecnológico productivo post-fordista, la integración productiva es un proceso difícilmente eludible en el largo plazo. En sí mismo, dicho proceso no implica consecuencias necesariamente positivas ni negativas para el desarrollo de las economías locales. Los efectos de la articulación productiva territorial dentro del bloque y su evolución en cada sector dependerán tanto de los objetivos perseguidos por las empresas que la llevan adelante como de los grados de coherencia y acierto de las reglas y políticas establecidas por los gobiernos.

Por un lado, la integración productiva representa una oportunidad para que las empresas de la región potencien su interacción y se beneficien de los conocimientos de sus socios vecinos y transnacionales; aprovechen las economías de especialización; expandan su escala productiva y su llegada a nuevos mercados; mejoren sus estándares de calidad; lleven adelante desarrollos y proyectos conjuntos compartiendo sus recursos y, en definitiva, puedan capitalizar los beneficios de una competitividad sistémica territorial fundada en una trayectoria tecnológica que refleje las prioridades y necesidades económicas, sociales y ambientales de los países del Mercosur. Por otro lado, la integración productiva regional tiene también el potencial para forjar una creciente subordinación de las estructuras productivas locales a estrategias globales de empresas transnacionales; una organización territorial de la producción que beneficie a las economías de mayor tamaño en detrimento de los socios más pequeños; el desplazamiento de saberes y tecnologías locales e inclusive la apropiación de desarrollos tecnológicos locales por parte de firmas extra-regionales; la especialización productiva en eslabones con baja intensidad de conocimiento y escasa potencialidad de derrames y externalidades positivas sobre las economías de la región; y una creciente incapacidad para influir sobre una trayectoria tecnológica que refleje las necesidades de los países del bloque.

Dejar la integración productiva en manos del *laissez faire* o mantener una endeble injerencia de los Estados en el rumbo del proceso ha llevado a que hasta el presente (2015) las principales beneficiadas sean las economías de mayor tamaño y, en su interior, las empresas más grandes y poderosas. En algunos casos, los actores con menor peso relativo se han visto directamente perjudicados (y no solamente "menos beneficiados"). Dadas las motivaciones que (según son presentadas en los capítulos de este libro) prevalecen entre las empresas al llevar adelante una articulación territorial de su proceso productivo (explotación de mercados; reducción de costos; explotación de ventajas regulatorias y de acceso a financiamiento), ese resultado no es sorprendente. Un aprovechamiento de las oportunidades que ofrece la integración productiva requiere necesariamente de un involucramiento decidido de los Estados del bloque a través de políticas coordinadas y consistentes que orienten las trayectorias de aprendizaje tecnológico en sectores estratégicos y sean capaces de contrarrestar las asimetrías entre los países, inducir derrames tecnológicos y de capacidades desde las grandes empresas hacia las PyMEs, y apuntalar la intervención e interacción de las PyMEs con sus pares del vecindario regional.

En esa línea, las estrategias asociativas entre empresas de distintos países del Mercosur tienen un enorme potencial para explotar las sinergias de una producción articulada en beneficio de todas las partes involucradas, explotar los espacios de aprendizaje tecnológico y emprender desarrollos tecnológicos conjuntos. Si bien la estrategia asociativa es un camino especialmente prometedor para las PyMEs en vista de sus menores posibilidades para aprovechar los beneficios de la integración productiva por otros canales, los casos de emprendimientos asociativos presentados en este libro revelan que esa estrategia resulta válida también para empresas de gran tamaño. Asimismo, ha quedado en evidencia que en los emprendimientos conjuntos el aprendizaje tecnológico y los derrames sobre las economías locales tampoco se producen espontáneamente. Allí también se requiere que el Estado implemente regulaciones que induzcan mejoras tecnológicas y que generen externalidades positivas sobre sus entornos respectivos que sean, además, compatibles con el crecimiento verde. En algunos casos, el Estado se ha involucrado directamente a través de empresas públicas en emprendimientos conjuntos de gran relevancia estratégica, concentrando su participación en proyectos que implican desarrollos productivo-tecnológicos.

Cada uno de los capítulos que siguen en este volumen tiene sentido en sí mismo y puede ser leído tanto en forma individual como en función de un nivel de análisis particular dentro de un fenómeno complejo, cuyo origen y evolución ha sido consecuencia de decisiones individuales y de acuerdos entre empresas operando en un contexto sectorial determinado y en el marco de regulaciones concretas establecidas por los gobiernos. En definitiva, el desafío de la integración productiva en el Mercosur es establecer políticas industriales nacionales consistentes entre los países socios que, encuadradas en una visión regional, induzcan a las empresas a impulsar estrategias que conviertan la actual victoria de los grandes en un éxito compartido con los socios más pequeños.

Referencias bibliográficas

Bittencourt, G. (2003). "Complementación Productiva Industrial y Desarrollo en el MERCOSUR", *Documento de Trabajo*, N° 15/03, Departamento de Economía, Facultad de Ciencias Sociales, Universidad de la República, Montevideo, Uruguay.

Botto, M. (2013). "Alcances y Límites en la Integración Productiva del Mercosur", *Documento de Trabajo*, N° 66, Área de Relaciones Internacionales, FLACSO, Buenos Aires, Argentina.

Bouzas, R. (2001). "El Mercosur diez años después: ¿proceso de aprendizaje o déjà vu?", *Revista Desarrollo Económico*, Vol. 41, N° 162, IDES, Buenos Aires, Argentina.

Bozzala, C.; Espora, A. y Rozemberg, R. (2006). "El Mercosur, de la diplomacia negociadora a la articulación productiva", *Boletín Informativo Techint*, 319, Buenos Aires, Argentina, pp. 29-52.

Castañeda, J. y Morales, M. (2008). *Leftovers: Tales of the Latin American Left*, Routledge, London, United Kingdom.

CEPAL (2014). "Las empresas transnacionales latinoamericanas y caribeñas: Estrategias y resultados", en *La Inversión Extranjera Directa en América Latina y el Caribe 2013*, CEPAL, Santiago, Chile, pp. 67-107.

CEPAL (2008). "Inversión extranjera directa y empresas transnacionales en América Latina y el Caribe", en *La inversión extranjera en América Latina y el Caribe, 2007, CEPAL*, Santiago, Chile, pp. 23-86.

Dunning, J. (1993). *Multinational Enterprises and the Global Economy*, Addison-Wesley.

Grupo de Integración Productiva, Programa de Cooperación MERCOSUR–AECID, Centro de Formación de la Cooperación Española en Montevideo (2010): "La integración productiva en la nueva agenda del MERCOSUR", Ponencias del Seminario, Montevideo, Uruguay.

Lorenzo, F. (coord.) (2011). "Estudio 2. Asimetrías macroeconómicas entre los países del MERCOSUR", en *Estudios para el diálogo macroeconómico en el MERCOSUR*, Ministerio de Economía y Finanzas Públicas, Buenos Aires, Argentina.

Loveman, B. (2010). "Políticas de Seguridad de Estados Unidos en América Latina y la Región Andina, 1990-2009", en Brian Loveman, (ed.), *Adictos al Fracaso. Políticas de Seguridad de Estados Unidos en América Latina y la Región Andina*, LOM Ediciones, Santiago, Chile, pp. 29-134.

Mortimore, M. (2006). "Transnationalization of Developing America: opportunities and challenges," Working Paper, CEPAL, Santiago, Chile May, 8.

Porta, F. (2008). "Integración productiva en MERCOSUR: condiciones, problemas y perspectivas", *INT Policy Note*, Nº 04, Banco Interamericano de Desarrollo.

Porta, F. (2010). "Algunas consideraciones sobre la dinámica de integración productiva en el MERCOSUR", Seminario Taller *La integración productiva en la nueva agenda del MERCOSUR*, Montevideo, Uruguay.

Tussie, D. y Trucco, P. (2010). "Los actores nacionales en la integración regional: Elementos para el análisis y evaluación de su incidencia en América del Sur", en Diana Tussie y Pablo Trucco, (eds.), *Nación y Región en América del Sur: Los Actores Nacionales y la Economía Política de la Integración Sudamericana*, Teseo, Buenos Aires, Argentina, pp. 17-52.

Trucco, P. y Tussie, D. (2012). "La Gran Recesión y el Retorno de la Política en América del Sur", *Revista Iberoamericana*, Año XII, Nº 46, (junio, 2012), pp. 63-70.

ASOCIATIVIDAD EMPRESARIA E INTEGRACIÓN REGIONAL: CANALES DE TRANSMISIÓN

Alejandro Naclerio y Julieta María Alejandra Salas

Introducción

La competitividad internacional de una economía está construida sobre la competitividad de las firmas que producen bienes y servicios en su territorio y sobre el contexto macroeconómico e institucional en el que estas firmas operan. Las instituciones cumplen una función de articulación entre las dimensiones micro y macro, permitiendo la retroalimentación entre ellas y definiendo el entorno en el que tiene lugar el proceso de desarrollo económico. En esta línea, la infraestructura científica y tecnológica, la base de conocimientos intangibles que alimentan el proceso de innovación, las relaciones intersectoriales, las regulaciones de los sectores, las formas de competencia de las firmas líderes, el tipo de cambio, la estabilidad del nivel general de precios, la tasa de ahorro e inversión, etcétera, constituyen variables fundamentales en la determinación del contexto operacional de las firmas y, por ende, en la competitividad de los bienes y servicios producidos por ellas. Simultáneamente, la competitividad de la producción de las firmas tiene una influencia decisiva en las variables macroeconómicas y en la trayectoria y desempeño institucional.

El enfoque sistémico para el estudio de la competitividad se ha caracterizado por el análisis de las relaciones entre productores y usuarios, subcontratistas y productores, y entre firmas e instituciones, poniendo el foco sobre las externalidades resultantes y su efecto sobre las trayectorias productivas. Paralelamente, el territorio se ha convertido en una importante unidad de análisis en función de sus capacidades y potencialidades fundadas en las estructuras institucionales y organizacionales en el nivel local, que establecen las condiciones para generar y capturar los beneficios derivados de interacciones virtuosas entre firmas.

A partir de ello, el enfoque sistémico conduce al campo de los acuerdos y redes empresariales como una forma de coordinación complementaria y, a menudo, alternativa al mercado. La endogeneización de la tecnología,[1] centrada en la institucionalización de las redes y vínculos

---

[1]   A diferencia de la teoría económica ortodoxa, que considera a la tecnología como una variable exógena (ver por ejemplo, Solow, 1956), el enfoque sistémico para el abordaje de la competitividad considera que la tecnología se desarrolla endógenamente en función de cada sistema.

entre actores que producen y utilizan conocimientos, convirtieron a la organización al interior de las firmas y entre las firmas en la clave para que el sistema pueda producir en condiciones de competitividad creciente. Es por ello que los esquemas asociativos han surgido como una eficaz estrategia productiva fundada en la competitividad sistémica, y la utilización de esta estrategia en el marco de la integración productiva regional ha logrado en ocasiones extender su alcance a un desarrollo territorial e industrial de mayor alcance, fortaleciendo a la región frente a la competencia extra zona.

En este capítulo ofrecemos una breve reseña de la evolución histórica del paradigma tecno-productivo post-fordista y proporcionamos un marco teórico para el análisis del contexto en el que emergen experiencias asociativas territorializadas. Para ello, realizamos un repaso de las contribuciones de las corrientes evolucionistas, neoschumpeterianas y de la teoría de las innovaciones en relación con la asociatividad empresaria. Dado que nos proponemos indagar sobre el fenómeno de asociatividad empresaria en el Mercosur, en la tercera sección evaluamos la importancia relativa de la dimensión territorial en el proceso de desarrollo de los países que integran el bloque. Los enfoques de *clusters* y aglomeraciones productivas permitirán finalizar con una reflexión sobre las limitantes del impacto entre asociatividad empresaria e integración regional.

Posteriormente, planteamos el debate entre las dimensiones económica-social y ambiental-política, poniendo el foco sobre la selección de tecnologías limpias como punto de partida de trayectorias tecnológicas consistentes en términos intertemporales, económicamente viables y social y ambientalmente sustentables (crecimiento verde), poniendo el acento sobre la necesidad de cooperación regional para que este enfoque pueda prosperar en el marco de la integración productiva. Luego, proponemos algunas recomendaciones de políticas públicas y, por último, ofrecemos algunas reflexiones finales.

2. Asociatividad empresaria y desarrollo tecnológico endógeno

La estrategia asociativa refiere a un modo de coordinación entre actores productivos alternativo a los contratos de mercado. Por su propia lógica de funcionamiento, este modo de coordinación facilita el aprendizaje interactivo y el desarrollo de innovaciones de procesos y productos. Para desentrañar los canales de transmisión desde la estrategia asociativa hacia la mejora en la competitividad de las firmas, es preciso conocer el contexto histórico en el que surge y se desarrolla este modo de articulación productiva y contar con un marco conceptual que ayude a entender su funcionamiento.

2.1 La asociatividad empresaria como respuesta al paradigma tecnológico-productivo post-fordista

El lanzamiento del Mercosur y su posterior desarrollo tuvo lugar en el marco de un nuevo paradigma tecnológico-productivo a nivel global que ha impactado fuertemente en el modo en el que se ha desarrollado el proceso de integración productiva.[2] La crisis del petróleo de 1973 (que multiplicó el precio del insumo clave en el sistema de producción fordista) destruyó los viejos esquemas caracterizados por el uso intensivo de energía y materiales para la producción masiva de productos homogéneos. La emergencia de un paradigma tecnológico-productivo post-fordista tuvo lugar en el contexto de progresiva globalización de las fuerzas productivas y de tránsito gradual desde el predominio de una integración vertical de la producción en las industrias líderes a la expansión de procesos de subcontratación y a la construcción de redes de proveedores localizados a grandes distancias. Así, en el contexto de externalización progresiva de algunos eslabones productivos comenzó a observarse, desde finales de la década de 1970, que la experiencia asociativa tanto entre proveedores de grandes firmas como entre distintos actores productivos se constituía en una práctica crecientemente difundida como estrategia de inserción competitiva en los mercados.

Kline y Rosenberg (1986) hacen hincapié en los procesos de aprendizaje y la dinámica interactiva generada en el funcionamiento de las redes (se refieren tanto a redes de proveedores como de usuarios). Estos procesos interactivos imprimen el aspecto acumulativo de la tecnología, puesto que proveedores y usuarios tienen un rol esencial en el proceso creativo capaz de generar transformaciones o innovaciones tecnológicas, así como modificaciones en las organizaciones o redes a las que pertenecen. La importancia atribuida al carácter acumulativo de la tecnología resalta el hecho de que para utilizar y desarrollar nuevas tecnologías hacen falta largos y complejos procesos de aprendizaje colectivo, dado que involucran no solo a la empresa o institución que origina la innovación, sino también a las empresas que se confrontan con las nuevas tecnologías en las fases ulteriores de desarrollo, en relación con el proceso de difusión y de adopción, que son diferentes para cada rama de la economía.

---

[2]   La noción de paradigma tecnológico remite a las técnicas de producción en diferentes etapas históricas.

En este sentido, las distintas ramas de la actividad económica muestran diferencias significativas en su capacidad para explotar las trayectorias generales "naturales" dominantes, y esas diferencias influyen sobre el crecimiento o fracaso de las mismas (OCDE, 1992, 2007). La selección tecnológica y de red es inseparable del carácter industrial que adoptan los territorios. De esta forma los rendimientos crecientes de adopción definidos como: *una tecnología no es elegida porque es eficaz sino que se vuelve eficaz precisamente porque es elegida* (OCDE, 1992: 44) adquiere un carácter central a la hora de entender la dependencia de los senderos tecnológicos que se adoptan. Cuantos más inventos y desarrollos se han realizado en la órbita de determinada tecnología, más costoso será salirse de ella. Los primeros usuarios fijan de modo casi irreversible el proceso de adopción, del cual será cada vez más difícil desviarse (Foray, 1996). Los procesos de difusión reciben pues la influencia de "externalidades de red". Cuando una cantidad creciente de usuarios entra en una órbita tecnológica, esta se torna cada vez más seductora para los siguientes usuarios (Katz y Shapiro, 1994). Existe un efecto *lock in* en las redes (Arthur, 1989).

Por último, los conceptos de paradigmas y trayectorias tecnológicas nos inducen a pensar que en una nueva fase del actual conglomerado de nuevas tecnologías en el campo de la microelectrónica, la informática, la biotecnología, las telecomunicaciones, los nuevos materiales, nuevas tecnologías aeroespacial y militar e industrias relacionadas, implican la absorción de nuevos conocimientos difundidos siguiendo una lógica productiva de largo plazo, que vaya más allá de la valorización financiera de corto plazo que tanto ha influido en la localización de los eslabones de las cadenas de valor. Es aquí donde las políticas de *cluster*ización que veremos más adelante tienen un amplio potencial de desarrollo. Algunas de esas potencialidades asociativas son extrapolables, en diferentes medidas, a la integración productiva regional.

2.2. Los enfoques teóricos de la economía de las innovaciones y las corrientes contractuales neoschumpeterianas y evolucionistas

El esquema de especialización flexible del post-fordismo se asentó sobre un sistema de producción construido sobre la desverticalización de los procesos productivos y de la transferencia de una parte sustantiva de los costos fijos (junto con sus riesgos intrínsecos) desde las grandes plantas hacia sus proveedores. Prosperaron las prácticas de subcontratación basadas en la racionalización de la gran firma transnacional, quien conservó para sí la coordinación de la producción a partir de la centralización de los vínculos con sus proveedores y clientes, y retuvo además los eslabones clave como las actividades de diseño y de I+D y/o de ingeniería. A partir de esta externalización de eslabones productivos (generalmente más intensivos en mano de obra que en conocimiento) se fue configurando un sistema de producción en red en el que la asociatividad empresaria ha sido un elemento dinamizador.

En este sentido, los enfoques evolucionistas (Nelson y Winter, 1982; Cohendet, 1998 y 2003; Cohen y Levinthal, 1989) y los enfoques historicistas de la organización industrial (Chandler, 1977, 1990 y 1992), sostienen que las firmas se especializan en actividades que potencian sus saberes tecnológicos al tiempo que subcontratan las actividades que no forman parte de su corpus central de conocimientos y que otorgan el sello distintivo de su existencia. Así, las firmas logran conservar su ADN (en el sentido evolucionista) pero deben adaptarse para soportar mejor las coyunturas críticas derivadas del ciclo económico y las crisis financieras globales a través de la externalización de algunos eslabones productivos.[3]

En este contexto de producción en red, la asociatividad empresaria se ha convertido en un nodo fundamental de la competitividad y la noción de región ha adquirido una gran relevancia para el análisis del desarrollo. Las nuevas formas dominantes de organización productiva posicionaron en el mundo académico a las corrientes teóricas que resaltan la importancia de adoptar un enfoque sistémico en el estudio de la competitividad. Estos enfoques holistas se asientan en dos ejes clave: por un lado, la economía de las innovaciones, entendiendo que la innovación deviene un acto colectivo superador del esfuerzo aislado de los individuos y donde intervienen varios actores de la cadena productiva (Kline y Rosenberg, 1986); y, por otro lado, la centralidad de la dimensión geográfica o territorial, donde el desarrollo del territorio depende de las instituciones que evolucionan en los mismos (Porter, 1990; 2000; Krugman, 1991; Blum, 2008). Así, a la lista de factores macroeconómicos e institucionales que configuran la transformación de la competitividad micro de las firmas en competitividad macroeconómica y sistémica, los mencionados enfoques teóricos agregaron la articulación entre empresas.

Los gobiernos impulsores de la integración productiva en el Mercosur identificaron en la asociatividad empresaria en general, y entre PyMEs en particular, un aliciente para mejorar la competitividad y apuntalar los procesos de desarrollo económico. ¿Cómo se construyen la relación

---

[3] En una interpretación alternativa, la teoría neo-institucionalista de Coase (1937) y Williamson (1985) sostiene que las grandes corporaciones deciden en función de los costos de transacción cuáles son las actividades que mantendrán en el cuerpo propio de la gran empresa y cuáles subcontratarán a firmas proveedoras.

micro-macro entre un nivel agregado de integración regional y la mínima unidad de asociación empresaria? La articulación entre lo micro y lo macro se encuentra lejos de ser evidente. En las secciones que presentamos a continuación apuntamos a estimular la reflexión en esta dirección poniendo el foco sobre la centralidad de la innovación tecnológica en un entorno de competitividad sistémica.

3. Asociatividad empresaria: ¿estrategia colectiva ofensiva o defensiva?

La construcción de la integración regional es un proceso de permanente interacción de intereses y motivaciones provenientes del espacio internacional y del espacio nacional de los países de la región. A medida que avanzamos desde el espacio nacional al regional, el grado de heterogeneidad de intereses, preferencias y motivaciones se incrementa con el número de actores que pertenecen a cada uno de los países del bloque (Tussie y Trucco, 2010). Sin embargo, en una economía global crecientemente constituida por redes corporativas y cadenas de suministro cada vez más diversas y distantes, esa heterogeneidad busca hallar formas de articulación productiva en la región como un espacio coordinador de procesos productivos fragmentados.

Existe cierto consenso sobre la necesidad de fortalecer la complementariedad productiva entre empresas del Mercosur como estrategia de defensa ante la competencia internacional extra-zona y de reforzamiento del desarrollo industrial. Al mismo tiempo, constituye una oportunidad para mejorar el posicionamiento e inserción de las empresas de la región en una lógica de desarrollo económico local (por ejemplo, en 2006 la Cumbre del Mercosur –Córdoba– y la Cumbre Social del Mercosur –Brasilia–). En este sentido, la asociatividad empresaria puede ser entendida como una estrategia tanto defensiva como ofensiva, en ambos casos fundada en lograr mejoras en la competitividad de un conjunto de firmas, que quedaría fuera de su alcance para cada una de las empresas de manera individual.

A continuación, nos proponemos indagar sobre el fenómeno de asociatividad empresaria en el Mercosur, es decir, entre firmas que se ubican en los diferentes países del bloque.

3.1. La asociatividad empresaria en el Mercosur: el territorio y la importancia de la proximidad espacial

En medio del proceso de globalización productiva, la importancia del territorio y el entorno local para explicar la competitividad empresaria comenzó a acaparar las miradas de los estudiosos del desarrollo económico debido fundamentalmente a las experiencias exitosas de los distritos industriales italianos (grupos de empresas interconectadas por la cooperación, la competencia, intereses complementarios y geográficamente próximos) y el conglomerado de firmas estadounidenses informáticas de la Silicon Valley.

Los estudios sobre los procesos de acumulación tecnológica-cognoscitiva como determinantes de la competitividad y el desarrollo económico se centraron inicialmente en la organización, manteniendo a la nación como marco de referencia. Posteriormente, bajo los marcos conceptuales de distrito industrial y *clusters*, la unidad de análisis pasó desde la empresa a la red de empresas y, desde allí, al sistema nacional de innovación.

La noción de *distrito industrial* posee su génesis en las ideas marshallianas que lo definen como "agrupación de pequeñas empresas similares en un territorio que tratan de mejorar su productividad como consecuencia de la división del trabajo entre las mismas" (Marshall, 1920). Esta aproximación abre las puertas al protagonismo de las regiones y los sistemas productivos locales, compuestos por agrupaciones de empresas que producen en un espacio geográfico determinado y combinan estrategias de competencia y cooperación, favoreciendo el desarrollo de externalidades positivas. La noción de que existen ganancias de productividad por escala y capacidades tecnológicas a partir de la vinculación entre el desarrollo de un sector de actividad y la geografía evolucionó en el tiempo hasta el concepto de *clusters,* entendidos como "concentraciones geográficas de empresas e instituciones interconectadas que actúan en un determinado campo o sector" (Porter, 2000).

El territorio comenzó a ser examinado a partir de su capacidad articuladora, y la región analizada como potencial espacio generador de distintas formas de cooperación entre firmas e instituciones (Fernández, Amin y Vigil, 2008). Se instalaron fuertes expectativas sobre la región en cuanto a su potencialidad para instalar un *patrón de desarrollo desde abajo.* Las esperanzas y progresivas responsabilidades depositadas en la región para alcanzar el objetivo asumido por la UE, se escucharon en las voces de la Estrategia de Lisboa en el año 2000: "Hacer de la UE una economía basada en el conocimiento más competitiva y más dinámica del mundo, capaz de crecer económicamente de manera sostenible y con más y mejores empleos y mayor cohesión social".[4]

Sin embargo, no existe consenso en la literatura de desarrollo regional sobre la prioridad de la dimensión territorial. La crítica de quienes niegan la importancia del territorio en la búsqueda de la competitividad y el éxito económico radica en la reducción del espacio al territorio: las asociaciones empresariales pueden (o no) asentarse en una cercanía espacial. La evidencia sobre la que se asienta esta perspectiva relacional está constituida por las redes y cadenas de proveedores que se encuentran muy dispersas territorialmente y donde la base de conocimiento está cada vez más distanciada y mediada por la tecnología. Según este enfoque, la condición necesaria para la conformación de una red no es la proximidad espacial sino el conocimiento como eje ordenador de la red, pudiendo compartirse aún en condiciones de distancia de localización (Hudson, 1999). Otras posiciones más radicales sostienen que no existe un territorio geográficamente definido sobre el cual los actores locales pueden tener un control efectivo y gestionarlo como espacio social y político (Amin, 2004).

Como veremos en el siguiente apartado (en el que analizaremos la asociatividad empresaria como respuesta al paradigma tecnológico) los enfoques que enraízan la innovación en un espacio delimitado territorialmente hacen una distinción esencial entre conocimiento e información. El primero resulta una estructura muy compleja y flexible, la segunda circula libremente dado que la tecnología redujo los costos de movilidad de la información (Cohendet, 1998 y 2003; Naclerio, 2012).

Esta problemática crucial entre ambas perspectivas de desarrollo regional se configura en torno a un interrogante que Amin (2004) denomina "guerra de imaginarios": "¿Por qué importa si la región es concebida en términos territoriales o relacionales?" Diferenciar entre una lectura relacional del lugar y una lectura del lugar fuertemente territorial posee una importancia políticamente significativa. Una respuesta con sentido marshalliano, y también evolucionista, sería que la región sólo puede ser construida desde lo territorial ya que el conocimiento (y la innovación) no circula "relacionalmente libre de las restricciones de jurisdicción territorial" sino que surge como resultado de la interacción entre agentes económicos y grupos localizados en un mismo espacio geográfico e institucional. Es de nuestro interés focalizar sobre las capacidades colectivas de aprendizaje tecnológico a partir de las sinergias institucionales que se manifiestan en torno a la construcción de sistemas

---

[4]   Ver: http://consilium.europa.eu/ueDocs/cms_Data/docs/pressData/es/ec/00100-r1.es0.htm

productivos definidos geográficamente, donde el factor "conocimiento" es el componente clave de la producción.

Las redes productivas definidas geográficamente surgen frente a la insuficiencia de los análisis en términos del mercado como "asignador eficiente de recursos" y de los enfoques de fallas de mercado (Nelson, 1959 y Arrow, 1962) –es decir, de la teoría neoclásica– para explicar el desarrollo productivo. El cambio fundamental que motiva su creación es que la política económica no se limita a *asignar* recursos. De acuerdo a la teoría evolucionista, a la política industrial le corresponde *crear* recursos (Nelson y Winter, 1982; Cohendet, 1998). En este sentido, la teoría económica de la innovación y la teoría sociológica de las redes (Cohen y Fields, 1999; Helliwell y Putnam, 1995; Putnam, 2000)[5] ofrecen una forma de coordinación alternativa o complementaria al mercado. La asociatividad empresaria, entendida como la complementariedad institucional entre empresas, universidades y otros actores económicos e institucionales deviene en un foco sustancial que motoriza el interés tanto de la academia como de la gestión (Callon, 1992 y 1994; Rosenberg y Nelson, 1994).

Nosotros consideramos que la dimensión territorial es inescindible del entramado sectorial y, por lo tanto, el territorio es condición necesaria para el desarrollo regional del Mercosur. Según la CEPAL (2011), el territorio desempeña un rol estratégico en el desarrollo de los países latinoamericanos, entendiéndolo como un espacio de múltiples dimensiones que requiere de inversiones materiales e inmateriales que contemple el espacio físico, ambiental, socioeconómico y cultural. Las fortalezas, capacidades y potencialidades del territorio subyacen en sus estructuras institucionales y organizacionales. En consecuencia, las teorías que dan gran importancia a las cadenas de valor en el marco de un desarrollo territorial, como los enfoques de la economía de la innovación y las corrientes evolucionistas y neoschumpeterianas, resultan las más apropiadas para explicar el funcionamiento de la asociatividad empresaria como un factor impulsor de la integración productiva regional, el aprendizaje tecnológico y un entorno de desarrollo sustentable en términos económicos, sociales y ambientales.

3.2. Limitantes de la asociatividad empresaria para el desarrollo

El proceso de integración regional del Mercosur persigue metas similares a la configuración del mercado único europeo en cuanto a la aceleración

---

[5]   Una abundante literatura enfoca a estos casos hacia el enriquecimiento del capital social en el territorio.

de los procesos de crecimiento económico. Al igual que en el caso europeo, la heterogeneidad de los países que integran el bloque implica la gradual integración de economías con diferentes trayectorias productivas, dejando espacio para la complementariedad tanto a través de la especialización intrarregional e intrasectorial como a través de la cooperación entre firmas del mismo sector o de actividades complementarias. Uno de los efectos derivados de este proceso es la formación de estructuras espacio-económicas propicias para la emergencia de distintas configuraciones de asociatividad empresaria.

En este sentido, el Programa de Integración Productiva del Mercosur apunta al incremento de distintas formas de asociación empresaria que impacten en la competitividad regional de las empresas, fundamentalmente frente a jugadores extra-bloque. La integración productiva regional entre empresas de una misma cadena de valor mejoraría sus posibilidades de transitar por un proceso de escalamiento industrial hacia eslabones productivos con mayor valor agregado y más intensivos en conocimiento. De ahí que la integración productiva regional requiere, para lograr su objetivo de aceleración del crecimiento fundado en mejoras de competitividad, configuraciones productivas que sean proclives a la generación de conocimientos y al aprendizaje tecnológico. La asociatividad entre empresas es una de las configuraciones productivas que resultan funcionales a esta lógica en la medida en que son proclives al aprendizaje interactivo entre las firmas que se articulan en el proceso productivo.

La variedad de relaciones de asociación entre las empresas da lugar a una pluralidad de procesos: *joint ventures*, redes de proveedores y clientes, *clusters*, entornos productivos locales, y consorcios de exportación, entre otros tipos de asociaciones estratégicas (Lundvall, 1992; Hudson, 1999). Los dos primeros resultan especialmente interesantes para la integración productiva por su alto potencial para la asociatividad intra-Mercosur. Las formas interactivas de aprendizaje se asientan en redes que definen tanto relaciones horizontales entre PyMEs que buscan ampliar el alcance de su producción a mercados regionales o entre empresas de mayor tamaño que mantienen cierta simetría, como verticales, caracterizadas por la existencia de una gran empresa en el centro y una o más firmas de menor tamaño que operan en función de la primera.

El espacio integrado del bloque ofrece a las empresas de los países miembros una diversidad de nuevos socios potenciales para articular su estrategia productiva y, a través de emprendimientos basados en la innovación, impulsar el desarrollo económico de la región y su competitividad sistémica (Trucco, 2014). Sin embargo, la existencia de un espacio ampliado y de un entorno propicio para el aprendizaje tecnológico y la innovación no garantiza por sí solo el aprovechamiento efectivo del mismo ni que sea aprovechado con esa finalidad. De hecho, el proceso de integración regional está influenciado por la dinámica de los capitales transnacionales orientados principalmente por estrategias de reducción de costos y explotación de mercados. Así, la operatoria de empresas transnacionales puede en algunos casos significar fugas de saber local en lugar de transferencia o incorporación de conocimientos y tecnología entre empresas que operan en el bloque.

Estas redes, que en general toman la forma productor-usuario (en adelante, PU), se caracterizan por la existencia de asimetrías de poder en su interior que varían de acuerdo al sector o rama industrial. Por ejemplo, en la industria automotriz las relaciones entre empresas son de tipo vertical entre firmas que tienden a complementarse, donde prevalecen las necesidades de diseño. Por lo tanto, el eslabón de diseño impone condiciones al resto de la cadena. Las redes aquí se configuran con objetivos de costo y mercado, siguiendo un esquema de sub-contratación. Los actores que controlan la red conservan para sí los eslabones estratégicos y establecen requisitos tecnológicos y estándares productivos y de calidad a los proveedores locales, quienes tienden a actuar como receptores pasivos de las directivas de la empresa que controla la red (Chesnais, 1986 y 1992). Además, en base al alto nivel de intervención en los procesos productivos de los proveedores, la empresa transnacional suele apropiarse de conocimientos y tecnologías desarrolladas por éstos.

Los capitales transnacionales ponen en movimiento intereses sobre los espacios locales y regionales convirtiéndolos en espacios *glocalizados*. El control del territorio sucede a través de coaliciones entre capitales nacionales y trasnacionales que descompone el territorio local y regional en fragmentos globalizados (Swyngendouw, 1997). En este sentido, Grabher (1993) y Hudson (1994) advierten que la red y la calidad de su entramado institucional tampoco garantiza el éxito del desarrollo económico regional, ya que no solamente no puede asegurar un proceso de aprendizaje e innovación exitoso sino que incluso podría ser un limitante a este proceso si las instituciones que constituyen la red priorizan empresas y sectores predominantes en el pasado y ahora en declive (Hudson, 1999).

Análogamente, los esquemas de cooperación entre empresas que tienden a competir pueden derivar en innovaciones que mejoren su posición frente a la competencia en un mundo globalizado. Existe una amplia literatura que esquematiza los modos de coordinación institucional, las relaciones y los acuerdos de cooperación realizados entre empresas que caracterizan formas de organización industrial (Chesnais, 1988b; OCDE, 1992). La cooperación, la jerarquía y la confianza son modos de coordinación institucional que imponen determinadas rutinas o comportamientos estabilizados en las redes productivas y que sugieren una forma de organización de la producción donde la innovación deviene en un acto colectivo, superando el esfuerzo aislado de los individuos (Johnson y Lundvall, 1994).

Hasta aquí, la estrategia ofensiva y hegemónica de las transnacionales se identifica como un obstáculo a la transferencia de tecnología y, en consecuencia, como un elemento limitante para el pleno aprovechamiento de los beneficios de la asociatividad en el marco de la integración productiva. En el otro extremo, la asociatividad como una estrategia defensiva frente a las asimetrías propias del mundo globalizado se ha convertido para algunas empresas en una condición para su supervivencia, así como también una potencial fuente de desarrollo de ventajas competitivas.

4. La asociatividad empresaria: un ejercicio micro para dejar una huella medioambiental macro

La estrategia asociativa como instrumento para facilitar mejoras competitivas a partir del aprendizaje tecnológico y la creación de oportunidades para la innovación debe entenderse también desde una perspectiva más amplia que considere la consistencia intertemporal del proceso de desarrollo en términos económicos, sociales y ambientales.

La sustentabilidad del desarrollo ha ganado espacio en la agenda política de los países industrializados renovando la discusión sobre el *trade-off* entre eficiencia y equidad desde una perspectiva generacional. Así, la ONU (1987) definió al desarrollo sustentable como un desarrollo que satisface las necesidades del presente sin comprometer la capacidad de futuras generaciones para satisfacer sus propias necesidades. El concepto se fue complejizando a través del tiempo y, en la declaración de Río sobre el Medio Ambiente y el Desarrollo (1992), la noción de desarrollo sustentable se amplió para abarcar no sólo cuestiones productivas y distributivas sino también la protección del medio ambiente, a fin de mejorar el nivel de vida de los grupos más vulnerables de la sociedad. En la actualidad (2015), el concepto de crecimiento verde ha profundizado el de desarrollo sustentable.

La concepción de crecimiento verde busca evitar la idea de que las restricciones regulatorias ambientales condicionan el crecimiento y, simultáneamente, mostrar las oportunidades que ofrece la tecnología en la generación de nuevos vectores de crecimiento y de generación de empleo. El desafío desde el enfoque de crecimiento verde es cómo industrializar sin contaminar. En este sentido, es preciso implementar medidas regulatorias para adoptar las tecnologías más adecuadas desde los inicios de los trayectos tecnológicos, puesto que cuando se adopta una tecnología contaminante y el sendero innovativo es recorrido a través de ella se vuelve difícil cambiar de tecnología *a posteriori*, debido al carácter acumulativo de las innovaciones (OCDE, 1992). Por eso, el Estado tiene un rol central como regulador en este proceso de selección, evitando que el mercado determine trayectorias tecnológicas en base a una rentabilidad de corto plazo que pase por alto los costos futuros.

En el contexto de la integración productiva regional, la implementación de esta perspectiva requiere un acuerdo entre los Estados miembros del bloque para armonizar la reglamentación en esta materia, evitar los comportamientos oportunistas de corto plazo con potencial para arrastrar a las regulaciones hacia una carrera en dirección a estándares ambientales, laborales, e impositivos crecientemente precarios (*race to the bottom*) (Chudnovsky et al., 1996) y debatir y acordar las trayectorias tecnológicas más convenientes en el largo plazo. El Estado tiene aquí una misión ineludible, dado que no existe una asociación natural entre las dimensiones económica-social y ambiental-política.

4.1. La viabilidad de una estrategia de crecimiento verde en el Mercosur

El modelo de crecimiento verde busca armonizar cuestiones económicas, sociales y ambientales. Sin embargo, no existe evidencia empírica que brinde parámetros de referencia sobre el proceso de transición hacia una economía de bajo carbono. Las diferentes condiciones iniciales dejan abierto un abanico de trayectorias posibles que se multiplican en función de las múltiples combinaciones entre la agenda de crecimiento y la agenda verde.

La propuesta de este paradigma centra su eje de acción en políticas de innovación vinculadas a la promoción de sectores industriales productores de bienes verdes. En este sentido, podría ser entendido como un modelo de crecimiento schumpeteriano donde la esencia del crecimiento se basa en las innovaciones y su correspondiente proceso de "destrucción creativa", donde la dinámica de creación de empleos verdes compensaría la destrucción de empleos asociados a producción y a tecnologías contaminantes. De ello se derivan además efectos distributivos en el mercado de trabajo, al reasignarse recursos desde los sectores tradicionales contaminantes a nuevos sectores asociados a la reducción de emisiones y polución (Da Motta Veiga y Ríos, 2014). En este sentido, la OCDE (2010) recomienda la aplicación de mecanismos compensatorios que atenúen efectos distributivos negativos de la reconversión.

De hecho, los efectos redistributivos de la transición a una economía verde impactan además sobre la competitividad internacional. Los sectores que realizan un esfuerzo para cambiar su patrón de utilización de insumos y energía por alternativas "limpias" sufren una pérdida de competitividad (debido al incremento de sus costos, al menos en el corto plazo) si sus competidores no realizan un esfuerzo semejante. Por este motivo, las políticas de reconversión de las empresas hacia tecnologías verdes requieren ser acompañadas por políticas sistémicas que actúen sobre los efectos de este proceso en la competitividad de los diferentes sectores. Una estrategia de reconversión de la estructura productiva requiere, para ser económica, política y socialmente viable, articular e integrar las políticas industriales, comerciales, de innovación y de tecnología de los distintos sectores, a fin de reducir las resistencias en base a razones de competitividad. Entre los mecanismos defensivos frente a competidores menos reconocidos están las exenciones de aranceles y los esquemas de permisos de emisiones. Por su parte, la emergencia de nuevos sectores productores de bienes verdes requiere estrategias ofensivas que apunten al crecimiento de mercados domésticos e internacionales de bienes climáticos y energías renovables (Jacobs, 2012).

Estos lineamientos presentan dificultades para ganar espacio en la agenda de políticas públicas de los países de la región, donde predomina un patrón de industrialización tradicional que descansa en la noción de incompatibilidad entre el objetivo de crecimiento y reducción de la pobreza y el objetivo relacionado con el cuidado del medio ambiente. Lograr desarraigar el fantasma de que el modelo de crecimiento verde es una barrera para el crecimiento en una región donde se registran importantes niveles de desigualdad y pobreza, no es una tarea sencilla. Sobre todo en un contexto internacional en el que elevados niveles de desempleo y débil crecimiento económico refuerzan la imagen del crecimiento verde como un conjunto de medidas proteccionistas (Flores, 2013).

Las dificultades para la implementación de una economía verde no se limitan a los países en desarrollo. Los retos y las trayectorias posibles son múltiples para todos los estadios de desarrollo. Existen, de hecho, casos exitosos. La experiencia alemana en la política de promoción de energía renovable resulta un buen ejemplo para ilustrar cómo el Estado logró articular políticas públicas para influir en la orientación de una trayectoria tecnológica consistente con una economía verde. Studer (2014) identifica cinco factores que posibilitaron el éxito de la reconversión energética alemana: un marco jurídico claro que dispone medidas específicas con metas establecidas; instituciones para apoyar la transición de un cambio estructural; instrumentos de mercado e impuestos para promover la inversión en tecnologías de energías renovables y el consumo de energía de estas fuentes; infraestructura básica e industrial e innovación y financiamiento público para transferencia de tecnologías de energía renovable.

Uno de los desafíos más importantes que enfrentó Alemania fue la presión de las grandes empresas operadoras de las redes eléctricas. Para enfrentar los oligopolios se crearon incentivos económicos para amortizar el impacto ambiental del consumo energético y líneas de financiamiento para ganar capacidad de energía eólica, establecer plantas fotovoltaicas y otras fuentes de energías renovables. Así, los esfuerzos públicos se dirigieron a apoyar esfuerzos ampliados de racionalización a nivel empresarial que permitieron al sector energético alemán ganar terreno en tecnologías no contaminantes y orientar a la industria energética hacia la *best practice* internacional (Levine et al., 1991).

La inexistencia en el Mercosur de los factores y del marco institucional que permitieron en Alemania la reconversión energética vuelve poco realista esperar resultados similares a los obtenidos en aquel país, al menos en el corto plazo. Adicionalmente, los países del Mercosur (y de América Latina en general) deben enfrentar un contexto marcadamente diferente al alemán, caracterizado por elevados niveles de desigualdad y pobreza cuya urgencia deja a los temas ambientales muy abajo en las prioridades de la agenda política. A ello se suma la existencia de importantes asimetrías entre los mayores emisores de la región (Argentina, Brasil y Venezuela) y las economías más pequeñas, cuyos niveles de emisión tienen una escala marginal pero que se ven afectados por los socios mayores. Estas diferencias, conjuntamente con las particularidades políticas, sociales y sectoriales de cada país han llevado a su vez a la fragmentación de iniciativas de desarrollo de vectores verdes que enfrenan dificultades de escala e inconsistencias entre las políticas públicas de los países del bloque (Da Motta Veiga y Ríos, 2013). Pero más allá de estos contrastes entre ambos escenarios y de las inocultables diferencias, la experiencia germana en el sector energético alumbra el camino sobre las cuestiones a tener en cuenta al momento de planificar una reconversión sectorial y sobre las políticas públicas nacionales que requerirán un trabajo de armonización para evitar distorsiones que terminen socavando una reconversión a la economía verde.

5. Recomendaciones sobre políticas públicas

El nudo del debate se centra sobre la intervención del Estado como estrategia de desarrollo a largo plazo, en contraposición a los modelos de libre competencia y de optimalidad basados en los costos de transacción. La intervención pública se instrumenta a través de instituciones y regulaciones que, junto con actores privados, dan forma al SNI (Lundvall, 1992). Este SNI es construido con un enfoque *"top down"*, en el sentido de que existe una planificación centralizada que orienta a los actores que lo integran (Fernández, 2003; Naclerio et al., 2010). Si bien es importante que el SIN sea permeable a la influencia desde las regiones (al interior de los países) y que estas puedan contribuir desde sus propias potencialidades y necesidades, las regiones dependen de la infraestructura física y del capital inmaterial o el recurso humano que conforma la base social de conocimientos (Naclerio, 2012). Por lo tanto, no es conveniente apoyarse únicamente en políticas de descentralización que descargan la responsabilidad sobre las comunidades locales, tal como sugieren los enfoques de la administración pública *bottom-up* (Hull y Hjern, 1993). Además, un sistema regional debe, ineludiblemente, articularse con el sistema global. Ello requiere planificación de un actor central. Este mismo argumento es aplicable a la integración productiva entre los países del Mercosur. La integración productiva como parte de una estrategia de desarrollo deberá, para funcionar adecuadamente, implementar en el mediano y largo plazo una armonización de las políticas que orientan a los actores de los respectivos SNI en base a una planificación consensuada entre los gobiernos de los países miembros.

Esta planificación deberá tener en cuenta el fenómeno de la globalización financiera y su efecto sobre la localización y articulación de la producción en cadenas globales de valor. De acuerdo a los enfoques sistémicos y de la globalización financiera (Chesnais, 1997) y de la glocalización (Swingedouw, 2004); puede interpretarse que las políticas de descentralización y de atracción de capital son funcionales a la lógica transnacional. Las transnacionales desarrollan *clusters* a nivel local que les permiten operar en países con perspectivas escalares (Fernández y Brandão, 2010), por ejemplo, a nivel Mercosur. Entonces, el desarrollo de anillos de proveedores en diferentes industrias dominadas por un actor transnacional no asegura el desarrollo de conocimientos locales. Según Chesanais (1988a), las firmas transnacionales desarrollan un proceso de *technology sourcing* por el cual aspiran los conocimientos locales de adaptación desarrollados por firmas nacionales. Esta bibliografía muestra que las firmas transnacionales no transfieren conocimiento cuando llevan adelante el proceso de descentralización de la producción de partes y procesos con altos costos fijos. Por tal motivo, esta perspectiva considera que la producción (y por extensión, la integración productiva) organizada alrededor de la operatoria de las transnacionales es contraproducente para el desarrollo local basado en el conocimiento propio.

Sin embargo, las agendas de políticas de los países de la región no prestan suficiente atención a esta advertencia y se focalizan en la integración productiva o en la inserción en las cadenas de valor únicamente como un instrumento para complementar eslabones productivos y una oportunidad para aprovechar potenciales sinergias tanto al interior de las economías nacionales como en los niveles regional e internacional. Peck y Lloyd (2008) mencionan estrategias de proyectos *clusters* a nivel europeo orientados a encausar varios aspectos microeconómicos, tales como facilitar el acceso a un experto superior a nivel regional; favorecer a las compañías en proyectos de mayor escala; permitir a las PyMEs incrementar sus escalas y lograr contratos mayores; estimular los contratos de compras conjuntas; compartir servicios financieros, legales, etc. Pero inclusive en el caso de que estos objetivos fueran alcanzados, podrían terminar beneficiando fundamentalmente a corporaciones transnacionales alrededor de las cuales se formarían esos *clusters*.

El crecimiento económico fundado en las mejoras de competitividad implica una mejora de la capacidad tecnológica del sistema productivo local; una cierta especialización productiva que refuerce la base social de conocimientos; un creciente involucramiento de los sujetos económicos locales que planteen rutinas productivas propias por prueba y error (y/o *learning by doing*); una fácil difusión de información técnica y comercial mutua (desarrollada por contactos personales *face to face* e informales); un sistema de formación profesional construido por la propia localidad y por la consolidación histórica de conocimientos; una fuerte integración entre las instituciones y la economía local favorable a la innovación y a la adaptación a las condiciones cambiantes de la realidad productiva.

La dimensión socio-cultural se centraliza en una profunda identidad local proyectada en una cultura propia; la consideración de la capacidad empresarial y de iniciativa como valor social; la existencia de estructuras familiares con vínculos intergeneracionales sólidamente cohesionadas y que hacen de ella una unidad de renta y producción; una organización social con un nivel suficiente de actividades mercantiles; y un sistema urbano desarrollado sobre el área donde el sistema industrial se articula.

Finalmente, el aspecto político-administrativo permite que las iniciativas locales creen un entorno local favorable a la producción e impulsen

el desarrollo sostenible. Se trata de poner en práctica la gestión del territorio a partir de un ordenamiento administrativo.

Es preciso aclarar, sin embargo, que las políticas de desarrollo territorial, por sí solas y sin una adecuada articulación con un entorno
mayor (nacional, regional o global) resultan insuficientes para garantizar
el éxito de una estrategia de desarrollo. A nuestro entender, la exagerada
confianza de algunos enfoques de desarrollo local en las políticas surgidas de la administración local se debe a la idealización de los *clusters*
y distritos industriales como comunidades armónicas y autosuficientes
que operan como estructuras cerradas, soldadas, homogeneizadas y
dinamizadas por la cooperación intra-local. Se trata, en suma, de anular
toda posibilidad de asimetrías en el ejercicio concreto del poder y en la
captación de excedentes y de desestimar la existencia de matices que
determinan las diferencias concretas entre aglomerados.

Consideramos que existe la necesidad de una política que promueva
el desarrollo endógeno en las regiones pero en el marco de una articulación sistémica. Para ello se requiere de un actor central que formule
los lineamientos básicos no sólo a nivel macroeconómico, tal como es
lógico de esperar, sino también a nivel industrial, promoviendo sectores
que dinamizan la matriz productiva.

Nos alejamos aquí de las teorías que rescatan la especialización en
sectores con ventajas comparativas relativas (en el sentido ricardiano)
para volcarnos a las ventajas competitivas sistémicas, es decir, a una
estrategia de desarrollo basada en la diversificación productiva gracias
a las virtuosas interacciones de las firmas locales con el complejo de
instituciones científicas y tecnológicas. En este sentido, el enfoque SNI se
debe a un plan industrial que posicione a las diferentes cadenas de valor
en un contexto de regionalización y de complementariedad productiva
a escala regional. Es decir, resulta necesario adecuar las políticas que
estimulan las estrategias de desarrollo a nivel nacional y a nivel Mercosur,
especialmente aquellas de complementariedad productiva, alentando la
formación de nuevos "jugadores Mercosur" con capacidad de competir
más allá del bloque en industrias en las que la falta de competitividad
acentúa la dependencia tecnológica a medida que crecen las economías
(automotriz, bienes de capital, farmacéutica, biotecnología, química,
electrónica, aeronáutica, aeroespacial, nuevos materiales, etc.). Ello resulta clave no solamente por una cuestión de planificación del desarrollo
a largo plazo sino también para la sostenibilidad macroeconómica, que
se establezcan acuerdos estratégicos entre los gobiernos del Mercosur,
con prioridades sectoriales y compromisos institucionales conjuntos
(o al menos armónicos y consistentes), con el objeto de fomentar la

competitividad sistémica en industrias donde ciertas variables micro-económicas (principalmente la escala) y macroeconómicas (faltante de divisas o restricción externa) son factores condicionantes del desarrollo.

Los países del Mercosur tienen una asignatura pendiente en térmi-nos de la construcción de sus SNI. El Estado tiene un rol fundamental como principal articulador del SNI, induciendo a los distintos actores que lo integran a interactuar de manera funcional con la generación de un sistema productivo que fundamente el crecimiento económico sobre la innovación tecnológica y la producción de bienes y servicios inten-sivos en conocimiento. Por lo tanto, para que la integración productiva regional cumpla su función como instrumento facilitador de mejoras en la competitividad sistémica es necesario que los estados nacionales establezcan una coordinación virtuosa entre las partes de un sistema a escala regional.

El eventual éxito de la integración productiva implicará el funcio-namiento de un sistema industrial que abarque a las economías de los países del bloque y que logre independizarse de los condicionamientos y de la apropiación de capacidades locales (*technology sourcing*) por parte de las firmas transnacionales. En contraste, firmas del Mercosur de escala internacional deberán mantener como activo clave la generación y resguardo del conocimiento local, única fuente genuina de desarrollo.

6. Reflexiones finales

La asociatividad empresaria como un eje estratégico de la integración productiva regional es todavía una asignatura pendiente en el Mercosur. También está en deuda una estrategia de desarrollo tecnológico indepen-diente de los condicionamientos del capital transnacional, tanto a nivel nacional como regional. Ello requerirá, ineludiblemente, tener presente la organización productiva del espacio territorial del Mercosur y la arti-culación de los intereses y motivaciones de los actores que conforman el sistema productivo del bloque, de manera que estas estrategias se orien-ten a maximizar el impacto en la competitividad sistémica de la región.

La integración productiva regional pretende ser una estrategia que abra oportunidades para el desarrollo de firmas de todos los tamaños y de todos los países del bloque. Una estrategia de desarrollo basada en una trayectoria tecnológica independiente y orientada en función de las necesidades y prioridades de los países del Mercosur no puede estar delineada en función de la operación de las firmas transnacionales. Ello requerirá hacer frente a presiones puntuales y sistémicas así como sobrepasar un obstáculo inocultable para el desarrollo de un proceso armónico y equilibrado de integración productiva entre los países del Mercosur: las asimetrías de tamaño y la estructura productiva entre las economías que integran el bloque. En este contexto, la promoción de PyMEs y de la estrategia asociativa entre ellas constituye una política adecuada para apuntalar mejoras en la competitividad de las empresas y de la estructura productiva regional de manera más equilibrada.

Por otro lado, la cooperación en el nivel de las grandes empresas en sectores intensivos en capital y de gran escala resulta una necesidad si el desafío es generar trayectorias tecnológicas propias que impulsen los sistemas industriales de la región. Aquí el rol institucional de los estados debe considerar dos aspectos clave: la provisión de recursos humanos, a través de una base social de conocimiento dominada por universidades públicas y organismos de la ciencia y la tecnología locales donde los acuerdos de cooperación con el sector productivo tengan una ventaja para las empresas locales frente a las empresas transnacionales, y donde los acuerdos con las PyMEs locales se celebren con grandes actores locales (en lugar de transnacionales). Las empresas transnacionales conforman redes productivas de PyMEs sólo con los objetivos de reducir costos o acceder a mercados, no con el objetivo de transferir tecnología. Los anillos PyMEs proveedores de la gran empresa transnacional son derivados de la gran empresa fordista que cuidan su acervo tecnológico. Se necesita un actor público local que induzca el derrame interno de conocimientos y prevenga la fuga del saber local hacia el cuerpo de saberes de las empresas transnacionales dominantes.

El proceso de internacionalización y un creciente peso de las tecnologías de la información y de las comunicaciones fueron delineando la estrategia de introducir a las empresas en redes regionales a los fines de acrecentar las capacidades nacionales para hacer frente a la competencia proveniente del sistema internacional.

Una de las claves para que la estrategia asociativa entre empresas permita a los países de la región incrementar su competitividad y acelerar el proceso de desarrollo económico es la existencia de rendimientos crecientes de escala. La potencialidad de sus efectos se vincula a la importancia atribuida al carácter acumulativo de la tecnología. En otras palabras, para que la asociatividad empresaria tenga un impacto significativo en la integración productiva regional es condición que:

- A partir de un impulso institucional coordinado, la estructura productiva de los países de la región se desplace progresivamente hacia los eslabones de la cadena con mayor valor agregado, más propensos a la acumulación de saberes y al aprendizaje tecnológico.

- Alcanzar un número significativo de esquemas de cooperación entre empresas de la región que deriven en innovaciones, contribuyendo positivamente al aprendizaje tecnológico en el marco de los Sistemas Nacionales de Innovación.
- Planificar institucionalmente acuerdos productivos en empresas de sectores dominados por empresas transnacionales de capitales extra-zona (automotriz, electrónica, farmacéutico, aeronáutico, equipamientos, etc.) a fin de establecer estrategias conjuntas y conformación de empresas Mercosur que disminuyan la dependencia tecnológica.

El observatorio de integración productiva regional revela que en la actualidad (2015) el número de emprendimientos conjuntos entre empresas de la región es reducido, y la cantidad es aún menor si consideramos esquemas empresariales con fines de complementariedad productiva (donde se localizan las mayores potencialidades del aprendizaje colectivo y de la innovación productiva).

Adicionalmente, la cadena de valor o sector productivo elegido como marco del esquema empresarial asociativo definirá el punto tecnológico de partida de la trayectoria productiva. Cada sector productivo presenta diferencias significativas, que determinan los efectos potenciales de la asociatividad empresaria en la competitividad de la región. Los sectores estratégicos son aquellos que generan mayor repercusión en la matriz productiva de los países, impactando en la productividad y el desempeño de las firmas e instituciones que lo utilizan (produciendo reducciones de costos y mejoras de calidad) y generando una gran capacidad de adaptación e innovación en la región y en las economías que la integran.

La importancia de la dimensión sectorial es inescindible del rol esencial de la dimensión territorial en la búsqueda de la competitividad y el desarrollo económico de los países. El territorio define los activos cognitivos, generalmente tácitos e idiosincráticos, que influyen en las trayectorias locales de crecimiento. Adicionalmente, la construcción del espacio regional resalta el papel estratégico del territorio nacional en el direccionamiento de procesos regulatorios armónicos que guíen el proceso de desarrollo de los países y de la región.

Las posiciones más radicales consideran que la inserción de las firmas en una red de producción regional forma parte de la lógica de las fuerzas de la globalización. Según esta lectura, las estrategias de asociatividad empresaria corren el gran riesgo de ser funcionales a la lógica del capital transnacional, generalmente orientada hacia la explotación de mercados y flexibilización y reducción de costos fijos. Estos esquemas de cooperación empresaria articulan variados anillos de empresas locales, por lo general PyMEs, en torno a la gran empresa que actúa como motor del proceso, siendo muchas veces el único articulador regional. Entonces desarrollar anillos de proveedores en diferentes industrias dominadas por un actor transnacional no asegura el desarrollo de conocimientos locales. Contrariamente, los procesos innovativos y productivos internos dependen de las articulaciones de las instituciones nacionales, y en la escala del Mercosur se deben explicitar y reorganizar dichas estrategias para que se potencien los sectores productivos.

Para que la integración productiva se transforme en una realidad relevante es necesario avanzar en marcos normativos comunes que induzcan a que las empresas de cada país del Mercosur se articulen con otras firmas localizadas más allá de las fronteras nacionales. Pero para que el proceso pueda concretarse es necesario que los estados nacionales lideren el proceso de articulación regional sistémica formulando los lineamientos básicos, no solamente macroeconómicos sino también planificando el espacio industrial y seleccionando los sectores estratégicos con fuertes efectos dinamizadores de la matriz productiva, sin perder de vista la sustentabilidad intertemporal en términos económicos, sociales y ambientales.

Para finalizar, un espacio regional de negociación fortalecido requiere el armado de una matriz productiva regional donde los *regional players* sean un actor relevante en el proceso de recomposición de los pesos relativos en la economía mundial. Los Estados deben para ello fortalecerse en lugar de debilitarse frente a las necesidades del capital transnacional. Más aún, es preciso plantearse estrategias conjuntas para competir con una estrategia de innovación compartida en el ámbito del Mercosur.

Referencias bibliográficas

Amin, A. (2004). "Regions unbounds. Towards a new politics of place", *Geografiska Annaler*, 86 (B), pp. 33-43.

Arrow, K. (1962). "Economic welfare and the allocation of resources for inventions", en Nelson R. (ed.), *The Rate and Direction of Inventive Activity: Economic and Social Factors*, Princenton University Press, Princeton.

Arthur, B. (1989). "Competing technologies, increasing returns, and lock-in by historical events", *Economic Journal*, Vol. 99, pp. 116-131.

Blum, U. (2008). "Institutions and Clusters", in Karlsson C. Ed. *Handbook of research on innovation and clusters*, Cheltenham, UK, pp. 361-373.

Callon, M. (1992). "Variété et irréversibilité dans les réseaux de conception et d'adoption des techniques", en Foray D. y Freeman C. (eds.), *La technologie et la richesse des nations*, Economica, Paris.

Callon, M. (1994). "Is science a public good: fifth mullins lecture", *Science Technology and Human Value*, Vol. 4, pp. 395-424.

CEPAL (2011). "Población, territorio y desarrollo sostenible", Notas de la reunión de expertos 16 y 17 de agosto de 2011, Centro Latinoamericano y Caribeño de Demografía (CELADE) – División de Población de la CEPAL, Santiago de Chile.

Chandler, A. (1977). *La Main Visible des Managers*, Economica, Paris.

Chandler, A. (1990). *Scale and Scope, the Dynamics of Industrial Capitalism*, The Belknap Press of Harvard University Press, London.

Chandler, A. (1992). "Organisation, capabilities and the economic history of the industrial enterprise", *Journal of Economic Perspectives*, Vol. 6, pp. 79-100.

Chesnais, F. (1986). "Science, technologie et compétitivité", STI, OCDE, N°1.

Chesnais, F. (1988a). "Technical cooperation agreements between firms", STI, OCDE, N°4.

Chesnais, F. (1988b). "Multinational enterprises and the international diffusion of technology", in Dosi G., et al., Eds. *Technical Change and Economic Theory*, Printer Publishers, London.

Chesnais, F. (1992). "National systems of innovation, foreign direct investment and the operations of multinational enterprises", in Lundvall B-Å. Ed. *National System of Innovation: Towards a Theory of Innovation and Interactive Learning*, Pinter, London, New York.

Chesnais, F. (1997). *La Mondialisation du Capital*, Syros, Paris.

Chudnovsky, D.; F. Porta et al. (1996). *Los límites de la apertura: Liberalización, reestructuración productiva y medio ambiente*, Centro de Investigaciones para la Transformación (CENIT)/Alianza, Buenos Aires.

Coase, R. (1937). "The nature of the firm", *Economica*, Vol. 4, pp. 386-405.

Cohen, S. y Fields, G. (1999). "Social capital and capital gains in Silicon Valley", *California Management Review*, Vol. 41, N°2, pp. 108-130.

Cohen, W. y Levinthal, D. (1989). "Innovation and learning: the two faces of R&D", *Economic Journal*, Vol. 99, pp. 569-96.

Cohendet, P. (1998). "Information, connaissances et théorie évolutionniste de la firme", in Petit P., Ed. *L'économie de l'information*, La Découverte, Paris.

Cohendet, P. (2003). "Innovation et théorie de la firme", in Mustar P. Y Penan H., Eds, *Encyclopédie de l'innovation*, Economica, Paris, pp. 383-403.

Da Motta Veiga, P. y Ríos, S. (2014). "Escenarios de crecimiento verde en América Latina", en Quiliconi, C. y Peixoto Batista, J., (eds.), *Los Desafíos del Crecimiento Sustentable con Inclusión en América Latina*, Teseo, Buenos Aires, pp. 57-86.

Da Motta Veiga, P. y Ríos, S. (2013). "Políticas e impacto del crecimiento verde en América Latina", *Serie red LATN Crecimiento Verde e Inclusivo*, Brief Nº89.

Fernández, V. R. y Brandão, C. (*eds.*). (2010). *Escalas y políticas del desarrollo regional, desafíos para América Latina*, Miño y Dávila, Buenos Aires.

Fernández, V; Amin, A; Vigil, J. (2008). *Repensando el desarrollo regional. Contribuciones globales para una estrategia latinoamericana*, Miño y Dávila, Buenos Aires.

Fernández, V. R. (2003). *Desarrollo Regional, Espacios Nacionales y Capacidades Estatales. Redefiniendo el escenario global local*, Universidad Nacional del Litoral, Santa Fe.

Flores, J. L. (2013). "Estudio sobre el impacto socioeconómico en América Latina de las políticas sobre cambio climático adoptadas en países avanzados", División de Desarrollo Sostenible y Asentamientos Humanos CEPAL, Unidad de Cambio Climático, Santiago de Chile.

Foray, D. (1996). "Diversité, sélection & standardisation: Les nouveaux modes de gestion du changement technique", *Revue d'Economie Industrielle*, N°75, pp. 257-274.

Grabher, G. (1993). "The Weakness of Strong Ties. The Lock-in of Regional Development in the Ruhr Area", en Grabher, G. (ed.), *The Embedded Firm*, Routledge, Londres.

Helliwell, J. F. y Putnam, R. D. (1995). "Economic Growth and Social Capital in Italy", *Eastern Economic Journal*, Vol. 21, No. 3, pp. 295-307.

Hudson, R. (1994). "Institutional Change, Cultural Transformation and Economic Regeneration: Myths and Realities from Europe´s Old Industrial Regions", en Amin, A. y Thrift, N., *Globalization, Institutions and regional development in Europe*, Oxford University Press, Oxford, pp. 331-345.

Hudson, R. (1999). "The learning economy, the learning firm and the learning region: a sympathetic critique of the limits to learning", *European Urban and regional studies*, Vol 6, N° 1.

Hull, C. H. y Hjern, B. (1993). "Policy Analysis in a Mixed Economy, an Implementation Approach", *Policy and Politics*, Vol. 2, N° 3.

Jacobs, M. (2012). "Green Growth: economic theory and political discourse", *Working Paper*, No. 92, Centre for Climate Change Economic and Policy, Grantham Research Institute o Climate Change and the Environment.

Johnson, B. y Lundvall, B-Å. (1994). "Sistemas nacionales de innovación y aprendizaje institucional", *Comercio Exterior*, Vol. 44, pp. 695-704.

Karlsson, C.; Johansson, B. y Stough, R. (eds.) (2005). *Industrial Clusters and Inter Firm Networks*, Edward Elgar Publishing, Chentenham, UK.

Katz M. y Shapiro C. (1994). "Systems competitions and network effects", *Journal of Economic Perspective*, Vol. 8. pp. 93-115.

Kline, S. y Rosenberg, N. (1986). "An overview of innovation", en Landau, R. y Rosenberg, N. (eds.), *The Positive Sum Strategy: Harnessing Technology for Economic Growth*, National Academic Press, Washington D.C., pp. 275-304.

Krugman, P. (1991). "Increasing Returns and Economic Geography", *Journal of Political Economy*, Vol. 99, N° 3, pp. 483-499.

Lundvall, B-Å. (1992). "User-producer relationship. National system of innovation and internationalisation", en Lundvall B-Å. Ed., *National System of Innovation: Towards a Theory of Innovation and Interactive Learning*, Pinter, London, pp. 45-67.

Marshall, A. (1920). *Principles of Economics*, Macmillan and Co., Ltd, London.

Naclerio, A. et al. (2010). "Sistemas Productivos Locales: Políticas Públicas y Desarrollo Económico", PNUD, Buenos Aires.

Naclerio, A. (2012). *La dimension systémique du Système National d'Innovation, Le Cas Argentin: La Destruction De La Base Sociale De Connaissances Pendant Le Liberalisme Économique Des Années 90*, PAF, Saarbrücken.

Nelson, R. (1959). "The simple economics of basic scientific research", *Journal of Political Economy*, Vol. 67, pp. 297-306.

Nelson, R. y Winter, S. (1982). *An Evolutionary Theory of Economic Change*, Harvard University Press, Cambridge.

OCDE (2007). "Competitive Regional Clusters. National Policy Approaches", *Reviews of Regional Innovation*, OCDE

OCDE (1992). *La Technologie et l'Economie. Les Relations Déterminantes*, Programme TEP, OCDE, Paris.

OCDE (2010). "Interim report of the green growth strategy: implementing our commitment for a sustainable future", en *Meeting of the OECD Council at Ministerial Level*.

ONU (1987). "Nuestro Futuro Común", *Informe de la Comisión Mundial sobre el Medio Ambiente y el Desarrollo (Comisión Bruntland)*, Documentos Oficiales de la Asamblea General, cuadragésimo segundo periodo de sesiones, Suplemento N° 25 (A/42/25).

Peck, F. y Lloyd, C. E. (2008). "Cluster policies and *cluster* strategies", in Karlsson C. et al. Eds., *Handbook of Research on Innovation and Clusters. Cases and Policies*, Edward Elgar, Chentenham, UK.

Porter, M. (1990). *The Competitive Advantage of Nation*, The Free Press, Nueva York.

Porter, M. (2000). "Location Cluster and Company Strategy" in Clark, Feldman M y Gertler M. Eds., *The Oxford Handbook of Economy Geography*, Oxford University Press, Oxford.

Putnam, R. (2000). *Bowling alone. The Colapse and Rivival of American Community*, Simon and Shuster, Nueva York.

Rosenberg, N. y Nelson, R. (1994). "American Universities and technical advance in industry", *Research Policy*, Vol. 23, pp. 323-348.

Solow, R. (1956). "A Contribution to the Theory of Economic Growth", *The Quarterly Journal of Economics*, Vol. 70, No. 1, pp. 65-94.

Studer, I. (2014). "Casos de éxito de economía verde en países desarrollados: lecciones para América Latina", en Quiliconi, C. y Peixoto Batista, J., Eds, *Los Desafíos del Crecimiento Sustentable con Inclusión en América Latina*, Teseo, Buenos Aires, pp. 87-112.

Swyngedouw, E. (1997). "Neither Global nor Local: 'Glocalization' and the Politics of Scale", en Cox, K. (ed.), *Globalization: Reasserting the Power of the Local*, Guilford, New York, pp. 137-166.

Swingedouw, E. (2004). "Globalisation or glocalisation? Networks, Territories and Rescaling", *Cambridge Review of International Affairs*, Vol. 17, No 1, April. Traducción al español en: Fernández V. R. y Brandão (2010).

Trucco, P. (2014). "Asociatividad Empresaria Regional en el Ámbito del Mercosur. Los Primeros Pasos. Estudio para Argentina", *Working Paper*, No 165, Serie Integración Productiva Regional, Red LATN, Buenos Aires.

Tussie, D. y Trucco, P. (2010). "Los actores nacionales en la integración regional: elementos para el análisis y evaluación de su incidencia en América del Sur", en Tussie D. y Trucco, P. Eds, *Nación y Región en América del Sur. Los actores nacionales y la economía política de la integración sudamericana*, Teseo, Buenos Aires, pp. 17-52.

Williamson, O. (1985). *The Economic Institutions of Capitalism*, The Free Press, Nueva York.

Tendencias Generales de la Integración Productiva y de la Asociatividad Empresaria en el Mercosur

Natalia García y Juan M. Graña

1. Introducción

El éxito del Mercosur es frecuentemente evaluado en términos de institucionalidad o de relevancia comercial del bloque para sus miembros, sin prestar suficiente atención a sus implicancias para el desarrollo industrial y autónomo de la región. Es por ello que en este capítulo se realiza un abordaje de los resultados del Mercosur en términos de integración productiva y asociatividad empresaria, dos importantes mecanismos para el desarrollo industrial.

El estudio se concentra en primer lugar en el análisis de información cuantitativa sobre el comercio entre los socios del Mercosur, dentro de los cuales se incluye a Venezuela en función de su incorporación al bloque en 2012. Los datos analizados se refieren al intercambio de productos intrabloque y extrabloque, la caracterización de ese comercio según grandes grupos y, posteriormente, en función de su contenido tecnológico. Ello permite contar con un primer panorama acerca de la importancia del Mercosur para cada uno de sus integrantes.

Posteriormente, caracterizamos el comercio de sectores industriales (en base a la tercera revisión de la Clasificación Industrial Internacional Uniforme –CIIU– a tres dígitos) con niveles significativos de comercio intrasectorial, dado que constituye un indicador de la posible existencia de integración productiva. Para ello, analizamos la evolución de la diversificación exportadora de los socios y las relaciones intrasectoriales. A continuación, explicamos las dinámicas del comercio intrasectorial en función de la caracterización de los sectores involucrados: el tamaño promedio de sus empresas, la participación de empresas transnacionales, y sus niveles de concentración. De esta manera, se realiza una aproximación a las posibles dinámicas y consecuencias –tanto positivas como negativas– de los procesos de integración productiva y asociatividad empresaria en el Mercosur.

En las conclusiones, más allá de un breve repaso de los principales hallazgos, se proponen algunas líneas de políticas que puede resultar útil explorar para lograr una mayor complementación productiva en consonancia con un desarrollo más inclusivo en la región.

2. Situación general de intercambio intrazona

2.1. Evolución histórica del comercio exterior de los socios actuales del bloque

La situación comercial del bloque dista de ser perfecta. Hace ya algunos años que la importancia del Mercosur para cada uno sus socios se ha alejado de su punto máximo. El acuerdo no ha conseguido potenciar tampoco la inserción exportadora de sus integrantes en los mercados internacionales ya que, con excepción de Brasil, todos ellos vieron reducida su relevancia en el comercio mundial. A pesar de ello, hacia 2015, es posible observar que el comercio intra-Mercosur posee una relevancia superior a la existente durante el período de la Industrialización Sustitutiva. En este sentido, se debe reconocer una tendencia positiva en el largo plazo en términos de la importancia del bloque para los países que lo integran.

Cuadro 1. Evolución del comercio exterior de los países integrantes del Mercosur

País	Exportaciones	1960	1985	1990	1995	2000	2005	2010	2012	Var % 1960/12
Argentina	Intrabloque	104,2	667,5	1.832,6	6.769,7	8.399,5	7.689,1	17.133,5	19.559,2	18.671
	Asociados al Mercosur	49,4	253,2	671,7	2.106,9	3.160,8	5.393,2	6.526,5	7.997,9	16.090
	Totales	1.230,9	3.824,0	5.014,0	20.963,1	26.341,0	40.386,8	68.187,2	80.927,0	6.475
	Mercosur + Asoc. / Total	12,5	24,1	49,9	42,3	43,9	32,4	34,7	34,1	173
	IP	31,5	76,7	88,4	98,5	88,7	100,0	132,6	158,8	404
	IVF	8,5	27,1	34,6	53,2	73,5	100,0	127,2	126,2	1.385
Brasil	Intrabloque	74,3	987,0	1.285,3	6.152,8	7.732,9	11.726,1	22.690,4	22.801,5	30.588
	Asociados al Mercosur	13,5	713,0	962,3	2.221,4	2.361,5	6.408,4	9.401,0	11.131,2	82.353
	Totales	1.382,8	13.917,0	21.471,0	46.504,3	55.084,3	118.306	202.638	242.138	17.411
	Mercosur + Asoc. / Total	6,3	12,2	10,5	18,0	18,3	15,3	15,8	14,0	121
	IP	32,0	76,9	89,0	98,3	83,1	100,0	164,0	191,7	499
	IVF	3,4	28,2	29,8	40,0	56,0	100,0	104,1	107,0	3.094
Paraguay	Intrabloque	8,9	83,4	379,4	528,1	553,2	912,1	2.194,3	3.555,5	39.849
	Asociados al Mercosur	0,0	0,0	135,2	56,2	78,8	97,6	692,4	336,8	s.d.*
	Totales	45,7	696,0	1.398,0	919,4	870,9	1.810,9	4.533,5	7.268,7	15.805
	Mercosur + Asoc. / Total	19,5	12,0	36,8	63,6	72,6	55,8	63,7	53,5	175
	IP	26,3	80,3	102,8	110,2	93,6	100,0	122,3	139,8	432
	IVF	10,5	17,3	60,9	114,2	74,3	100,0	148,1	153,5	1.362
Uruguay	Intrabloque	2,8	212,3	595,0	992,1	1.023,9	780,9	2.155,1	2.442,1	87.118
	Asociados al Mercosur	0,3	8,7	20,1	53,0	73,5	121,2	389,4	622,7	207.467
	Totales	208,1	746,0	1.398,0	2.106,3	2.299,5	3.404,0	6.740,3	9.642,7	4.534
	Mercosur + Asoc. / Total	1,5	29,6	44,0	49,6	47,7	26,5	37,8	31,8	2.034
	IP	39,1	89,5	114,9	116,5	94,2	100,0	143,7	170,7	337
	IVF	14,9	25,3	39,0	48,8	67,1	100,0	148,1	153,5	930

País	Exportaciones	1960	1985	1990	1995	2000	2005	2010	2012	Var % 1960/12
Venezuela	Intrabloque	179,8	254,0	76,5	1.738,0	1.305,6	313,8	1.723,2	1.579,0	778
	Asociados al Mercosur	9,4	240,0	26,8	147,5	152,2	123,2	112,7	571,0	5.974
	Totales	1.037,3	6.883,0	7.404,0	18.914,0	30.948,1	51.375,4	64.112,0	90.762,3	8.650
	Mercosur + Asoc. / Total	18,2	7,2	1,4	10,0	4,7	0,9	2,9	2,4	-87
	IP	6,3	60,3	47,3	39,3	57,6	100,0	161,4	215,7	3.351
	IVF	69,5	43,1	66,8	87,2	104,6	100,0	73,1	81,0	17

Fuente: elaboración propia en base a Anuarios Estadísticos CEPAL.
Nota: las exportaciones intrabloque; entre países asociados al Mercosur; y totales, están nominadas en millones de dólares estadounidenses corrientes. Las exportaciones con destino a países del Mercosur más los asociados sobre las exportaciones totales deben leerse como porcentaje, mientras que (IP) se refiere al Índice de Precios de Exportación y (IVF) al Índice de Volumen Físico.
* No resulta posible realizar el cálculo de esta variación porque se carece de información de dichas exportaciones en el año 1960.

Para profundizar sobre este punto y sobre las particularidades de cada país miembro, presentamos en el Cuadro 1 algunos datos puntuales sobre la evolución de la relación comercial entre los integrantes del bloque, así como su comercio con terceros países desde la década de 1960.

En el Cuadro 1 se observa que Argentina ha tenido en los últimos cincuenta años un crecimiento importante en el volumen físico de sus exportaciones (1384% entre 1960 y 2012) acompañado por un incremento nada despreciable en sus precios de exportación (404% para el mismo período). La región ocupó en este proceso un lugar privilegiado, ya que las ventas hacia los socios plenos del bloque (Brasil, Paraguay y Uruguay) se incrementaron desde el 8,5% del total de las exportaciones argentinas en 1960 hasta alcanzar el 36,5% en 1990 para luego, con períodos de alzas y bajas, estabilizarse alrededor del 25% hacia el año 2012. Incorporando al análisis los intercambios con Venezuela y con los países asociados al bloque (Bolivia y Chile), la dinámica no se altera sustancialmente: se alcanza en 1990 una participación del 50% y, en 2012, cercana al 34%. Sin embargo, este crecimiento exportador resultó insuficiente para mantener la incidencia de Argentina en el comercio mundial, que se ha visto reducida a la mitad (desde 0,83% en 1960 a 0,43% en 2012).

Las exportaciones brasileras, por su parte, mostraron un desempeño aún más significativo tanto en volumen (se incrementaron en treinta veces en medio siglo) como en precios, que se quintuplicaron durante el periodo 1960-2012. Esta performance le permitió a Brasil diferenciarse de sus socios del bloque y conseguir un incremento de su participación en el comercio mundial desde 0,97% en 1960 hasta 1,3% en 2012. En comparación con Argentina, la región tiene menor importancia dentro del total de exportaciones brasileras. Sin embargo, a lo largo del tiempo se observa una tendencia creciente en la relevancia de los mercados del Mercosur, alcanzando un máximo en el año 2000 (14% del total, ó 18,3% si se incluye a Venezuela, Chile y Bolivia), para luego reducirse al 9,4% en 2012 (ó 14% si se adicionan los tres países mencionados).

Por su parte, las exportaciones de Paraguay son significativamente inferiores a los niveles de Argentina y Brasil (cercano a los 7 mil millones de dólares en 2012, contra 80 mil millones y 250 mil millones, respectivamente), pero experimentaron un crecimiento en su volumen cercano a 1361% entre 1960 y 2012, mientras que sus precios evolucionaron de forma similar al resto de la región (431%). Ello ha implicado una relevancia estable en el comercio mundial desde 0,02% a 0,03%. Al igual que el caso brasilero, la importancia máxima del bloque se alcanzó en el año 2000, cuando un 63% de las exportaciones paraguayas se dirigían a alguno de los socios plenos (72% si se incluye a los países asociados), para luego declinar a 49% y 53%, respectivamente, en 2012.

A pesar de tratarse de una economía relativamente pequeña para el bloque, el caso de Uruguay presenta particularidades importantes. La evolución física de sus exportaciones se incrementó un 930% entre 1960 y 2012 –un tercio del desempeño brasileño– y sus precios crecieron también en menor medida que los anteriores socios, un 336%. Su relevancia en el comercio mundial se redujo a 0,04% desde 0,09%. La incidencia del comercio con los países del bloque comenzó en 1960 siendo la menor –apenas el 1,6%– y alcanzó su máximo en 1995 con el 47,1%. Hacia el año 2012, la importancia de las exportaciones intrabloque alcanzó niveles similares a los de 1985: un 25%.

Finalmente, como consecuencia de su dependencia del petróleo, Venezuela presenta una evolución singular. Con un volumen de exportaciones similar al de Argentina (cercano a los 90 mil millones de dólares en 2011[1]), se observa que las cantidades apenas crecieron un 16,5% desde 1960 mientras que los precios se incrementaron 3300%. A pesar de este extraordinario incremento en los precios de sus productos de exportación, Venezuela fue el país del bloque que más redujo su participación en el comercio mundial, pasando de 1,7% a 0,52%. En función de su especialización exportadora, la importancia del bloque como destino de exportaciones es menor (1,7% en 2011).

Estas tendencias en la evolución de las exportaciones de los integrantes del Mercosur dejan en evidencia la importancia que presenta para ellos el intercambio comercial intrabloque. Si bien dicha relevancia se ha incrementado significativamente en los últimos cincuenta años, el signo se ha invertido si se consideran únicamente las últimas dos décadas. Ello

---

[1]   Al momento de realizar este estudio (2015) los datos del año 2012 no se encontraban disponibles.

obedece a una confluencia de factores como, por un lado, la aparición de nuevos clientes como China e India en un contexto de altos precios de los bienes agropecuarios con mercados naturales afuera del bloque y, por otro lado, dificultades en el proceso de integración regional en general y, en particular, para avanzar en la integración productiva.

2.2. Caracterización del comercio intra y extrabloque de los socios

Luego de conocer la evolución general de las exportaciones de los países del Mercosur, el siguiente paso para profundizar en el entendimiento de la relevancia del bloque para sus integrantes es estudiar la composición de dicho comercio. En este sentido, es importante destacar que, a pesar del estancamiento en la relevancia del Mercosur como destino o como plataforma para la inserción internacional de sus integrantes, el bloque se ha convertido en un mercado en el que sus miembros logran colocar productos más elaborados y complejos en comparación con terceros mercados, dando lugar a una diversificación exportadora que no hubiera sido posible en otro caso.

Esta oportunidad para la inserción de productos con mayor valor agregado ha sido aprovechada en forma diferente por cada socio. En el caso de Argentina, el mercado regional ha resultado muy importante para la colocación de Manufacturas de Origen Industrial (en adelante, MOI) que, en 1995, representaban el 45% del total de exportaciones al bloque, incrementándose al 70% en 2012. Ello posiciona a la región como un mercado de gran relevancia para las MOI en relación a las colocaciones en el resto del mundo. La contracara son las exportaciones de Productos Primarios (en adelante, PP), las Manufacturas de Origen Agropecuario (en adelante, MOA) o los Combustibles, que redujeron su participación del 22% al 6%, del 20% al 15% y del 12% al 8% (ver Cuadro 2). Por su parte, las exportaciones hacia el resto del mundo mantuvieron una participación estable de estos grandes grupos entre 1995 y 2012.

Brasil presenta una evolución similar a Argentina. Entre las exportaciones hacia el Mercosur la preponderancia de las MOI era en 1995 cercana al 80%, reduciéndose unos puntos porcentuales hacia 2012. Por su parte, las exportaciones de MOA a sus socios del bloque declinaron levemente desde el 10% en 1995, mientras que el resto de los rubros mostró una tendencia creciente. En el mercado mundial, las MOI han constituido el principal rubro de exportación aunque su relevancia se ha visto reducida fundamentalmente durante la segunda mitad de la década de 2000. Mientras que en 1995 representaban el 60% de su canasta exportadora, hacia 2012 la importancia de las MOI en las ventas a terceros mercados se reducía a un nivel cercano al 30%; siendo los PP y los Combustibles los rubros que incrementaron su participación. Aún con esta tendencia negativa, en comparación con Argentina, Brasil muestra una menor dependencia del Mercosur para colocar sus MOI en mercados externos.

Cuadro 2. Exportaciones por grandes grupos de productos (en %)

País	Destino	Exportaciones	1995	2000	2005	2012
Argentina	Mercosur	PP	22,32	16,52	6,17	6,32
		MOA	20,55	13,85	13,20	15,60
		MOI	45,55	48,21	64,02	69,35
		Combustible	11,57	21,42	16,61	8,73
	Resto	PP	25,10	22,57	20,26	27,25
		MOA	45,80	37,92	38,92	42,84
		MOI	21,21	23,43	23,04	24,01
		Combustible	7,89	16,09	17,77	5,90
Brasil	Mercosur	PP	5,38	3,81	3,50	7,02
		MOA	10,52	8,84	5,51	8,75
		MOI	83,93	86,37	88,83	78,89
		Combustible	0,17	0,98	2,16	5,34
	Resto	PP	18,22	18,83	19,50	33,55
		MOA	24,89	19,78	23,42	22,81
		MOI	56,62	59,58	50,30	31,40
		Combustible	0,27	1,81	6,78	12,24
Paraguay	Mercosur	PP	58,74	56,18	51,45	13,23
		MOA	29,02	31,77	36,10	8,67
		MOI	12,24	11,86	12,45	11,56
		Combustible	0,00	0,19	0,00	66,54
	Resto	PP	51,55	34,62	43,47	56,96
		MOA	40,39	54,66	47,82	37,10
		MOI	8,05	10,72	8,71	4,89
		Combustible	0,00	0,00	0,00	1,06
Uruguay	Mercosur	PP	23,86	11,90	10,78	9,25
		MOA	27,53	31,33	27,31	40,25
		MOI	48,22	53,46	58,99	47,67
		Combustible	0,40	3,31	2,92	2,82
	Resto	PP	20,75	18,40	21,82	45,06
		MOA	63,54	65,42	59,49	45,52
		MOI	15,71	16,13	13,22	9,05
		Combustible	0,00	0,05	5,47	0,38
Venezuela	Mercosur	PP	0,08	0,37	2,55	0,01
		MOA	0,44	0,41	0,11	0,00
		MOI	6,52	8,58	15,96	90,08
		Combustible	92,96	90,64	81,37	9,91[1]
	Resto	PP	2,10	1,21	0,23	0,65
		MOA	2,23	0,84	0,38	0,05
		MOI	19,80	12,06	11,29	2,16
		Combustible	75,86	85,88	88,10	97,15[11]

Fuente: elaboración propia en base a COMTRADE.

---

[2]   Este cambio de composición se debe a una caída muy fuerte en las exportaciones de combustibles al Mercosur combustibles al Mercosur, particularmente a Brasil.

Distinto es el caso de Paraguay, para quien el Mercosur no representaría un mercado importante para diversificar sus exportaciones. En este caso, las MOI apenas han superado el 10% de participación de las exportaciones hacia el bloque, y han representado algo menos de ese porcentaje entre las exportaciones al resto del mundo. Los principales productos de exportación paraguayos son bienes primarios, tanto al interior del Mercosur como extrabloque, mientras que las MOA tienen un mejor desempeño extrabloque que al interior del Mercosur.[3]

Uruguay, por su parte, presenta una estructura exportadora más diversificada al interior del bloque que hacia fuera. Mientras que las MOI representaban en 1995 un 50% de las exportaciones intra-Mercosur, apenas alcanzaban el 15% de las ventas al resto del mundo. El rubro destacado en las exportaciones uruguayas al resto del mundo son las MOA, alrededor del 60%, aunque han perdido terreno frente a los PP durante el periodo 1995-2012.

Por último, alrededor del 90% de los envíos de Venezuela al bloque y al resto del mundo se han concentrado en el rubro Combustibles, mientras que el resto de las exportaciones están constituidas fundamentalmente por MOI vinculadas a ese sector.

Hasta aquí notamos que mientras más diversificada es la estructura exportadora del país en cuestión, más incidencia ha tenido el Mercosur al conformarse en destino de productos manufacturados. Tanto en los casos de Argentina, Brasil o Uruguay, el comercio intrabloque se encuentra más vinculado a MOI que a PP, mientras que lo contrario ocurre al exterior del bloque. En el caso de Paraguay las estructuras exportadoras son similares en ambos mercados mientras que, en el caso de Venezuela, al poseer una estructura productiva sumamente especializada y (en el período analizado), no estar formalmente incorporada al Mercosur, no se han observado diferencias en su comportamiento exportador.

Una mirada aún más profunda sobre la composición de las exportaciones requiere detenernos brevemente en el grado de complejidad tecnológica de las exportaciones. El Cuadro 3 presenta la evolución de la estructura exportadora de los países del bloque en función del contenido tecnológico de los productos exportados, diferenciando los mercados destino con la finalidad de evaluar la importancia del Mercosur para la colocación de productos con mayor contenido tecnológico.[4]

---

[3]   El importante salto en la exportación del rubro Combustibles en 2012 se debe a ventas de energía eléctrica, particularmente a Brasil.
[4]   Para ello se utiliza la categorización de Lall (2000) a partir de los datos de COMTRADE bajo el Sistema Armonizado revisión 1992.

El Mercosur constituye para Argentina un mercado para la absorción de productos de mayor complejidad que el resto del mundo, ya que las exportaciones a sus vecinos del bloque son lideradas por manufacturas de tecnología media (de manera creciente), mientras que las exportaciones al resto del mundo son fundamentalmente productos primarios y manufacturas de recursos naturales. La principal diferencia se vincula a la cadena de valor automotriz.

En Brasil tiene lugar una situación similar a la Argentina, puesto que las exportaciones hacia el Mercosur están encabezadas por bienes de tecnología media. Adicionalmente, en el caso brasilero las exportaciones hacia el resto del mundo están crecientemente "primarizadas" ya que los bienes de mayor contenido tecnológico han perdido espacio en la canasta exportadora ante los bienes menos sofisticados (PP o bienes intensivos en recursos naturales). En este sentido, la vinculación con las cadenas de valor internacionales ha perdido relevancia relativa en Brasil (Cunha Corrêa, 2011).

Cuadro 3. Exportaciones por contenido tecnológico

País	Destino	Exportaciones	1995	2000	2005	2012
Argentina	Mercosur	Primarios	40,15	35,12	16,20	15,46
		Manufacturas de RRNN	16,91	13,46	15,71	14,86
		Manufacturas de baja tecnología	9,93	7,77	8,48	6,46
		Manufacturas de tecnología media	29,66	32,00	42,59	53,62
		Manufacturas de alta tecnología	2,16	3,61	5,08	3,48
		Otras	1,19	8,04	11,94	6,10
	Resto	Primarios	49,02	53,19	51,88	58,52
		Manufacturas de RRNN	28,60	20,22	20,08	18,32
		Manufacturas de baja tecnología	12,02	9,38	6,86	3,22
		Manufacturas de tecnología media	8,18	9,30	13,04	12,43
		Manufacturas de alta tecnología	1,21	3,10	1,38	2,78
		Otras	0,97	4,81	6,77	4,73
Brasil	Mercosur	Primarios	8,33	7,60	6,86	12,81
		Manufacturas de RRNN	22,50	17,76	12,72	13,07
		Manufacturas de baja tecnología	15,42	18,33	12,12	11,81
		Manufacturas de tecnología media	48,63	41,06	52,58	51,86
		Manufacturas de alta tecnología	4,90	14,41	13,54	6,22
		Otras	0,22	0,85	2,18	4,23
	Resto	Primarios	25,60	27,37	34,95	54,52
		Manufacturas de RRNN	32,45	23,88	19,68	17,62
		Manufacturas de baja tecnología	13,27	11,96	10,45	4,63
		Manufacturas de tecnología media	24,56	22,10	24,41	14,88
		Manufacturas de alta tecnología	3,06	12,40	7,50	4,74
		Otras	1,07	2,28	3,02	3,61
Paraguay	Mercosur	Primarios	67,93	71,80	70,16	17,29
		Manufacturas de RRNN	20,97	14,44	18,25	6,60
		Manufacturas de baja tecnología	8,11	11,77	8,67	6,08
		Manufacturas de tecnología media	2,47	1,10	2,28	2,77
		Manufacturas de alta tecnología	0,32	0,59	0,49	0,72
		Otras	0,20	0,30	0,14	66,54
	Resto	Primarios	64,72	57,76	75,87	83,44
		Manufacturas de RRNN	17,07	24,66	12,64	10,20
		Manufacturas de baja tecnología	15,84	15,38	7,45	3,56
		Manufacturas de tecnología media	1,58	0,89	2,23	0,81
		Manufacturas de alta tecnología	0,68	1,29	1,76	0,93
		Otras	0,12	0,03	0,04	1,06
Uruguay	Mercosur	Primarios	35,05	24,79	21,64	29,52
		Manufacturas de RRNN	22,07	27,95	28,67	27,73
		Manufacturas de baja tecnología	19,42	15,25	21,35	15,59
		Manufacturas de tecnología media	20,46	25,81	22,66	22,06
		Manufacturas de alta tecnología	2,18	1,74	2,51	2,05
		Otras	0,82	4,45	3,16	3,05
	Resto	Primarios	43,37	49,83	56,05	69,78
		Manufacturas de RRNN	9,15	10,68	13,05	14,75
		Manufacturas de baja tecnología	44,93	34,03	19,95	9,51
		Manufacturas de tecnología media	1,44	2,08	2,00	1,66
		Manufacturas de alta tecnología	0,62	1,59	1,46	1,95
		Otras	0,48	1,78	7,48	2,36
Venezuela	Mercosur	Primarios	18,52	41,94	81,42	2,77
		Manufacturas de RRNN	1,93	2,83	6,04	34,92
		Manufacturas de baja tecnología	0,66	0,68	1,88	44,51
		Manufacturas de tecnología media	3,19	5,09	7,96	8,90
		Manufacturas de alta tecnología	0,13	0,30	0,75	1,66
		Otras	75,58	49,15	1,96	7,23
	Resto	Primarios	51,76	61,85	60,58	67,87
		Manufacturas de RRNN	10,72	5,46	4,00	0,52
		Manufacturas de baja tecnología	2,36	2,42	1,99	0,41
		Manufacturas de tecnología media	7,53	4,21	5,20	1,13
		Manufacturas de alta tecnología	0,34	0,32	0,26	0,07
		Otras	27,27	25,72	27,98	30,00

Fuente: elaboración propia en base a COMTRADE.

Paraguay, por su parte, presenta una estructura exportadora similar para ambos destinos, concentrándose en los productos más simples y aquellos vinculados a las manufacturas de recursos naturales.[5] Con excepción de las manufacturas de baja tecnología, en el caso de Uruguay la importancia de las exportaciones de tecnología media ha sido marcadamente mayor hacia el Mercosur que hacia el resto del mundo. Por último, Venezuela ha exportado al Mercosur, sin disfrutar de ventajas arancelarias, un importante conjunto de manufacturas de baja y media complejidad, mientras que al resto del mundo sus exportaciones se han vinculado casi exclusivamente a bienes primarios.

A la luz de estas tendencias es posible concluir que las exportaciones de los países del bloque analizadas en función al criterio de grandes grupos de productos así como de acuerdo a la complejidad tecnológica de los bienes exportados, dejan ver que el Mercosur recibe exportaciones de sus miembros que son más complejas y más vinculadas al sector industrial; mientras que el resto del mundo absorbe casi exclusivamente bienes agropecuarios o sus manufacturas (Kosacoff, 2011).

Más allá de esta tendencia general, y como correlato de las asimetrías estructurales entre los integrantes del bloque, la situación dista de ser homogénea para todos los socios. Mientras que Argentina y Brasil lograron incrementar significativamente la participación de los bienes de mayor complejidad en sus exportaciones al Mercosur, Uruguay y Paraguay no consiguieron este cometido. En este sentido, y en línea con el planteo de Vaillant (2007), se concluye que Argentina y Brasil logran colocar en la región exportaciones en las que no presentan ventajas comparativas, mientras que los países de menor tamaño destinan al bloque productos en los que presentan ventajas comparativas globales.

Por lo tanto, si bien la mayor complejidad del comercio intrabloque da cuenta de una cierta progresividad del acuerdo en función de que se constituyó en un mercado que sostiene la industrialización, también, en cierta medida, refleja que las economías de menor tamaño constituyen los mercados de consumo para los productos industriales de Brasil y Argentina (Álvarez, 2011; Porta, 2008). En el siguiente apartado pondremos el foco sobre los productos que se comercializan, las empresas que participan y los vínculos que se establecen al interior de sectores industriales que, en base al comercio intra-industrial, tendrían potencial para la integración productiva en el Mercosur. A partir de ello, evaluaremos

---

[5]   Los datos para el año 2012 muestran una importancia superlativa del rubro "Otras" en virtud de una exportación muy relevante de energía eléctrica a Brasil.

si dicho comercio contribuye al desarrollo industrial o tecnológico y/o a la integración productiva regional.

3. Realidad sectorial de la integración productiva y la asociatividad empresarial en el Mercosur

En este apartado analizaremos algunos sectores seleccionados en función de su mayor avance en términos de comercio intra-industrial. Observaremos que, aun siendo un destino de exportaciones más "industrial" que el resto del mundo, las interrelaciones entre los sectores industriales de los países del Mercosur continúan siendo escasas, salvo en contadas excepciones.

3.1. Comercio intrarregional de la industria manufacturera

El Mercosur se ha convertido en el destino principal de las exportaciones industriales de los países miembros. Mientras que Argentina y Brasil –y en menor medida Uruguay– poseen una importante diversificación sectorial de exportaciones (unos 50 subsectores sobre 59 registran exportaciones de más de 1 millón de dólares), tanto Paraguay como Venezuela muestran una mayor concentración (entre 9 y 25 sectores) (ver Cuadro 4). Ello permitiría suponer que el comercio intrasectorial estaría extendido entre los países del bloque.

Cuadro 4. Cantidad de sectores industriales con comercio intra-industrial. 1995-2012.

Año	Arg-Bra	Arg-Par	Arg-Uru	Arg-Ven	Bra-Par	Bra-Uru	Bra-Ven	Par-Uru	Par-Ven	Uru-Ven
1995	53	33	49	21	28	44	36	17	1	7
2000	54	39	52	32	35	45	37	30	2	4
2005	53	38	52	37	44	46	44	39	3	24
2012	53	35	48	33	45	47	41	42	3	13

Fuente: elaboración propia en base a COMTRADE.

Sin embargo, al exigir un volumen mínimo de intercambio que denote una relación sectorial relevante, tal panorama se desdibuja rápidamente. En efecto, si el límite mínimo de comercio se establece en 10 millones de dólares en ambos sentidos, Argentina y Brasil mantienen un número importante de sectores (23 en 1995 y 31 en 2012). En menor medida, también presenta un comercio relevante Argentina-Uruguay,

Brasil-Paraguay y Brasil-Uruguay. Y si eleváramos el límite a 100 millones de dólares, el único comercio intrasectorial relevante de doble vía es entre Argentina y Brasil, con cinco sectores: la cadena de químicos (241 y 242); maquinaria general (291); y el complejo automotriz (341 y 343).

El Cuadro 5 muestra los intercambios intraindustriales mayores a 10 millones de dólares, resaltando en negrita aquellos mayores a los 100 millones en la misma moneda. Si bien se observa que ocupan una amplia gama de sectores, por cuestiones técnicas y por las características de las economías de la región, no todos esos intercambios implican una integración productiva sino que fundamentalmente estarían reflejando una similitud en los perfiles productivos en función de condiciones naturales o de simplicidad de esas producciones manufactureras.

Entre los sectores con comercio intra-industrial regional que incluye a varios países del bloque se destacan los rubros vinculados a alimentos y bebidas (particularmente 152, 153 y 154) que hacia 2012 poseen presencia importante en el comercio bilateral argentino-brasileño, en el argentino-uruguayo y en el brasileño-paraguayo. Dado que por las características de estos sectores difícilmente pueda desarrollarse un proceso de integración productiva, la relevancia de estos estaría reflejando perfiles exportadores similares entre los países del Mercosur. De manera similar, el comercio de doble vía del sector madera (202) es relevante para Argentina y Brasil mientras que el de muebles (361) es relevante también para Uruguay. Un producto derivado como papel (210) también presenta comercio intra-industrial entre esos tres países.

En un segundo nivel se encuentra el intercambio intrasectorial de productos textiles, confecciones y la cadena del cuero (171-182) que es relevante para todos los socios del Mercosur con eje en Argentina y Brasil.

Posteriormente, en tercer lugar, aparece un conjunto de sectores vinculados al procesamiento de *commodities* industriales. Los productos de hierro y acero (271 y 272) se intercambian en doble vía entre Argentina, Brasil y Uruguay. Luego, la cadena de químicos, tanto básicos como otros productos (241 y 242), presenta hacia 2012 comercio intra-industrial entre todos los países del bloque, pero es muy significativo entre Argentina y Brasil a lo largo del período. A su interior, la cadena farmacéutica es muy relevante. Dentro del mismo grupo, se podría señalar la importancia del comercio intra-industrial de productos de refinación de petróleo (232) con incidencia entre Argentina, Brasil y Uruguay.

Cuadro 5. Sectores industriales con comercio bilateral
superior a 10 millones de dólares. 1995-2012.

Año	Arg-Bra	Arg-Par	Arg-Uru	Bra-Par	Bra-Uru	Bra-Ven	Par-Uru
1995	153, 154, 171, 172, 173, 181, 192, 210, **241, 242**, 243, 251, 252, 261, 272, 289, **291**, 292, 293, 319, **341, 343**, 369	–	210, 241, 242 341, 343	171	171, 241, 242 251, 341, 361	241	–
2000	153, 154, 171 172, 202, 210 221, 232, **241 242**, 243, 251, 252, 271, 272 289, **291**, 292 311, 312, 313 319, 323, 331 **341, 343**	–	210, 232, 241 242, 252, 341 343	–	181, 210, 241 242, 251, 271 341	241	–
2005	153, 154, 171 172, 202, 210, 232, **241, 242** 243, 251, 252 271, 272, 289 **291**, 292, 311 312, 313, 319 323, 331, **341** 342, **343**	252	210, 241, 242 252, 271, 341	–	171, 210, 241 242, 251, 252 271	241	–
2012	153, 154, 155 171, 172, 173 202, 210, 232 **241, 242**, 243 251, 252, 261 271, 272, 281 289, **291**, 292 311, 312, 313 319, 323, 331 **341**, 342, **343** 361	252	152, 172, 181 191, 210, 241 242, 251, 252 271, 341, 361	153, 171, 172 181, 192, 241 242, 251, 252	153, 154, 172 210, 232, 241 242, 251, 252 271, 341, 361	241, 271, 289	242

Fuente: elaboración propia en base a COMTRADE; códigos sectoriales de acuerdo a la clasificación CUCI, Rev. 2.
Nota 1: en negrita figuran los sectores con comercio bilateral superior a los 100 millones de dólares.
Nota 2: los datos de Venezuela corresponden a 2011.

En un cuarto nivel se encuentran los productos elaborados en base a actividades básicas como los productos de metal (281 y 289) –con importancia para Argentina, Brasil y Uruguay– y los productos de plástico (252) –relevantes para los cuatro socios plenos del Mercosur–.

Un caso testigo de los procesos de integración productiva es el complejo automotriz (341 y 343) y el sector caucho correspondiente a neumáticos (251). En este comercio participan activamente Argentina, Brasil y Uruguay. Restringido a los dos primeros, también es importante el sector de maquinaria general (291) y especial (292), dentro de la cual se encuentra maquinaria agrícola.

Existen otros tres sectores con comercio intra-industrial relevante entre Argentina y Brasil: maquinaria y aparatos eléctricos (311-319), fabricación de receptores de radio y televisión, aparatos de grabación (323) e instrumental médico (331).

En síntesis, dado que la mayor parte del comercio de los países de mayor tamaño con los socios menores es de una vía, las posibilidades de establecer procesos de integración productiva y, con ella, de asociatividad, estaría sesgada hacia las economías de mayor tamaño (Argentina y Brasil) y en escasas cadenas productivas (Bembi et al., 2012). Entre ellas, se destacan el complejo automotriz, la industria química y la de maquinaria agrícola.

3.2. Sectores que presentan integración y comercio intra-industrial relevante

A continuación presentamos brevemente un análisis de aquellos sectores en los que se observa una integración productiva que, aunque aún lejos de ser "completa", deja ver la existencia de procesos de intercambio y complementación productiva de cierta relevancia. En este sentido, abordaremos las cadenas productivas de los sectores automotriz, maquinaria agrícola, químicos y farmacéutica, en búsqueda de denominadores comunes.

3.2.1. Cadena automotriz

El sector automotriz presenta los rasgos más avanzados de integración productiva debido a la estructura sectorial y a la existencia de un régimen de comercio administrado (Bembi et al., 2012; De Angelis y Porta, 2011). La cadena es dirigida por un pequeño número de grandes empresas transnacionales que han desarrollado plataformas comunes, proveedores globales y han especializado sus filiales en los distintos países de la región para exportar a escala regional y/o global (Arza y López, 2008). Ese proceso de integración se vincula principalmente al comercio intra-firma de empresas transnacionales que desarrollan proveedores entre las pequeñas empresas de cada país (De Ángelis y Porta, 2011, ver Naclerio y Salas, en este volumen).

En las décadas de 1990 y 2000, el complejo automotriz sufrió importantes transformaciones tecnológicas y organizacionales. Por un lado, emergieron nuevos países que comenzaron a desempeñar un rol relevante en la producción. Las terminales automotrices regionalizaron su producción, localizando sus actividades de ensamble en países emergentes –entre ellos, los del Mercosur–. Ello les permitió adaptar su producción a las demandas locales. Por otro lado, adoptaron técnicas de producción flexibles reconfigurando las relaciones con sus proveedores (principalmente, las empresas autopartistas). Estas técnicas requerían una programación conjunta de la producción y es por ello que las terminales comenzaron a establecer relaciones estables y cooperativas con sus proveedores que permitieron garantizar la calidad y los tiempos de producción. Al mismo tiempo, la aplicación de técnicas de ensamble modular incrementó la demanda de sistemas completos en lugar de autopartes aisladas, fomentando la competencia entre sus proveedores –tanto en precio, como en calidad, entrega e ingeniería–. Estos proveedores más calificados y tecnológicamente más avanzados comenzaron a tener un rol cada vez mayor en el diseño de los nuevos modelos y productos. Como resultado, estas tendencias contribuyeron a la concentración de la producción de autopartes en un menor número de firmas que cumplen las exigencias de las terminales (ver Bovris, en este volumen). Al mismo tiempo, propiciaron adquisiciones, fusiones y transformaciones en la industria autopartista que internacionalizaron la producción, desplazando a los proveedores locales –capitales de menor tamaño– hacia segmentos de menor dinamismo (Motta, 2006).

En ese marco, la década de 1990 constituyó el punto de partida de una integración relevante de la producción en el Mercosur (Arza y López, 2008). En Brasil, la producción automotriz ha sido impulsada por la articulación de políticas del gobierno federal y de los estaduales y municipales que han incentivado la instalación de las terminales. Asimismo, en función de la mayor escala de las filiales en ese país las firmas transnacionales tendieron a concentrar allí los procesos de adaptación de los modelos a la región. Por su parte, Argentina estableció en 1991 el régimen automotriz (Decreto 2677/91) que fijó cupos para la importación de autopartes, límites a las piezas importadas y estableció la obligatoriedad de compensar las importaciones con exportaciones y/o inversiones, fomentando la eficiencia en el sector, la producción de autopartes locales y el incremento de las exportaciones.

En estos términos, la estructura regional de la cadena quedó conformada por terminales establecidas en los socios mayores del Mercosur, un primer núcleo de autopartistas transnacionales que abastecen a esas terminales (principalmente establecidas en Brasil) y otras autopartistas, medianas y nacionales, que abastecen al mercado repositor (Machado y López, 2011). La balanza comercial de vehículos terminados se mantuvo equilibrada (en función de la asignación exclusiva de la producción de vehículos a cada lado de la frontera para el mercado regional) y las empresas han logrado producir con una escala competitiva (CENDA, 2008).

A su vez, la presencia simultánea en ambos países facilitó la compensación de divisas y el acceso a importaciones subsidiadas (Porta, 2010; Bozalla et al., 2006).

Sin embargo, la balanza de autopartes ha sido deficitaria para Argentina respecto a Brasil y al mundo (Kosacoff, 2011) debido a que las terminales, quienes son montadoras de subconjuntos, redujeron la cantidad de proveedores, concentrando su demanda sobre los autopartistas instalados en Brasil. A ello se sumó que las propias terminales "importaron proveedores", instalando firmas vinculadas patrimonialmente o alentando la radicación de autopartistas independientes que ya revistaban como proveedores internacionales de la corporación. El resto de la industria, con el grueso de los establecimientos tradicionales, se especializó en componentes para aquel primer anillo o en partes para el mercado de reposición (Kosacoff, 2010; Machado y López, 2011; Porta, 2008).

Así, los logros en la integración productiva en este sector se vinculan con el tipo de empresa que operan en él: firmas transnacionales que comandan la cadena de valor y aprovechan los incentivos regionales para especializar su producción a ambos lados de la frontera ganando escala y reduciendo costos. A su vez, en función de su estructura a nivel internacional, han incorporado autopartistas también transnacionales dejando a las empresas nacionales en una situación frágil debido a su dependencia tecnológica y de demanda (Porta, 2008). Con esta configuración, la integración productiva en esta industria tiene escaso potencial de desarrollo tecnológico autónomo ya que éste se encuentra concentrado en la cúpula de la cadena cuyas empresas ni siquiera cumplen tal papel a escala regional. A su vez, genera una presión importante sobre la balanza de pagos en función de las importaciones extrazona, las patentes y la remisión de utilidades.

En este contexto, ¿qué papel y qué características presenta la asociatividad empresaria en el sector? Dado que son las terminales automotrices quienes comandan la cadena estableciendo las condiciones y las características de la producción, requiriendo a sus proveedores la obtención de certificaciones y/o el cumplimiento de ciertos estándares de calidad, la asociatividad que se observa es fundamentalmente de tipo vertical con los proveedores de autopartes (ver Bovris, en este volumen). Así, se trata de una asociatividad que presenta relaciones fuertemente asimétricas, con un bajo poder de negociación de los proveedores cuyas posibilidades de crecimiento se encuentran limitadas a la evolución de la demanda de las terminales y a la transferencia tecnológica que realicen estas últimas. En muchos casos, las empresas transnacionales incluso adquieren una participación accionaria de sus empresas proveedoras, ciñendo aún más la dependencia.

Uruguay se distancia como un caso distintivo de la tendencia anteriormente descripta, ya que cuenta con empresas terminales de capitales nacionales (Nordex S.A. y Oferol S.A.) asociadas con empresas automotrices internacionales –Renault, Citroën y Peugeot y, recientemente, Chery– (Arza y López, 2008). En este caso, tiene lugar una asociatividad que trasciende la región pero que tampoco implica un avance en términos de desarrollo tecnológico, ya que se mantiene la dinámica que rige en el sector.

3.2.2. Cadena Maquinaria agrícola

El sector de maquinaria agrícola tiene gran relevancia no solamente en términos de comercio intra-industrial sino además por la incidencia que estos medios de producción tienen en el principal producto de exportación de la región: los bienes agrícolas (Sennes et al., 2013; Villadeamigo, 2013). Aquí nuevamente el proceso de integración está sustentado en empresas transnacionales que toman a alguno de los dos socios principales del bloque como plataforma de exportación regional. Al no existir en este caso un acuerdo tan amplio como en el sector automotriz, las asimetrías existentes entre Argentina y Brasil hicieron que la complementación no resultara virtuosa para Argentina (Machado y López, 2011).

La regionalización en este sector comenzó en la década de 1990 cuando las transnacionales decidieron concentrar la producción de los principales productos (tractores y cosechadoras) en Brasil y la de algunos componentes en los establecimientos de Argentina (Baruj et al., 2005; Albornoz et al., 2010). A pesar de ello, la existencia de múltiples subproductos especializados facilita que opere en el sector una amplia gama de empresas nacionales, más pequeñas, que pueden sostener la competencia en mercados específicos[6] de alcance local (Lavarello y Goldstein, 2011; Rozenwurcel y Bezchinsky, 2013b).

El desarrollo del sector en Brasil también es consecuencia de políticas de promoción a la compra de maquinaria agrícola y subsidios fiscales para ampliar la integración local de la producción de transnacionales. Esta configuración productiva ha generado en las últimas dos décadas elevados déficit comerciales para Argentina, que ha recurrido a mercados regionales extra-Mercosur (Bolivia y Venezuela) para intentar compensarlos. En este contexto, Argentina ha implementado restricciones

---

[6]   Esto ocurre particularmente en el caso de las sembradoras, pues cada una se produce de acuerdo a las necesidades del suelo del cliente y entonces la escala de producción es menos relevante (Villadeamigo, 2013).

a las importaciones, elevando su arancel externo y presionando por un crecimiento de la integración nacional de la producción (Rozenwurcel y Bezchinsky, 2013b). Estas políticas han impulsado la ampliación de las inversiones de las transnacionales ya presentes en Argentina para sortear las restricciones (Sennes et al., 2013).

Sin embargo, a diferencia de la cadena automotriz, no se observa un proceso de integración productivo Argentina-Brasil dado que las empresas transnacionales no han implementado dicha estrategia (la escala productiva no requiere la conformación de cadenas de proveedores a ambos lados de la frontera), ni existe tampoco una política pública regional explícita para el sector (Sennes et al., 2013). Estos dos factores obstaculizan el desarrollo de las empresas locales, que resultan pequeñas para aprovechar las economías de escala necesarias para exportar.

No obstante las carencias en la integración productiva del sector, se observa el desarrollo de alianzas cooperativas entre empresas de esta industria pero fundamentalmente a escala nacional. En Río Grande do Sul (Brasil) se encuentra la principal aglomeración de fabricantes de maquinaria agrícola del país con empresas de diferentes tamaños y especializaciones. La cercanía territorial ha permitido a dichas firmas establecer relaciones de cooperación. En el caso de las filiales de empresas transnacionales, la innovación en el desarrollo de productos y/o nuevos procesos productivos no tiene lugar localmente ni es resultado del trabajo asociativo, ya que estas funciones son desarrolladas principalmente en las casas matrices. Sin embargo, en las empresas grandes y medianas de capitales nacionales, las relaciones locales adquieren una mayor relevancia dado que la complementariedad productiva permite establecer acuerdos cooperativos de distribución. Por su parte, las empresas pequeñas de capital nacional, además de intercambiar información sobre proveedores e insumos, procesos productivos y productos entre sí, establecen relaciones de subcontratación estables –generalmente con empresas de mayor porte– que contribuyen a la mejora de la calidad de los productos, a partir de la capacitación tecnológica. Por último, las empresas pequeñas constituyen el caso más interesante, donde la innovación tecnológica surge a partir de la cooperación con otras empresas e instituciones locales. Estas últimas también establecen relaciones cooperativas en las etapas de comercialización de sus productos, a través de la participación conjunta en exhibiciones y/o para reducir los costos de capacitación del personal (Tatsch, 2008).

En Argentina, la cercanía geográfica entre las empresas del sector permitió igualmente la conformación de un *cluster* en Las Parejas (Provincia de Santa Fe) que agrupa a las PyMEs de la región. Aquí la asociatividad es principalmente de tipo horizontal: las empresas que desarrollan la misma actividad cooperan con fines de insertarse en mercados externos y resolver fallas en la provisión de insumos. También se han detectado acciones conjuntas para mejorar la competitividad, principalmente, a través de la vinculación con instituciones locales de apoyo al sector (Fernández et al., 2008).

Finalmente, es posible concluir que las particularidades que presenta este sector en la región han derivado en que el proceso de integración productiva y la asociatividad empresaria a escala regional no presenten gran relevancia. Sin embargo, en los últimos años se ha observado la internacionalización de algunas empresas argentinas que instalaron sus plantas en Brasil[7] y establecieron redes de comercialización en diferentes países del Mercosur.

3.2.3. Cadena Químicos

Aunque con menor importancia respecto a la cadena automotriz, en la cadena química también se observa un comercio intra-industrial relevante. Al interior de este sector coexisten dos cadenas bien diferenciadas, tanto por tipo de empresa como por formas de integración: por un lado se encuentra la producción de *commodities* industriales donde predominan las "industrias de proceso" con elevadas escalas (polímeros de etileno, herbicidas, hidrocarburos) y, por el otro, los productos donde se compite por diferenciación de producto (cosméticos, pinturas, medicamentos). Aunque en ambos casos el comercio intra-industrial es elevado e incluye –en diferente magnitud– a los cuatro socios iniciales del Mercosur, se resalta el hecho de que el segundo grupo tiene, además, altos índices de comercio intra-firma, particularmente vinculado a empresas transnacionales (Lucángeli, 2007; Machado y López, 2011). En función de estas diferencias, abordaremos a continuación el análisis de químicos básicos y sus subproductos y, en el apartado siguiente, analizaremos la situación del sector farmacéutico.

El sector petroquímico es característico de la "gran industria" con escalas de producción elevadas, mientras que el sector plásticos suele ser conformado por empresas medianas (Lucángeli, 2007). Además, en el sector petroquímico el patrón competitivo en el bloque tiende a profundizar la fragmentación de la producción, estableciendo polos en algunos países y completando el abastecimiento a través de la importación. De allí

---

[7]   Se puede mencionar, por ejemplo, a Metalfor, que produce pulverizadoras y sembradoras e instaló una nueva planta en Ponta Grossa en 2001. Asimismo, la empresa Pla, también dedicada a la producción de pulverizadoras y sembradoras, instaló una nueva planta en Canoas en 2004, que cuenta con una red de comercialización que alcanza Uruguay, Paraguay y Bolivia.

que el comercio intra-industrial de sus productos exhiba una importancia creciente en sus artículos básicos (polietilenos, polipropilenos, PVC y poliestireno). A su vez, este proceso de especialización se encuentra vinculado al proceso de internacionalización de esas empresas en términos comerciales para concentrar la producción en polos y desde allí abastecer a la mayor cantidad de mercados, ampliando la escala de producción y reduciendo costos. Ello incentiva la concentración del capital en las empresas del sector. A su vez, puede conllevar a la constitución de polos asociativos en función de la especialización en la producción de algunos subproductos. Todo esto se observa en el comercio argentino-brasileño (Lucángeli, 2007).

Dentro del comercio regional, los rubros de mayor comercio intrasectorial exhiben más claramente estos procesos (como los hidrocarburos y derivados halogenados), mientras que en los otros rubros (polímeros de etileno en formas primarias, insecticidas, fungicidas, herbicidas, pigmentos, pinturas, barnices y materiales conexos, productos de perfumería, cosméticos o preparados de tocador, excepto jabones) el comercio no se encuentra tan especializado aunque presenta tendencias crecientes hacia ese comportamiento, particularmente a través del comercio intrafirma. En este contexto, las estrategias de las transnacionales que comandan estos sectores llevan a que, al interior del Mercosur, impere la lógica de la especialización e intercambio intrasectorial en lugar de las estrategias asociativas. Así, en los sectores caracterizados por la producción de *commodities* opera la especialización y en los productos diferenciados el comercio intrafirma (Lucángeli, 2007).

En términos de fomento a la integración productiva y promoción de la asociatividad, algunas políticas del Grupo de Integración Productiva del Mercosur (GIP) han intentado superar las dificultades generadas por regulaciones diferenciales, particularmente en sectores de agroquímicos y fertilizantes, de manera de avanzar en la producción asociativa y la generación de excedentes exportables, pero el trabajo recién ha comenzado (Botto y Molinari, 2013; ver Inchauspe y Barrera, en este volumen).

Por su parte, las empresas del sector crearon en 1996 el Consejo de Asociaciones de la Industria Química del Mercosur, integrado por las asociaciones nacionales del rubro en Argentina, Brasil, Uruguay y Chile. Éste participa en las negociaciones comerciales regionales representando al sector privado y presentando coordinadamente a los respectivos gobiernos propuestas relativas a la industria.

3.2.4. Cadena farmacéutica
El sector farmacéutico está también comandado por empresas transnacionales que operan a escala global, compitiendo a través de la incorporación

de nuevos productos más que por precio (Sanofi, Novartis, Pfizer, Bayer, Merck, GlaxoSmithKline, Roche, Boehringer Ingelheim, entre otras). Existe además otro segmento del mercado, conformado por los "genéricos", donde la competencia se establece principalmente por precio y la ventaja competitiva se logra principalmente por escala y productividad.

En ambos segmentos, y en todos los países del bloque, existe una presencia importante de empresas nacionales (Bekerman y Sirlin, 2001). El mayor comercio intrasectorial en el bloque no se debe a una conducta explícita de asociación entre las empresas regionales sino a la adaptación que encaró el sector a partir de cambios regulatorios y macroeconómicos (Sennes et al., 2013). La creación del Mercosur llevó a un proceso de adquisición de firmas, principalmente de Argentina y Brasil, por parte de las empresas transnacionales que especializaron sus establecimientos por país. En ese proceso Uruguay ha perdido relevancia, ya que las transnacionales no mostraron interés en producir allí (Rodríguez Miranda, 2013a). Asimismo, las firmas argentinas han reducido el *mix* de productos concentrándose sólo en algunos y realizando acuerdos con otros laboratorios para completar la línea (Bekerman y Sirlin, 2001). Inclusive si proliferaran iniciativas asociativas, sería necesario implantar en la región algunos eslabones de la cadena actualmente inexistentes, como la elaboración de principios activos que el sector importa completamente del exterior. A su vez, ni las empresas nacionales ni las filiales de transnacionales realizan un elevado gasto en investigación en la región: las primeras porque copian los productos y las segundas porque localizan esas actividades en sus casas matrices (Bekerman y Sirlin, 2001; Sennes et al., 2013; Rozenwurcel y Bezchinsky, 2013a). Si a estas condiciones se suma que la magnitud y el crecimiento del mercado brasileño conducen a las empresas a centrar allí su estrategia, el desarrollo de un proceso de integración productiva regional parece difícil. El mercado argentino, aunque importante, se encuentra muy controlado por empresas establecidas en el país –con fuertes vínculos con los médicos– lo que dificulta la incorporación de nuevas empresas al mercado. A su vez, la especialización del sector a escala regional en los eslabones finales de la cadena y la producción de genéricos induce a las empresas a que, en lugar de pensar en complementación o asociación con otras firmas, compitan por los mismos mercados y productos. Por último, se agrega una especificidad: este sector se encuentra sumamente regulado pero en forma asimétrica, generando mayores costos para la asociatividad.[8]

---

[8]   Brasil estableció una cláusula de producción local para reconocer la patente por lo cual muchos laboratorios debieron instalarse allí.

Todas estas cuestiones dificultan las posibilidades de concebir un sector farmacéutico integrado regionalmente.

En este contexto adverso a la integración productiva, sobresalen por su iniciativa dos empresas: Bagó y Eurofarma. La primera, de origen argentino, opera en Brasil desde hace años aunque no ha logrado aún implementar una estrategia integrada entre los países. La segunda, brasileña, recién comienza su estrategia de expansión pero muestra similares tendencias (Sennes et al., 2013). Esta última, como se observa en la base de datos del Observatorio de Integración Productiva Regional, incrementó su presencia en Argentina a partir de la adquisición de Quesada Farmacéutica.

En términos de la situación comercial del bloque, es notoria la importancia del Mercosur en las exportaciones totales del sector (Rozenwurcel y Bezchinsky, 2013a) aunque, al observar las importaciones, tanto Argentina como Brasil realizan adquisiciones mayoritariamente extrabloque, mientras que Uruguay y Paraguay compran una parte significativa a los socios mayores del Mercosur. Argentina y Uruguay destinan más de un tercio de sus exportaciones totales al Mercosur, en tanto que Brasil, por su escala, destina algo menos al bloque (Rozenwurcel y Bezchinsky, 2013a). Desde 2002 la situación comercial entre Argentina y Brasil en el sector de medicamentos humanos y veterinarios se modificó, acumulando el segundo superávits crecientes. En cambio, en fármaco-químicos la situación ha sido superavitaria para Argentina (Sennes et al., 2013). La participación de Uruguay y, fundamentalmente, de Paraguay, ha sido pequeña en este sector.

Así, aunque el sector farmacéutico presenta *a priori* un conjunto de empresas capaces de asociarse y crecer regionalmente, enfrenta dificultades específicas para el desarrollo de ese proceso. Una de ellas es compartida con sectores examinados previamente: la estrategia de las empresas transnacionales no es conciliable con estos procesos y, al ser ellas quienes conducen la cadena global de valor, es difícil construir una alternativa. Sin embargo, existen en el sector empresas regionales que están en condiciones, si se implementaran políticas coherentes y simétricas, de conducir las cadenas en el Mercosur y proyectarse internacionalmente.

3.3. Sectores con menor relevancia en integración y comercio intra-industrial

A fines comparativos, presentamos a continuación tres cadenas frecuentemente analizadas al estudiar la integración productiva regional pero que, a nuestro entender, están más lejos de lograr una integración significativa: Madera/Muebles, Calzado y Textiles.

3.3.1 Cadena Madera-Mueble

Esta cadena está compuesta por tres sectores: forestal, maderero y mueblero. En el primer eslabón la región presenta excelentes condiciones naturales para su desarrollo, aunque debido a tecnología e inversiones insuficientes la materia prima generada es de baja calidad (Ferreira Brusquetti, 2007; Bekerman, Sirlin y Rodríguez, 2005). La producción de madera y muebles se encuentra presente en los cuatro países a partir de la actividad de empresas de diversos tamaños que difieren en la utilización de materias primas y tecnologías, produciendo muebles seriados y a medida (Ferreira Brusquetti, 2007). Estas operan en un contexto marcado por cambios ocurridos en la década de 2000, cuando se produjo en el sector forestal y maderero un proceso de integración vertical orientado a garantizar el acceso a la materia prima.

En el caso del Mercosur, los productos derivados como la leña, el carbón, la madera aserrada, las láminas y las pastas celulósicas, son los de mayor comercialización y, al mismo tiempo, los de menor valor agregado (Ferreira Brusquetti, 2007). El sector productor de muebles es el más complejo de toda la cadena. A diferencia de los eslabones anteriores, la cadena finaliza con una producción compleja donde existen empresas ensambladoras que reciben insumos de una miríada de pequeñas empresas, operando bajo sistemas de subcontratación o tercerización productiva (Ferreira Brusquetti, 2007). Esto se debe a que sus productos son sumamente variados y exigen una inversión en maquinarias especiales que induce a la especialización. En este esquema general, la producción de muebles ha sufrido en la década de 1990 y 2000 importantes transformaciones vinculadas con la tecnología, el diseño, los aspectos organizacionales y el comercio exterior. Por un lado, la introducción de maquinarias con control numérico permitió un importante aumento de la productividad y una mayor estandarización de la producción, reduciendo las exigencias de calificación del personal. Por otro lado, se introdujeron materias primas más aptas para la reforestación. Por último, la comercialización de muebles de baja y media gama comenzó a estar dominada por grandes cadenas comerciales que establecen pautas de producción y estándares de calidad, ambientales y laborales, restringiendo el acceso de los pequeños productores en los eslabones de mayor valor agregado (Bekerman, Sirlin y Rodríguez, 2005).

En toda la cadena madera/mueble, el Mercosur presenta una ventaja de localización importante ya que la mayoría de los establecimientos se encuentran en una región compuesta por las provincias de Corrientes y Misiones en Argentina, el Estado de Río Grande do Sul y Santa Catarina en Brasil, Paraguay y Uruguay (Stark, 2004). A su vez, la infraestructura disponible es relativamente buena, reduciendo los costos de manera relevante (Ferreira Brusquetti, 2007).

Dentro de este panorama, Brasil es un jugador de escala internacional. Sus exportaciones representan el 90% del sector, enviadas a 150 países (Ferreira Brusquetti, 2007; Rodríguez Miranda, 2007). Sin embargo, enfrenta dificultades dada la inserción cautiva por compradores y la elevada heterogeneidad y baja profesionalidad de las PyMEs (Bekerman, Sirlin y Rodríguez, 2005). Por su parte, en Argentina el sector se ha recompuesto de la crisis que sufrió durante la década de 1990 y tanto Paraguay como Uruguay poseen una industria de reducida escala y competitividad dedicadas principalmente al mercado interno (Stark, 2004). En este marco, las asimetrías tornan compleja la integración regional (Bekerman, Sirlin y Rodríguez, 2005).

Así, aunque la cadena de madera/muebles no presenta una integración productiva significativa, tiene un claro potencial por la existencia de todos los eslabones de la cadena en la región, el acceso regular a los mercados internacionales y las ventajas naturales regionales (Rodríguez Miranda, 2007). Por estas razones, la cadena ha recibido apoyo explícito de organismos nacionales y regionales. Hasta 2008 funcionó una Unidad de Gestión de Madera y Muebles dentro de la Secretaría del Mercosur dirigida a coordinar, asistir y apoyar el accionar del sector. Al mismo tiempo, se conformó el Foro de Competitividad de Mercosur de la cadena productiva Madera/Muebles en el marco del Sub Grupo de Trabajo N° 7 del Mercosur (SGT 7). Se realizaron asimismo algunas rondas de negocios (Bento Gongalves en 2004 y Córdoba en 2007), se organizó el Premio de Diseño Mercosur y se articularon esfuerzos mediante el Programa de Desarrollo de Proveedores del *Serviço Brasileiro de Apoio às Micro e Pequenas Empresas* (SEBRAE). Fuera de esas iniciativas, a nivel regional se decidió impulsar los *clusters* regionales ya existentes Esperanza, San Martín y Córdoba (Argentina) y Bento Gongalves y Minas Gerais (Brasil), mientras que los socios más pequeños fomentarían la cadena a escala nacional (Inchauspe, 2010). Sin embargo, a pesar del gran potencial del sector, la integración productiva y el desarrollo de estrategias asociativas como herramientas de desarrollo de esta cadena son todavía una asignatura pendiente.

3.3.2. Cadena Calzado

El sector calzado sufrió importantes cambios a nivel global que afectaron el desarrollo de las empresas en el Mercosur. La entrada en escena de países asiáticos (China, Indonesia y Vietnam) que poseen bajos costos de mano de obra, afectó la competitividad de los países del bloque. Frente a ello, la posibilidad de competir se centra en la mayor tecnificación de los procesos de producción que a su vez exigen mayores niveles de inversión y de escala. En sentido contrario, la importancia del diseño y el factor "moda" reduce ampliamente el ciclo de vida de los productos (Ministerio de Industria, 2011). Sin embargo, estos factores tienen distinta relevancia en los diferentes segmentos del sector. La competencia vía precios se convirtió en un factor central en los segmentos de menor calidad, mientras que la innovación y el diseño priman en el calzado deportivo y calzados de alta gama (Bekerman y Sirlin, 1999; Ministerio de Industria, 2011). A su vez, en la producción de calzado de vestir la escala es menor, posibilitando a las empresas de menor tamaño permanecer y/o incorporarse a estos mercados. En cambio, en el segmento de calzado deportivo el nivel de inversión requerida sumado a la importancia que adquieren algunas marcas reconocidas internacionalmente actúan como barreras a la entrada (Bekerman y Sirlin, 1999).

La cadena se caracteriza por una fuerte heterogeneidad en el tamaño de empresas al interior y entre los países del Mercosur. Brasil presenta el mayor número de establecimientos y cuenta con una mayor escala de producción y tecnificación, principalmente en el segmento de calzados deportivos bajo licencia de marcas internacionales. Argentina lo sigue en importancia, pero con una producción desarrollada principalmente por empresas PyMEs y mano de obra intensiva vinculada al calzado de cuero y vestir. Por último, Uruguay presenta un número menor de establecimientos y empresas medianas orientadas hacia el mercado interno (Bekerman y Sirlin, 1999; Cerrutti, 2003).

En Argentina, durante la apertura comercial de la década de 1990, se redujo la protección del sector y creció fuertemente la importación extrazona, especialmente asiática. Ello tuvo como consecuencia la quiebra de firmas regionales como Gatic S.A. (Bekerman y Sirlin, 1999). El proceso fue coronado por la sobrevaluación cambiaria, que redujo a niveles insignificantes las exportaciones (Cerrutti, 2003). A pesar de ello, Argentina y Uruguay lograron una competitividad importante a partir de la especialización en la producción de calzado de cuero (Bekerman y Sirlin, 1999). En cambio, Brasil presenta un encadenamiento productivo fortalecido que le permitió hacer frente a las importaciones asiáticas y mantener su perfil exportador (intrabloque y extrabloque), posicionándose como uno de los principales productores mundiales.

El sector fue protagonista en problemas en las relaciones bilaterales entre Argentina y Brasil, donde el primero ha realizado recurrentes pedidos de protección frente al aumento de las importaciones y el déficit comercial con el país vecino. En este contexto, la devaluación de la moneda brasilera provocó un incremento aún mayor de las exportaciones brasileras a los países de la región (BID, 2011; Botto et al., 2009).

En este marco, y en línea con la información relevada en el Observatorio de Emprendimientos Empresariales Conjuntos e Integración Productiva Regional, las principales tendencias de la asociatividad en el sector se han concentrado en vinculaciones de tipo comercial, donde empresas reconocidas en su país de origen se han expandido a otros países de la región ampliando su mercado mediante la modalidad de franquicias y/o representaciones comerciales (ver Cafferata y dos Santos, en este volumen).

3.3.3. Cadena textil

Al interior de la cadena textil se pueden distinguir dos ramas diferenciadas: algodón y lana. Una particularidad del sector es que sus productos y calidades se encuentran relativamente estandarizados (*commodities*), lo que implica mercados competitivos. Las confecciones son una industria de bajos requerimientos de escala y tecnología, por lo cual operan empresas de muy diverso tamaño sin grandes diferencias de costos, siendo la principal ventaja competitiva los costos salariales. En este contexto, la producción mundial se trasladó hacia el Sudeste Asiático mientras que las partes más complejas y de mayor valor agregado (diseño, desarrollo de nuevos materiales, tinturas, maquinaria) se mantuvieron en los países centrales (Rozenwurcel y Bezchinsky, 2013c).

Ambas subcadenas tienen presencia en el Mercosur. En términos de algodón, la región representa el 5% del total mundial. Brasil es el actor preponderante, Argentina ocupa un rol menor, Paraguay, otrora productor, ha desaparecido por el reemplazo por cultivo de soja (Pena, 2014) y Uruguay no presenta producción. En el caso de la lana, Argentina es el principal productor regional, seguido por Uruguay (Rodríguez Miranda, 2013b).

En materia de confecciones, la región posee una relevancia cercana al 7%. Brasil es relevante pero la mayor parte de la producción regional se destina a los mercados nacionales. En aquel país existen varios centros regionales especializados como Sao Paulo (diseño, marketing y moda), Americana (tejidos artificiales y sintéticos), Río de Janeiro (lencería) y Blumenau (grandes marcas internacionales). En Argentina, los efectos de la apertura comercial y la sobrevaluación cambiaria golpearon al sector al punto de ser uno de los que más redujo su importancia en la década de 1990. En ese camino se perdió completamente la producción de maquinaria para el sector. En los últimos años ha crecido significativamente pero su inserción internacional es exigua en productos de valor agregado y está concentrada en la exportación de lana. Por su parte, la apreciación cambiaria y el *dumping* de los países asiáticos buscando colocar sus excedentes han generado problemas al sector (Rozenwurcel y Bezchinsky, 2013c). En el caso de Uruguay, el sector de confecciones se encuentra en contracción y limita sus exportaciones al Mercosur, con crecientes problemas de competitividad y enfrentando barreras paraarancelarias de Argentina y Brasil (Rodríguez Miranda, 2013b).

Existe entonces una fuerte heterogeneidad en la región donde los primeros eslabones de la cadena –la producción de hilados y fibras– están concentrados mientras que en las confecciones operan numerosas PyMEs (Rozenwurcel y Bezchinsky, 2013c). En este marco, una particularidad del sector en el Mercosur es que algunos rubros en Argentina son controlados por empresas brasileñas instaladas en el país, particularmente en el *denim*. Sin embargo, esa inversión se vincula más a la búsqueda de mercados locales que a la integración productiva, ya que el intercambio comercial sectorial es reducido. Esta situación constituye uno de los límites a la integración regional. En ello juega un rol relevante la menor escala de las empresas argentinas a las que se les dificulta competir con las brasileñas y asiáticas (Rozenwurcel y Bezchinsky, 2013c). También se presentan inversiones argentinas y brasileñas en Uruguay para exportar desde allí a los demás socios, dada la estabilidad del país y sus antecedentes en la materia. Es justamente este posicionamiento de Uruguay en las cadenas regionales el que se encuentra amenazado por las dificultades en la libre circulación de mercancías dentro del Mercosur (Rodríguez Miranda, 2013b). En el caso de Paraguay, las confecciones tienen un desarrollo menor con sólo un par de empresas de escala relevante, las cuales se encuentran muy vinculadas al mercado argentino. Por la misma razón que en Uruguay las licencias de importación de Argentina han logrado inserción en Brasil para compensar esos problemas de acceso. En términos de asociatividad también se observa un formato de subcontratación con empresas regionales o directamente la instalación en otro país para aprovechar los menores costos salariales o ventajas impositivas. Por último, existe un nicho de mercado –el algodón orgánico– que está permitiendo exportaciones a Europa (Pena, 2014).

3.4. Denominadores comunes entre los sectores

La literatura revisada y los indicadores analizados en los apartados precedentes confirman que el comercio intrabloque del Mercosur es marcadamente más "industrial" y complejo tecnológicamente que el comercio extrabloque. Ello no condujo, sin embargo, a un proceso de integración productiva ni implicó un uso difundido de estrategias asociativas entre las empresas del bloque. El comercio intrabloque e intra-industrial tiende a ser intrafirma y se desarrolla particularmente entre filiales de empresas transnacionales establecidas en el Mercosur (Machado y López, 2011; Kosacoff, 2011; Porta, 2008).

En los sectores que más han avanzado en este camino (Automotriz, Maquinaria agrícola, Químicos y Farmacéutica) se observa un patrón muy vinculado a esa caracterización. Las empresas que comandan esas cadenas son transnacionales que especializan sus establecimientos productivos para minimizar costos y aprovechar el mercado ampliado, reduciendo en ese proceso potenciales efectos positivos sobre los entramados productivos locales. A su vez, esa especialización suele dejar fuera de la región las etapas más complejas de los procesos productivos –sea el diseño y producción de conjuntos complejos como en la industria automotriz, o la I+D y principios activos en la farmacéutica–, erosionando fuertemente el potencial para un desarrollo autónomo. Más aún, las cadenas de valor establecidas en el Mercosur, que se limitan a una escala regional ya que no existe interés de las transnacionales en utilizar a la región como plataforma de exportación, reproducen los acuerdos alcanzados a nivel global (ver Bovris, en este volumen). En consecuencia, tampoco se genera un espacio para una vinculación vertical que facilite la modernización de las PyMEs regionales. Ese es el caso de las autopartistas regionales, que se ven obligadas a abastecer el mercado de reposición o de subconjuntos menos complejos; o los laboratorios vinculados al mercado de genéricos. En otras palabras, no sólo no se establecen relaciones de cooperación horizontal sino que, además, las de tipo vertical que se llevan a cabo son aquellas con menor potencial tecnológico.

En este sentido, la escasa relevancia de los procesos asociativos en la región no se debe tanto a la ausencia de voluntad de las empresas o de políticas regionales –más allá de las claras limitaciones derivadas de la asimetría económica y regulatoria– sino a las características que comparten las empresas regionales y los segmentos productivos en los que operan. Son las limitaciones productivas que enfrentan las empresas pequeñas y medianas de la región las que establecen los parámetros de cooperación posibles de alcanzar. La solución a estas limitaciones requerirá un desarrollo de políticas específicas coherentes de amplio alcance.

Al focalizar sobre sectores que han alcanzado niveles menos significativos de comercio intra-industrial se observan las características opuestas: PyMEs orientadas al mercado interno o con bajos niveles de inserción internacional, sectores maduros y con escasa relevancia de I+D. Todo ello ha derivado en que las empresas de dichos sectores no hayan conseguido aún sacar un provecho significativo del Mercosur.

4. Reflexiones finales y propuestas de política

En este capítulo se analizaron los avances y limitaciones que enfrenta la integración productiva y la asociatividad en el Mercosur. Observamos que la relación comercial entre los países del bloque ha crecido a lo largo del último siglo y, aunque se mantiene en niveles relevantes, permanece debajo de sus máximos históricos. Ello se debe a los problemas del bloque y al ciclo de precios de las materias primas que, al ser exportadas a terceros países, reducen la relevancia del bloque en el total exportado. Observamos también que el Mercosur se convirtió en un destino importante para mercancías más industrializadas y tecnológicamente más complejas que el resto del mundo. Sin embargo, al analizar el comercio intra-industrial –indicador convencional de integración productiva– se observa que su relevancia se concentra en cuatro sectores: Automotriz y Autopartes, Maquinaria Agrícola, Químicos y Farmacéutica. Es decir, sectores donde las transnacionales poseen un rol relevante y han especializado sus esquemas de negocio a cada lado de la frontera de manera de aprovechar al máximo las potencialidades del mercado ampliado. Sin embargo, por las mismas razones resulta difícil que esos sectores sean el vehículo de una integración más dinámica y con efectos más provechosos para la región.

En cambio, sectores como Madera/Mueble, Calzado y Textil, a pesar de no presentar hacia 2015 una integración significativa, constituyen las apuestas más importantes en ese camino dado que están conformados por PyMEs (importantes generadoras de empleo) y, adicionalmente, los eslabones más complejos y de mayor valor agregado son de fácil radicación en la región. En particular, en el conjunto de sectores analizados la introducción de diseño permitiría acceder a mercados de alto valor agregado y relativamente protegidos de la competencia de países de bajos salarios.

El avance en la integración productiva ha sido lento y desigual debido a la ausencia de proveedores de ciertos productos, la baja calidad o estandarización de la producción, la falta de certificaciones y el desconocimiento o recelo personal de los propietarios de las empresas. Asimismo, han conspirado otros factores como la volatilidad de las variables macroeconómicas y las dificultades logísticas en la región (Porta, 2008). Sin embargo, la importancia del avance de la industrialización para el proceso de desarrollo permanece incólume. En ese camino, la integración productiva y la asociatividad empresaria en pos de lograr mayores escalas productivas, mayor tecnología, calidad e innovación, así como una mayor inserción en mercados externos, son herramientas

ineludibles. En todo ello se juega gran parte del nivel de vida de la población de la región (Rodrik, 1995).

En este sentido, la pregunta sobre qué hacer, quiénes deben hacerlo
y cómo continúa sigue siendo sumamente relevante. Frente a intereses
específicos de los sectores empresarios, consideramos que son los estados nacionales quienes deben impulsar este proceso, haciendo valer
el desarrollo institucional logrado por el bloque. No existe un consenso
sobre este punto. Mientras algunos especialistas sostienen que el rol del
Estado debe restringirse a la creación de condiciones para que el mercado
regional opere sin problemas, otros sostienen que su rol debe ser mucho
más activo (Botto y Molinari, 2013).

Efectivamente, algunas de las fallas en la integración se han debido a
la regulación asimétrica (ver Inchauspe y Barrera; Bovris; y Rojas y Arce,
en este volumen) y a la ausencia de infraestructura (BID, 2012), aspectos
que son incumbencias del Estado. La explotación del potencial de la
integración productiva es también resultado de un proceso de cambio
estructural de las economías que supere sus limitaciones históricas. En
consecuencia, el cambio estructural debe implicar políticas industriales
activas que planteen abiertamente la superación de esas limitaciones
(Porta, 2008).

Es el conjunto de políticas en las áreas de infraestructura y regulación
general; política industrial; y política de convergencia, el que determina
los niveles y formas de integración productiva que se obtienen. Ante la
ausencia de un rol estatal claro, los actores privados moldean los mecanismos de acuerdo con sus intereses y, comúnmente, sólo las empresas
transnacionales terminan capitalizando los beneficios de la integración, tal como ha ocurrido en el caso del Mercosur. Idéntico proceso,
es decir liderado y moldeado por firmas transnacionales, se observa
en la Asociación de Naciones del Sudeste Asiático (ASEAN), donde los
Estados limitan su rol a generar las condiciones para la recepción de
IED y lograr algún "derrame". En el otro extremo se encuentra la Unión
Europea, donde existen mecanismos activos a nivel regional que intentan
resolver las asimetrías y promover resultados progresivos en los procesos
de descentralización y cambio estructural (Botto y Molinari, 2013). La
diferencia en este último caso es que las empresas transnacionales no
monopolizan el aprovechamiento de los beneficios así como los efectos
en términos de escala, tecnología, productividad, robustez en el sector
externo, etc. Para lograr ese resultado es necesario que las empresas
nacionales consigan insertarse de un modo beneficioso en las cadenas
de valor internacionales.

En este marco, es claro que las políticas a implementar son muy diferentes para las cadenas ya integradas regionalmente respecto a aquellas que recién comienzan ese recorrido. En las primeras, mayormente conducidas por empresas transnacionales, lo que se debe buscar es la radicación de los eslabones más complejos de una manera que incentive los "derrames" sobre las economías locales. En el mismo sentido, el crecimiento de la integración regional y nacional de su producción es una necesidad para maximizar sus eslabonamientos. El logro de este objetivo, junto con el impulso a las exportaciones desde la región, mejoraría la incidencia de esas cadenas en el sector externo de las economías.

Por sus características, la cadena automotriz no presenta perspectivas favorables respecto a la integración productiva ni a las estrategias asociativas entre diferentes empresas. Allí las políticas deberían conducir a obtener los mayores beneficios de la presencia de las transnacionales en la región, regulando su accionar y obligando a una mayor dispersión geográfica más allá de Argentina y Brasil. Sin embargo, es en el eslabón autopartista donde mayores resultados pueden lograrse, promoviendo empresas regionales para que se conviertan en proveedoras de los conjuntos más complejos y con mayor I+D.

El sector de maquinaria agrícola, al poseer una mayor diversidad de productos y escalas que en el sector automotriz, permitiría el desarrollo de empresas regionales para la provisión a escala mundial de ciertos implementos. El punto de partida de esa integración comandada por empresas de la región serían aquellas establecidas en Argentina, donde la especialización y el acceso a mercados internacionales ya se encuentran presentes. Sin embargo, para poder dirigir un proceso de integración regional esas mismas empresas deberían asociarse o fusionarse para lograr mayor escala y solvencia financiera.

En el sector farmacéutico, por su parte, existe un potencial adicional por varias razones. La primera es la baja participación de genéricos en Argentina, abriendo espacio para la integración y/o asociatividad orientada a explotar y desarrollar ese mercado. La segunda, existe una importante capacidad tecnológica que, si se dieran las condiciones financieras y de asociación, permitiría a los laboratorios regionales desarrollar principios activos y medicamentos innovadores e insertarse en los eslabones de mayor valor agregado (Rozenwurcel y Bezchinsky, 2013a). Nuevamente, serían los laboratorios argentinos y algunos brasileños los que poseen las competencias para liderar ese proceso. A su vez, la elevada regulación estatal del sector así como la relevancia de la demanda de los sistemas públicos de salud debería ser un aliciente adicional en ese proceso.

La región tiene potencial para profundizar la integración productiva. Algunos sectores que presentan cierto desarrollo en los países miembros podrían suplir las compras extrabloque sin grandes problemas, como metales comunes, químicos básicos y los plásticos semiterminados (Bembi et al., 2012). Adicionalmente, la cadena aeronáutica (en la que ya existen convenios en funcionamiento) presenta buenas perspectivas para integrarse con Argentina dado su carácter estratégico y el rol que puede tener la demanda pública en su desarrollo (ver Rojas y Arce, en este volumen).

En el caso de la cadena Madera/Muebles, el potencial de integración productiva y asociatividad empresaria es muy significativo. En primer lugar, se cuenta con importantes ventajas naturales. Además, la cadena se encuentra presente en los cuatro socios originales de manera que su desarrollo permitiría impulsar al Mercosur en su conjunto. En tercer lugar, existe acceso a los mercados más rentables a través de los flujos comerciales de Brasil, por lo cual la integración permitiría a las empresas más pequeñas ganar escala (Rodríguez Miranda, 2007). En este sentido, es difícil encontrar un sector con mayor potencial. Para ello, se requiere desarrollar instrumentos financieros de largo plazo, dadas las particularidades de la producción de la materia prima. También es necesario mejorar la calidad de los cultivos y su procesamiento, introducir de manera más significativa el diseño, así como esquemas de manejo sustentable de esos recursos. Es más, en términos comerciales, la certificación ambiental puede ser un diferenciador de productos (Ferreira Brusquetti, 2007).

Las perspectivas de la cadena del calzado varían en función de la diferenciación en los productos. Mientras que el calzado deportivo presenta altas escalas y un mercado internacional muy controlado por firmas transnacionales, en el segmento de calzado de vestir y de calidad ocurre lo contrario. Ese nicho de mercado debe promoverse en base al acceso privilegiado de la región a una materia prima de calidad. La integración productiva permitiría en este caso agregar más valor y diseño a productos ya existentes.

En la misma línea, en la cadena textil pocos réditos puede obtener la región si intenta competir en los productos de menor calidad provenientes de países asiáticos de bajos salarios. En su lugar, se debe generar una provisión de hilados y fibras de buena calidad y alta productividad –un segmento de elevada concentración– y luego un sector de confecciones basado en el diseño y en la calidad.

Como un eje transversal a estas políticas, habrá que conciliar las urgencias en términos económicos y sociales con los impostergables aspectos de conservación del medio ambiente. Si bien el Mercosur posee una institucionalidad importante en materia de desarrollo verde, ésta no ha logrado influir o modelar las industrias que se establecen en la región. Es por ello que no hemos incluido este eje de análisis en el estudio sobre las tendencias generales de la integración productiva, aunque en el futuro este aspecto puede volverse relevante dado que las características naturales de los integrantes del bloque abren posibilidades interesantes en esta dirección. En cualquier caso, la clave está en comprender que las políticas orientadas hacia el desarrollo verde son compatibles y potenciadoras del desarrollo económico en el largo plazo.

Referencias bibliográficas

Albornoz, I.; Anlló, G. y Bisang, R. (2010). "La cadena de valor de la maquinaria agrícola argentina: estructura y evolución del sector a la salida de la convertibilidad", *Documento de proyecto*, N° 47, CEPAL, Buenos Aires, Argentina.

Álvarez, M. (2011). "Los 20 años del Mercosur: una integración a dos velocidades", *Serie Comercio Internacional*, N° 108, CEPAL, Santiago, Chile.

Arza, V. y López, A. (2008). "Tendencias internacionales en la industria automotriz", en López, Andrés et al., *La industria automotriz en el MERCOSUR*, Serie Red Mercosur, N° 10, Buenos Aires, Argentina.

Baruj, G.; Giudicatti, M.; Vismara, F. y Porta, F. (2005). *Generación y uso de conocimiento científico Situación Productiva y Gestión del Cambio Técnico en la Industria Argentina de Maquinaria Agrícola*, Observatorio del Ministerio de Ciencia y Tecnología, Buenos Aires, Argentina.

Bekerman, M. y Sirlin, P. (1999). "Impactos sectoriales del proceso de integración del MERCOSUR: los casos del sector calzado y del sector farmacéutico", *Documento de Trabajo*, N° 9, CENES, Buenos Aires, Argentina.

Bekerman, M. y Sirlin, P. (2001). "Impactos estáticos y dinámicos del MERCOSUR. El caso del sector farmacéutico", *Revista de la CEPAL*, N° 75, CEPAL, Santiago, Chile.

Bekerman, M.; Rikap, C. y Montagu, H. (2008). "Impacto de la integración sobre la regionalización comercial. El caso de Argentina y Brasil", *Documento de Trabajo*, N° 19, CENES, Buenos Aires, Argentina.

Bekerman, M.; Sirlin, P. y Rodríguez, S. (2005). "Obstáculos para el desarrollo de encadenamientos productivos en América Latina: el caso de los muebles de madera en Argentina", *Revista Latinoamericana de Economía*, N° 140, Vol. 36, Universidad Nacional Autónoma de México, México D.F., México.

Bembi, M.; De Angelis, J. y Molinari, A. (2012). "Algunas mediciones de integración productiva en el Mercosur", *XLVII Reunión Anual Asociación Argentina de Economía Política*, AAEP, Buenos Aires, Argentina.

BID (2011). *Informe MERCOSUR*, N° 18, Sector de Integración y Comercio. Instituto para la Integración de América Latina y el Caribe, Buenos Aires, Argentina.

BID (2012). "Metodología de análisis del potencial de integración productiva y el desarrollo de servicios logístico de valor agregado. La experiencia de IIRSA", *Notas Técnicas TN*, N° 416, Instituto para la Integración de América Latina y el Caribe – INTAL, Buenos Aires, Argentina.

Botto, M. y Molinari, A. (2013). "Un análisis sobre las políticas de Integración Productiva en el Mercosur", *Cuadernos de Negocios Internacionales e Integración*, N° 77, Facultad de Ciencias Empresariales de la Universidad Católica del Uruguay, Montevideo, Uruguay.

Botto, M.; Tussie, D. y Delich, V. (2009). "El Mercosur en el nuevo escenario político regional", *Documento de Trabajo*, N° 35, Área de Relaciones Internacionales - Facultad Latinoamericana de Ciencias Sociales, Buenos Aires, Argentina.

CENDA (2008). "El complejo automotriz argentino: las terminales a la promoción y el desarrollo industrial al descenso", *Notas de la Economía Argentina*, N° 5, Buenos Aires Argentina.

Cerrutti, J. (2003). *Estudio 1.EG.33.6. Estudios Sectoriales. Componente: Industria del Calzado*, Programa Multisectorial de Preinversión II, Ministerio de Economía y Finanzas Públicas, Buenos Aires, Argentina.

Cunha Corrêa, R. (2011). "Integración productiva en América del Sur: evidencias sobre la especialización vertical," *Revista de Economía del Caribe*, N° 7, Universidad del Norte, Barranquilla, Colombia, pp. 37-76.

De Ángelis, J. y Porta, F. (2011). "Condiciones para la Integración Productiva en el Mercosur. Un análisis a partir del estudio de los flujos de comercio bilaterales", en Desiderá Neto, W. y Teixeira, R. (org.), *Perspectivas para la Integración en América Latina*, IPEA, Brasilia, Brasil, pp. 61-86.

Fernández, V.; Vigil, J. y Seval, M. (2008). "Clusters y Cadenas de Valor: ¿Instrumentos de Desarrollo Económico en América Latina?", *II Jornadas Nacionales de Investigadores de las Economías Regionales*, Tandil, Argentina.

Ferreira Brusquetti, M. (2007). "Investigación Madera Mueble", Estudio N° 002/07, Secretaría del Mercosur, Montevideo, Uruguay.

Inchauspe, E. (2010). "Integración Productiva en el MERCOSUR. ¿Nueva agenda de cooperación internacional?," *Documento de Trabajo*, N° 53, Área de Relaciones Internacionales, FLACSO, Buenos Aires, Argentina.

Kosacoff, B. (2011). "La marcha al desarrollo. Especialización productiva e integración regional", *Revista de Ciencias Sociales*, segunda época, Año 3, N° 19, Universidad Nacional de Quilmes, Quilmes, Argentina, pp. 133-156.

Lall, S. (2000). "The technological structure and performance of developing country manufactured exports, 1985-98", *Oxford Development Studies*, Vol. 28, N° 3, pp. 337-69.

Lavarello P. y Goldstein, E. (2011). "Dinámicas heterogéneas en la industria de maquinaria agrícola argentina", *Revista Problemas del Desarrollo*, Vol. 42, N° 166, México, pp. 85-109.

Lucángeli, J. (2007). "La especialización intra-industrial en Mercosur", *Serie Macroeconomía del Desarrollo*, N° 64, CEPAL, Santiago, Chile.

Machado, J. y López, A. (2011). "Estudio 5. Complementación productiva e integración regional. La experiencia europea y el caso del Mercosur" en *Estudios para el diálogo macroeconómico en el Mercosur*, Ministerio de Economía y Finanzas Públicas, Buenos Aires, Argentina.

Ministerio de Industria (2011). "La cadena de valor del cuero, calzado y marroquinería", Capítulo III, *Plan Industrial 2020*, Ministerio de Industria, Buenos Aires, Argentina.

Motta, J. (2006). "La reestructuración del sector autopartista a nivel internacional", en *Actualidad Económica*, Año 16, N° 58, Universidad Nacional de Córdoba, Córdoba, Argentina, pp. 27-32.

Pcna, C. (2014). "Estudio de la cadena de valor textil y confecciones en Paraguay", Working Paper, N° 162, Serie Integración Productiva Regional, LATN, Buenos Aires, Argentina.

Porta, F. (2008). "Integración productiva en MERCOSUR: condiciones, problemas y perspectivas", *INT* Policy Note, N° 04, Banco Interamericano de Desarrollo.

Porta, F. (2010). "Una nueva racionalidad: la importancia de la coordinación macroeconómica," en Kosacoff, F. *Desarrollando capacidades competitivas. Estrategias empresariales, internacionalización y especialización productiva en Argentina*, Boletín Informativo de Techint.

Rodríguez Miranda, A. (2007). "Indicadores de competitividad. Cadena Productiva de Madera y Mueble en el MERCOSUR", Informe Técnico N° 03/07, Secretaría del MERCOSUR.

Rodríguez Miranda, A. (2013a). "Estudio cadena de valor de la Industria
    Farmacéutica en Uruguay (Salud Humana)", Working Paper, N° 163,
    Serie Integración Productiva Regional, LATN, Buenos Aires, Argentina.
Rodríguez Miranda, A. (2013b). "Estudio cadena de valor de la Industria
    Textil-Vestimenta en Uruguay", Working Paper, N° 164, Serie Integración
    Productiva Regional, LATN, Buenos Aires, Argentina.
Rodrik, D. (1995). "Las reformas a la política comercial e industrial en los
    países en desarrollo: una revisión de las teorías y datos recientes",
    Revista desarrollo económico, Vol. 35, N° 138, IDES, Buenos Aires,
    Argentina, pp. 179-225.
Rozenwurcel, G. y Bezchinsky, G. (2013a). "Relevamiento y distribución
    geográfica de las cadenas de valor regionales. Industria farmacéutica",
    Working Paper, N° 158, Serie Integración Productiva Regional, LATN,
    Buenos Aires, Argentina.
Rozenwurcel, G. y Bezchinsky, G. (2013b). "Relevamiento y distribución
    geográfica de las cadenas de valor regionales. Maquinaria Agrícola",
    Working Paper, N° 159, Serie Integración Productiva Regional, LATN,
    Buenos Aires, Argentina.
Rozenwurcel, G. y Bezchinsky, G. (2013c). "Relevamiento y distribución
    geográfica de las cadenas de valor regionales. Textil - Indumentaria",
    Working Paper, N° 160, Serie Integración Productiva Regional, LATN,
    Buenos Aires, Argentina.
Sennes, R.; Tepassê, Â. y Ambrózio, L. (2013). "Uma análise para o Mercosul
    das indústrias farmacêuticas, têxtil e de confecções e máquinas agrí-
    colas", Working Paper, N° 161, Serie Integración Productiva Regional,
    LATN, Buenos Aires, Argentina.
Stark, O. (2004). "Diagnóstico del Sector Madera Mueble del MERCOSUR",
    Estudio N° 011/04, Secretaría del MERCOSUR, Montevideo, Uruguay.
Tatsch, A. (2008). "Inovação, Aprendizagem e Cooperação no Arranjo de
    máquinas e Implementos Agrícolas do Rio Grande do Sul", Revista
    Ensaios, N° 28, Porto Alegre, Brasil, pp. 755-774.
Vaillant, M. (2007). "Convergencias y divergencias de la integración sud-
    americana", Serie Comercio Internacional, N° 83, CEPAL, Santiago
    de Chile, Chile.
Villadeamigo, J. (2013). Algunas consideraciones acerca del sector produc-
    tor de maquinaria agrícola en Argentina, y su comparación con el
    sector homónimo en Brasil, PIUBAD - Universidad de Buenos Aires,
    Buenos Aires, Argentina.

Estudio sobre la Cadena de Bienes de Capital para Energía Eólica en el Mercosur: Un Abordaje del Desarrollo Productivo y la Asociatividad Empresarial

María Eugenia Inchauspe y Mariano A. Barrera

Introducción

La producción de maquinaria y equipo para la generación de energía eólica presenta un alto nivel de contenido tecnológico y agregación de valor a escala regional, con potencial para impulsar múltiples encadenamientos productivos aguas "abajo" y "arriba". Particularmente, la tecnología eólica posee un escaso grado de maduración y se encuentra en expansión en el mundo, ofreciendo un mercado en franco crecimiento con posibilidad de desarrollar tecnología propia. A ello se suma que la energía eólica se ha transformado en uno de los puntales de la diversificación de la matriz energética en la región con eje en energías renovables. Se trata de un recurso inagotable, compatible con el cuidado del medio ambiente y que no compite con el uso de la tierra, cuyo desarrollo permitiría a Brasil reducir su dependencia de la hidroelectricidad, contribuiría a sustituir la creciente incidencia del petróleo y gas natural en Argentina y le posibilitaría a Uruguay reducir la dependencia de estos combustibles que no produce. Adicionalmente, el potencial del sector de productores de maquinarias y equipos en nuevas fuentes energéticas resulta funcional al crecimiento industrial en el marco de un desarrollo virtuoso de sustitución de importaciones de bienes de capital en el Mercosur.

El propósito de este capítulo es analizar la dinámica, alcance y potencial de la asociatividad empresaria intra-Mercosur como un instrumento para apuntalar el desarrollo de la cadena de bienes de capital del sector de generación eólica. Para ello, en el siguiente apartado realizaremos un diagnóstico sobre la relevancia del sector en el plano internacional y los principales desafíos que se vislumbran en dicho escenario. Posteriormente, ponemos el foco en los principales rasgos y tendencias del mercado regional, para conocer el desempeño del sector entre 2003 y 2013. Observamos el nivel de desarrollo de la generación de energía eólica en cada país y el impacto que tuvo sobre la industria local. Se analizan para ello algunas dimensiones complementarias que explican la dinámica del sector: los aspectos más relevantes de la normativa y políticas públicas, la conformación y evolución de la matriz eléctrica así como la generación de la fuente eólica, el desempeño y perfil productivo de los bienes de capital para dicha actividad y su comercio exterior. Luego, en la sección tercera, identificamos las principales asociaciones empresarias desarrolladas dentro de este segmento entre los países de la región, focalizando particularmente sobre el caso de IMPSA. Finalmente, reflexionamos sobre las potencialidades para avanzar en el desarrollo industrial y la complementación productiva a escala regional en la cadena de bienes de capital para la energía eólica.

2. Relevancia del sector de bienes de capital para la generación de energía eólica

2.1. Expansión internacional de las fuentes de energía renovable

El paulatino agotamiento y encarecimiento de los recursos fósiles así como la necesidad de reducir la contaminación ambiental generaron un cambio de percepción respecto a las energías renovables, fundamentalmente desde mediados de la década de 2000. Distintas investigaciones enfatizan en el progresivo declive de la energía convencional como petróleo y gas natural a partir de la década de 2030 (Calvo, 2011) mientras que el crecimiento de la producción de energía estaría dinamizado por los recursos renovables, siendo los países subdesarrollados los principales actores en este proceso (British Petroleum 2014). A ello se suma el impulso otorgado por organismos internacionales al desarrollo de energías limpias. El calentamiento global llevó a que Naciones Unidas impulsara en 1997 el "Protocolo de Kyoto" para la reducción de la emisión de gases de efecto invernadero (GEI), extendido hasta 2020 a través del Acuerdo de Cancún de 2010 (Naciones Unidas 2013). Estos acuerdos implican un compromiso de reducción en la emisión de GEI que debe cumplir la comunidad internacional en su conjunto, por lo que se establecieron diversos mecanismos de compensación entre países.

2.2. Origen y destino de los flujos globales de inversión energética

Este contexto condujo a que en los inicios de la década de 2010 la formación neta de capital en la matriz energética estuviera orientada principalmente a las energías renovables, impulsada por los países de Asia Pacífico (con China a la cabeza) y, posteriormente, por Sur y Centroamérica, con Brasil como actor principal. Ello implica una oportunidad para que el Mercosur aproveche esta plataforma de expansión de este tipo de tecnología para afianzarse como productor y abastecedor de los países de la región.

La tasa mundial de crecimiento anual de las inversiones en energías renovables se expandió el 20,7% entre 2004 y 2013, fundamentalmente por el auge de ejecución de recursos en energías no renovables por parte de países periféricos (REN 21, 2014) (ver Cuadro 1).

La mayor contribución al crecimiento de la inversión fue realizada por China, que implicó una tasa anual del 42% entre 2004 y 2013, seguida por África y Oriente Medio y los países de América (excluyendo a Brasil y Estados Unidos). Europa presenta pobres resultados, producto de la caída registrada desde 2012 vinculada a la crisis económica.

Si bien la tecnología solar encabeza las inversiones, en los últimos años se expandió la energía eólica por la contracción de los costos de capital en conjunción con significativos avances tecnológicos que la tornaron más competitiva (REN 21, 2014). Considerando las inversiones netas[1] en tecnologías vinculadas a energías renovables, se advierte que por cuarto año consecutivo superaron los montos destinados a la formación de capital en combustibles fósiles.

Cuadro 1. Evolución de la inversión en energías renovables según país o continente, 2004-2013 (en millones de dólares y %)

	2004	2006	2008	2010	2013	2004-2013 (%)
China	2.400	10.100	24.900	36.700	56.300	42,0
Europa	19.700	39.100	73.400	102.400	48.400	10,5
Asia y Oceanía (sin China e India)	6.800	9.000	11.400	20.700	43.300	22,8
EE.UU.	5.500	28.200	35.900	34.700	35.800	23,1
América (sin EE.UU. y Brasil)	1.400	3.200	5.800	11.500	12.400	27,4
África y Oriente Medio	500	900	2.300	4.300	9.000	37,9
India	2.500	4.400	5.400	8.700	6.100	10,4
Brasil	600	4.600	12.200	7.700	3.100	20,0
Total	39.400	99.500	171.300	226.700	214.400	20,7
Países desarrollados (en mill. de U$S)	32.000	74.000	113.000	153.000	122.000	16,0
Países desarrollados (%)	80,0	74,7	66,1	67,4	56,7	-
Países en desarrollo (en mill. de U$S)	8.000	25.000	58.000	74.000	93.000	31,3
Países en desarrollo (%)	20,0	25,3	33,9	32,6	43,3	-

Fuente: elaboración propia en base a REN 21 (2014)

---

[1] Las inversiones netas son aquellas que permiten ampliar la capacidad instalada. Difieren de la inversión bruta, que contempla incluso la formación de capital destinado a reemplazar tecnología obsoleta.

2.3. Evolución de la capacidad instalada eólica mundial

Las inversiones en energía eólica contribuyeron a incrementar un *stock* de capital ya instalado en ese sector cuya tasa de crecimiento estuvo nuevamente impulsada por los países del Asia Pacífico y Sur y Centroamérica. Entre 1997 y 2003, la tasa anual acumulativa de crecimiento de la capacidad instalada de energía eólica de Europa y Eurasia fue el centro del dinamismo de estas tecnologías (ubicándose cerca del 35%), con Alemania y España como los actores centrales (ver Cuadro 2). Entrado el siglo XXI el dinamismo viró hacia Asia Pacífico –con China como principal actor, con una tasa anual de expansión de su capacidad instalada del 86,5% entre 2003 y 2010– y hacia Sur y Centroamérica, con Brasil como el principal inversor en esta tecnología. No obstante, en la segunda década de 2000 se asiste a un nuevo desplazamiento del eje dinámico hacia Sur y Centroamérica (50,2%), con Argentina (94,3%) y Brasil (54,7%) tomando la delantera. Si bien por las altas tasas estos últimos países fueron los más dinámicos, China sigue siendo el país que explica el mayor crecimiento global debido al volumen de inversiones.

En este marco vale destacar el rol que pueden cumplir Argentina y Brasil para potenciar no sólo los distintos insumos y bienes de capital sino para desarrollar diseños propios que se adapten a las características de la región.

Cuadro 2. Evolución de la capacidad instalada de energía eólica y tasa anual acumulativa de crecimiento, por país, región y mundo. Años seleccionados (en MW)

	1997	2003	2010	2013	1997-2003	2003-2010	2010-2013	2003-2013
China	146	571	44.781	91.460	25,5	86,5	26,9	66,1
Brasil	0	29	931	3.445	-	64,1	54,7	61,2
Asia Pacífico	1.119	3.790	63.766	119.933	22,5	49,7	23,4	41,3
Sudamérica y Centroamérica	42	188	1.606	5.446	28,4	35,9	50,2	40,0
NAFTA	1.639	6.715	45.054	71.093	26,5	31,2	16,4	26,6
Estados Unidos	1.611	6.361	40.274	61.292	25,7	30,2	15,0	25,4
India	940	2.125	13.065	20.226	14,6	29,6	15,7	25,3
África	6	211	1.113	1.844	81,0	26,8	18,3	24,2
Argentina	0	30	33	242	-	1,4	94,3	23,2
Mundo	7.644	39.878	197.718	319.907	31,7	25,7	17,4	23,1
Oriente Medio	18	21	101	150	2,6	25,2	14,1	21,7
Europa y Eurasia	4.820	28.953	86.078	121.442	34,8	16,8	12,2	15,4
España	512	6.185	19.715	22.898	51,5	18,0	5,1	14,0
Alemania	2.089	14.604	27.191	34.316	38,3	9,3	8,1	8,9

Fuente: elaboración propia en base al *BP Statistical Review of World Energy* June 2014.

2.4. Relevancia de la industria de bienes de capital para la energía eólica

Dado que la industria de bienes de capital es predominantemente desarrollada por PyMEs, tiene una función estratégica ya que expande las capacidades productivas nacionales potenciando encadenamientos intra e inter-industriales con creciente valor agregado y contribuye a la creación de puestos de trabajo con mayores niveles de calificación, productividad y salario real (Schorr y Castells, 2013; Schorr et al., 2014). Particularmente, el desarrollo de la industria de bienes de capital para la generación de energía eólica es consistente con la reducción del sesgo de inserción internacional basado en productos de bajo valor agregado. El mayor desarrollo de esta tecnología posibilitaría, además, expandir desde un doble lugar el proceso de sustitución de importaciones con elevado potencial exportador: por un lado, reduciendo las compras externas de combustibles fósiles y, por el otro, contrayendo las importaciones de bienes de capital para parques eólicos. Esto último es relevante a partir del creciente protagonismo de China como productor de bienes de capital en detrimento de Estados Unidos, Japón y algunos países de la Unión Europea. Naturalmente, la región no está exenta de este proceso de desplazamiento de proveedores locales por bienes elaborados por el gigante asiático (CIPIBIC, 2014a).

En 2003 las importaciones de aeropartes realizadas por Argentina fueron de 13 millones de dólares, de los cuales el 8,6% eran provistos por Brasil y el 6,2% por China. Diez años después, con un flujo de comercio 21 veces superior, el socio regional tuvo un importante descenso relativo al explicar apenas el 1,4% del total, mientras que China pasó a representar el 11,5%. Asimismo, mientras que en 2003 Brasil adquiría torres eólicas en el exterior por 2,2 millones de dólares con una participación del 1,3% de la Argentina y del 0% de China, un decenio después China pasó a explicar el 90,4% de esas importaciones que alcanzaron casi 70 millones de dólares, manteniendo Argentina el 1,3% de la década previa.

Cuadro 3. Argentina y Brasil: importaciones de bienes de capital para energía eólica y participación de las importaciones de origen bilateral y chino. Años 2003 y 2013 (en millones de dólares y porcentajes)

Importaciones argentinas

	2003			2013			Var. 2003-2013	
	Impo. Totales (US$ mill.)	Part. % Impo. de Brasil/total	Part. % Impo. de China/total	Impo. Totales (US$ mill.)	Part. % Impo. de Brasil/total	Part. % Impo. de China/total	Impo. Brasil (p.p.)	Impo. China (p.p.)
Torres	0,2	3,7%	0,0%	6,20	17,0%	0,0%	13,3	0,0
Aerogeneradores	0,0	0,0%	14,1%	0,30	0,0%	13,3%	0,0	-0,8
Partes de generadores	13,1	8,6%	6,2%	279,29	1,4%	11,5%	-7,2	5,3
Totales	13,3	8,5%	6,2%	285,79	1,7%	11,3%	-6,8	5,1

Importaciones brasileras

	2003			2013			Var. 2003-2013	
	Impo. Totales (US$ mill.)	Part. % Impo. de Arg./total	Part. % Impo. de China/total	Impo. Totales (US$ mill.)	Part. % Impo. de Arg./total	Part. % Impo. de China/total	Impo. Argentina (p.p.)	Impo. China (p.p.)
Torres	2,2	1,3%	0,0%	69,2	1,3%	90,4%	0,0	90,4
Aerogeneradores	2,0	0,0%	0,0%	376,7	0,0%	0,1%	0,0	0,1
Partes de generadores	41,6	0,6%	2,4%	442,3	0,0%	28,8%	-0,6	26,4
Totales	45,9	0,6%	2,2%	888,1	0,1%	21,4%	-0,5	19,2

Fuente: elaboración propia sobre la base de Comtrade.

De ello se desprende que el crecimiento del sector está siendo explotado principalmente por el país asiático, erosionando tanto la expansión de proveedores locales como su potencial para el desarrollo tecnológico y densificación de encadenamientos productivos.

3. Principales rasgos de la cadena y tendencia reciente del mercado regional

La centralización del capital a escala global, regional y local se ha reflejado también en la concentración de diversas actividades de la cadena eólica en una compañía o conglomerado de empresas. En los primeros eslabones aparecen el acero y el concreto utilizados para las torres de los molinos, ambos adquiridos por "proveedores" de partes posteriormente ensambladas en las terminales. Dentro del molino terminado existen partes principales y otros rubros genéricos. En el primer componente se hallan las torres, las turbinas o el generador y las palas, mientras que en los otros rubros están el carenado y góndola, equipo eléctrico y el anillo de fundación, entre otros. El aerogenerador explica entre el 65% y 70% del costo total del molino, mientras que las palas rondan el 13% y la torre alcanza al 20% (ABDI, 2014).

Otro importante eslabón de esta cadena es el desarrollo y la logística, donde el gerenciador del proyecto determina la estructura del parque y el tipo de tecnología que se va a implementar, controlando el proceso. Además, en este eslabón se realizan los contactos con proveedores locales o extranjeros. Luego le sigue el eslabón que financia los proyectos en donde aparecen fondos públicos, fondos de inversión, bancos y otras empresas. Por último, el resultado de este proceso es la generación de electricidad para las empresas y los hogares (Diagrama 1).

Diagrama 1. Cadena de valor de la energía eólica

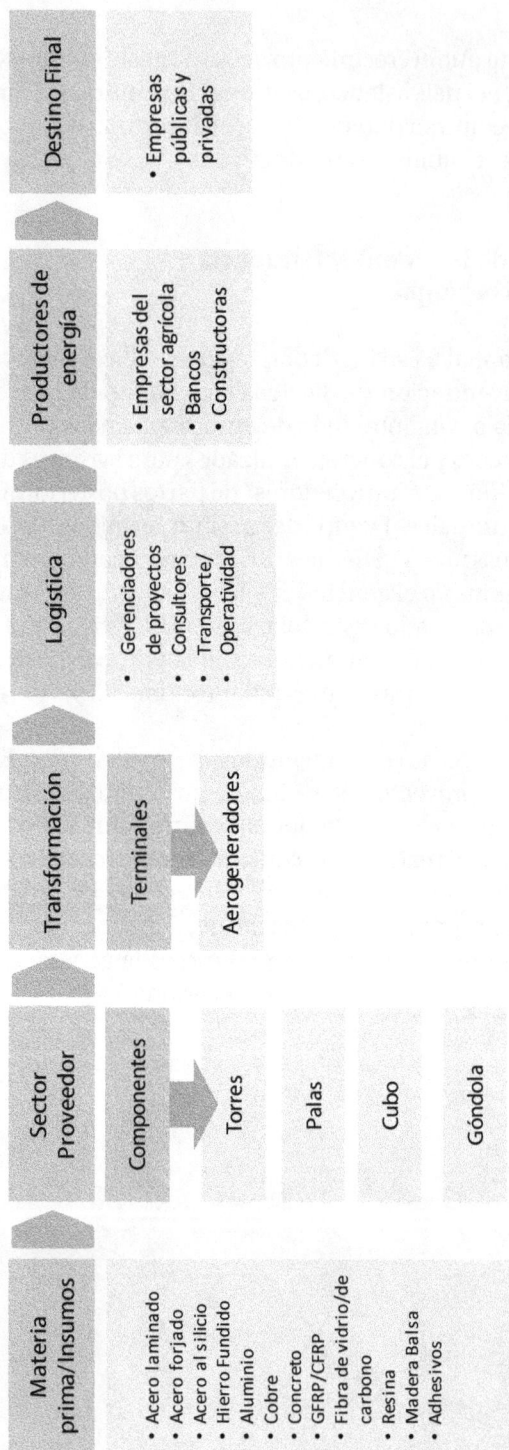

Materia prima/Insumos	Sector Proveedor	Transformación	Logística	Productores de energía	Destino Final
Acero laminado • Acero forjado • Acero al silicio • Hierro Fundido • Aluminio • Cobre • Concreto • GFRP/CFRP • Fibra de vidrio/de carbono • Resina • Madera Balsa • Adhesivos	**Componentes** Torres Palas Cubo Góndola	**Terminales** Aerogeneradores	• Gerenciadores de proyectos • Consultores • Transporte/ Operatividad	• Empresas del sector agrícola • Bancos • Constructoras	• Empresas públicas y privadas

Investigación y Desarrollo: Universidades, institutos y organismos de CyT, empresas.
Sector Público: Organismos de industria y desarrollo productivo, entidades de financiamiento.
Sector Privado: Cámaras empresariales.

3.1. Argentina

3.1.1. Desempeño reciente

Según lo publicado por la Cámara Argentina de Energías Renovables (CADER) (Soares et al., 2009) y por la Cámara de Industriales de Proyectos e Ingeniería de Bienes de Capital (CIPIBIC, 2014b), el potencial teórico de generación eólica en Argentina podría llegar a 2.000 GW. Para mensurar este valor basta señalar que en 2014 la potencia instalada del conjunto de las fuentes energéticas rondaba los 31 GW, mientras que la de Estados Unidos (país con mayor capacidad instalada) posee 1.000 GW.[2] Este potencial se debe a la importante cantidad y constancia de los vientos en varias regiones de Argentina, sobresaliendo la zona patagónica. Alrededor del 70% del territorio argentino registra vientos con una velocidad media, medida a 80 metros de altura, superior a los 6 m/s, con valores que superan los 9 m/s en la región patagónica (CADER, 2013). Ello implica una ventaja relativa para Argentina que se advierte al comparar, por ejemplo, el factor de capacidad[3] medio de Europa, en torno al 25%, con el de la Argentina que promedia el 32% (con zonas como la patagónica por encima del 45%) (Giralt, 2011; CADER, 2013; CADER, 2010). Así, la estimación máxima de generación eléctrica de este potencial instalable de energía eólica alcanza los 6.086.000 GW, 50 veces mayor que la energía eléctrica generada en 2012 por todas las fuentes instaladas en el país. No obstante, la incidencia de la energía eólica en la matriz eléctrica de 2012 era marginal, explicando el 0,4% de la potencia instalada, siendo la más relevante la térmica fósil (64%), seguida por la hidráulica (32%) y, en tercer lugar, la energía nuclear (3%). Ello deja a la vista el extraordinario potencial de la energía eólica en Argentina. Debe tenerse en cuenta, por otro lado, que se requiere de la existencia y funcionamiento irregular de fuentes alternativas para equilibrar la imprevisible variabilidad del viento, lo que erosiona la eficiencia del sistema.

Pese a la rígida estructura dominada por las energías no renovables, en los últimos años, y producto de la inicial licitación del Programa de Generación de Energías Renovables (GENREN) en 2009, comenzaron a expandirse los parques eólicos por el territorio argentino. Ello redundó en que, luego de un estancamiento durante la década de 2000, entre 2010 y 2012 se quintuplicara la potencia instalada desde 28 MW a 137 MW.

Es interesante resaltar que la mayoría de la potencia instalada en Argentina tiene tecnología desarrollada principalmente en países europeos.

---

[2]   Al respecto, se puede consultar: http://www.eia.gov/electricity/capacity/
[3]   El factor de capacidad es el porcentaje que una turbina eólica genera en electricidad durante un año respecto del valor teórico que podría haber alcanzado funcionando el 100% del tiempo con viento persistente a velocidad constante durante un año (con una media de disponibilidad técnica del 97% para mantenimiento).

Con excepción de las centrales El Tordillo de Chubut y Arauco-Sapem de
La Rioja, la tecnología proviene de Alemania (Wobben), España (Gamesa)
y Dinamarca (Vestas). Considerando el conjunto de los parques instalados,
más del 90% de las centrales utilizan tecnología importada, valor que des-
ciende al 81% si se considera la central Arauco-Sapen que posee tecnología de un productor local (IMPSA) desarrollada en Brasil. Considerando
únicamente las centrales instaladas luego de la Ley 26.190 de 2006, el 77%
de la tecnología fue desarrollada fuera de la región. Los parques Rawson I
y II fueron financiados por la argentina ENARSA, pero poseen tecnología
danesa (Vestas), más allá de que algunos equipos usaron torres locales. El
Cuadro 4 presenta un panorama de la tecnología utilizada por los parques
eólicos en el territorio argentino.

Cuadro 4. Centrales eólicas instaladas en la Argentina por
provincia, propietario, KW, año de inicio y tecnología aplicada

Provincia	Central	Propietario	KW	Año de inicio	Tecnología
Buenos Aires	Punta Alta – Centenario	Cooperativa	1.800	1998	An Bonus
	Mayor Buratovich	Cooperativa	1.200	1997	An Bonus
	Tandil – Cretal	Cooperativa	800	1995	Cretal
	Claromecó	Cooperativa	750	1998	Vestas
	Darregueira	Cooperativa	750	1997	Vestas
	Punta Alta - Pehuen Co	Cooperativa	400	1995	Vestas
	Parque Eólico Necochea	SEA ENERGY	250	2011	S/d
Chubut	Parque Eólico Rawson I	ENARSA	48.600	2011	Vestas
	Parque Eólico Rawson II	ENARSA	28.800	2012	Vestas
	Comodoro Rivadavia - Antonio Moran	Cooperativa	16.560	1997	Gamesa
	Parque Eólico Diadema	HYCHICO S.A.	6.300	2011	Wobben
	Comodoro Rivadavia - Pecorsa - Cerro Arenales	Cooperativa	500	1994	Vestas
	Rada Tilly	Cooperativa	400	1996	Vestas
	Blancuntre; Chacay Oeste; Colonia Cushamen; Costa De Gualjaina; Costa Del Chubut; Costa Del Lepa; El Escorial; El Mirasol; Fofo Cahuel; Ñorquinco Sur; Piedra Parada; Ranquil Huao; Sepaucal; Yala Laubat	DGSP - Ministerio de Educación (aldeas escolares)	67	Varios	S/d
	Tordillo	ENARSA	3	2010	Impsa y NRG
Jujuy	Lagunillas Del Farallon	Empresa Jujeña de Energía S.A. (EJESA)	1	S/d	S/d
	Misa Rumi	EJESA	1	S/d	S/d
	Pastos Chicos	EJESA	1	S/d	S/d
	Santuario De Tres Pozos	EJESA	1	S/d	S/d
La Pampa	General Acha	Cooperativa	1.800	2002	Vestas
La Rioja	Parque Eólico Arauco-Sapem	Soc. mixta provincial- ENARSA	25.200	2011	Impsa
Neuquén	Cutral Co (Copelco) - Meulen	Cooperativa	400	1994	Vestas
Santa Cruz	Pico Truncado - Jorge Romanutti	Municipal	2.400	2001	Wobben
Total general			**136.982**		

Fuente: elaboración propia en base a la Secretaría de Energía de Argentina.

3.1.2. Regulaciones

Pese a que el primer parque eólico se instaló en 1994 (MINPLAN, 2008), el régimen nacional que contempla y promueve las energías eólica y solar data de 1998, cuando la Ley 25.019 declaró de "interés nacional" la generación de este tipo de fuentes energéticas en la Argentina.[4] Sin embargo, no fue sino hasta 2006 que se sancionó otro régimen de fomento al uso de fuentes renovables de energía con criterios más específicos (la Ley 26.190) que fijaba como objetivo lograr en diez años una contribución de energías renovables del 8% del consumo eléctrico nacional. Para ello se configuró el Fondo Fiduciario de Energías Renovables, que fijó una remuneración estable para la energía que ingresara al sistema eléctrico nacional. La demora de casi dos años y medio en la reglamentación de la ley, en un escenario de marcada dependencia de recursos fósiles y caída en 2006 de los flujos de extracción de petróleo y gas natural *vis-á-vis* la expansión del consumo energético, representó un límite a la rápida expansión de estas fuentes energéticas renovables.

En este marco, se instituyó el Programa de Generación de Energías Renovables (GENREN) para realizar contratos de abastecimiento de energía eléctrica a través de fuentes renovables vía la empresa pública ENARSA, bajo el sistema de subasta. Cabe resaltar que el marco regulatorio que permitió el crecimiento de la fuente eólica en Argentina no contempló requerimientos específicos de bienes de capital o insumos desarrollados localmente, redundando en que el financiamiento público favoreciera la compra de equipos importados.

3.1.3. Agentes productivos

Argentina cuenta actualmente (2015) con firmas locales productoras de turbinas eólicas o aerogeneradores de alta potencia como IMPSA y NGR Patagonia (de capital privado) y la empresa pública INVAP (Cuadro 5). Las tres empresas producen generadores –el principal componente del molino eólico– con diseño y tecnología propia, aunque solamente IMPSA y NRG Patagonia poseen la capacidad productiva para proveer el aerogenerador completo (tercerizando ciertos componentes y procesos), mientras que INVAP necesita financiamiento para expandir la producción. Empresas extranjeras de generadores eólicos participan también en el mercado local mediante la importación, como la danesa VestasWindSystems, la española Gamesa Eólica y WobbenWindpower, subsidiaria de la alemana Enercon.

---

[4]   Básicamente, los beneficios que otorgaba estaban orientados al diferimiento en el pago del impuesto al valor agregado por 15 años para "las inversiones de capital destinadas a la instalación de centrales y/o equipos eólicos o solares" y establecía un plus de remuneración por KWh efectivamente generado a los sistemas eólicos que volcaran la electricidad al "mercado mayorista y/o estén destinados a la prestación de servicios públicos".

Cuadro 5. Argentina: principales empresas de aerogeneradores. Año 2012

Empresa	Localización	Aerogenerador	Capacidad productiva 2012	Características
IMPSA	Mendoza	Completo y sus partes. Turbinas de 1,5MW a 2,1 MW, con 70% integración nacional.	20MW	Empresa de origen argentino con alto nivel de internacionalización. Se orienta a la producción de turbinas hidráulicas, eólicas, productos portuarios, etc. Sus productos se encuentran homologados.
NRG Patagonia S.A.	Chubut-Santa Cruz	Completo y sus partes. Turbinas de 1,5MW, con 45-55% integración nacional.	60 aerogeneradores	PyME nacional que fabrica turbinas eólicas y desarrolla proyectos. Sus productos se encuentran homologados.
INVAP S.E.	Río Negro	De baja y media potencia. Desarrolló turbinas de alta potencia a nivel prototipo.	Prototipo	Es una Sociedad del Estado, que tiene como principal característica el auto-financiamiento a partir de proyectos productivos.

Fuente: elaboración propia sobre la base de CIPIBIC.

En relación con la provisión de aeropartes, Argentina cuenta con un vasto y diversificado entramado de proveedores locales con capacidad para abastecer gran parte los componentes y subcomponentes requeridos para los parques eólicos. Este conjunto de empresas se consolidó a partir de la creación del Clúster Eólico Argentino, integrado por cerca de sesenta firmas nacionales, en su mayoría PyMEs, localizadas en diversas regiones del territorio (ver Cuadro 6).

Mientras que la mayoría de estas firmas poseen la capacidad para abastecer la demanda interna, sus competidoras extranjeras generalmente importan el aerogenerador completo o los componentes a ser ensamblados, privilegiando sus estrategias globales de abastecimiento con proveedores internacionales. Ello resulta sugestivo al considerar que la mayor cantidad de potencia instalada en la Argentina responde a empresas importadoras de aerogeneradores, desperdiciando la oportunidad para impulsar y consolidar las capacidades productivas existentes y potenciales. En este contexto, establecer un esquema normativo que fije un mínimo de contenido local, tal como ocurre en Brasil, aparece como una necesidad urgente para incrementar la integración en proyectos eólicos y, de esta forma, consolidar el desarrollo de una industria local de bienes de capital para la energía eólica de alta tecnología y competitiva a escala internacional.

Cuadro 6. Argentina: principales empresas proveedoras de aerogeneradores

Producto o componente	Empresa	Localización	Capacidad productiva anual (2012)
Góndolas	EMPRECOM S.R.L.	Buenos Aires	9
	IMPSA	Mendoza	-
	METALÚRGICA CALVIÑO S.A.	Buenos Aires	-
	NRG PATAGONIA	Chubut-Santa Cruz	9
Carenados	ITP ARGENTINA S.A.	Buenos Aires	48
	ASTILLEROS REGNICOLI	Buenos Aires	-
Materia prima para palas y carenados	POLIRESINAS SAN LUIS S.A.	San Luis	18.000 tn
Palas	INVAP S.E.	Rio Negro	Prototipo
Torres	INDUSTRIAS BASS SRL	Chubut	-
	INFA S.A.	Chubut	12
	INVAP S.E.	Rio Negro	-
	METALÚRGICA CALVIÑO S.A.	Buenos Aires	24
	METALÚRGICA INDUSTRIAL S.A.	Buenos Aires	15
	EMU	Santa Fe	3
	EMPRECOM S.R.L.	Buenos Aires	9
	SICA METALÚRGICA ARGENTINA S.A.	Santa Fe	4
	FIMACO	Santa Fe	12
	VMC REFRIGERACIÓN S.A.	Santa Fe	-
Anillos de fundación	INDUSTRIAS BASS SRL	Chubut	-
	INFA S.A.	Chubut	100
	METALURGICA CALVIÑO S.A.	Buenos Aires	24
Transformadores	TUBOS TRANS ELECTRIC	Córdoba	700-1800 MW
	ARTRANS S.A.	Mendoza	25.000 kVA/mes
	CAT S.A.	Buenos Aires	30
	FOHAMA ELECTROMECÁNICA S.R.L.	CABA	600
	LOS CONCE S.A.	Buenos Aires	200
	MAYO TRANSFORMADORES S.R.L.	Buenos Aires	11
	TADEO CZERWENY S.A.	Santa Fe	1000 MVA
Frenos hidráulicos	MIGUEL ABAD S.A.	Buenos Aires	1500
Aparatos de medición	TECMES S.R.L.	CABA	500
Obras civiles de parques	V.E.R.A. CONSTRUCTORA S.R.L.		50 fundaciones

Fuente: elaboración propia sobre la base de CIPIBIC.

3.1.4. Comercio exterior

El comercio exterior de la cadena eólica deja a la vista dos circunstancias. En primer lugar, los bienes de capital de esta industria presentaron una balanza comercial crecientemente deficitaria a lo largo del período analizado, particularmente en los aerogeneradores y las aeropartes (estas últimas explican de forma casi excluyente el déficit del conjunto del sector[5]), mostrando las limitaciones de los proveedores locales en la sustitución de importaciones. Y en segundo lugar, el análisis por segmento deja a la vista cierta heterogeneidad entre los principales productos comerciados: las torres presentaron una situación superavitaria en los últimos años mientras que el déficit de aerogeneradores se incrementó de manera significativa (Cuadro 7). Entre 2003 y 2013, las exportaciones argentinas de esta cadena tienen como principal destino a la región, cualquiera sea el componente que se analice.[6] Distinto es el escenario si se consideran las importaciones acumuladas en esta década, debido a que se destaca el persistente peso de Brasil y se verifica la emergencia de países europeos.[7]

Cuadro 7. Argentina: exportaciones, importaciones y saldo comercial de bienes de capital para energía eólica, según segmento. Años seleccionados (en US$ millones y porcentajes)

	2003	2007	2009	2011	2013	t.a.a. 2013/2003
Exportaciones						
Torres	0,8	11,2	9,3	11,2	8,8	26,5%
Aerogeneradores	0,0	0,0	0,0	0,0	0,0	26,8%
Partes de generadores	4,0	2,7	37,0	25,1	17,4	15,8%
Totales	4,9	13,9	46,4	36,3	26,3	18,4%
Importaciones						
Torres	0,2	13,5	17,9	8,2	6,2	40,5%
Aerogeneradores	0,0	2,4	1,6	84,3	59,7	145,1%
Partes de generadores	13,1	189,8	140,4	289,4	279,3	35,8%
Totales	13,3	205,7	159,9	381,9	345,2	38,5%
Saldo comercial						
Torres	0,6	-2,3	-8,5	3,0	2,6	15,3%
Aerogeneradores	0,0	-2,4	-1,6	-84,2	-59,7	160,8%
Partes de generadores	-9,1	-187,1	-103,4	-264,3	-261,9	40,0%
Totales	-8,4	-191,8	-113,5	-345,6	-318,9	43,8%

Fuente: elaboración propia sobre la base de Comtrade.

[5] Cabe aclarar que dichos valores se encuentran sobreestimados, en tanto que los datos recabados son de la posición arancelaria a seis dígitos que incluye otras partes no necesariamente para aerogeneradores.

[6] Entre 2003 y 2013 las torres fueron exportadas en un 87% a Paraguay, Uruguay, Bolivia y Chile, mientras que este último explicó el 89% de las ventas de aerogeneradores. Las aeropartes son enviadas a Venezuela (42%) y Brasil (38%).

[7] El 21% de las importaciones de aerogeneradores está explicado por Alemania, Dinamarca y España, con un peso decisivo de Brasil (73%). Las aeropartes tienen una preeminencia de proveedores de Alemania (47%), Estados Unidos (17%) y China (8%). Finalmente, el análisis de las torres sitúa a Brasil en primera posición (72%).

3.2. Brasil

3.2.1. Desempeño reciente

La creciente demanda de electricidad en Brasil, derivada de su expansión económica durante la década del 2000 y el inicio de la siguiente, condujo a ese país a implementar una estrategia orientada a diversificar su matriz energética dominada por la hidroelectricidad, impulsando el desarrollo de otras fuentes renovables. En este contexto, la opción eólica se posicionó como una fuente de energía viable (por los vientos en su territorio y sus costos competitivos) y sustentable. Según la información del último Atlas de Potencial Eólico Brasileño realizado en 2001, su potencial en 2007 alcanzaba aproximadamente 143 GW, de los cuales 30 GW podían ser efectivamente generados mediante proyectos de construcción de usinas eólicas (CEPEL, 2001). El potencial estimado en 2015 es superior, dados los avances tecnológicos que incrementaron la potencia de los aerogeneradores.

A diferencia del caso argentino, la matriz eléctrica brasileña tiene una menor dependencia de combustibles fósiles. Dejando de lado la fuerte incidencia de la hidroelectricidad (que en 2014 explicaba el 66%), sobresale el peso creciente de otras fuentes renovables como la biomasa (9%) y, en segundo lugar, la fuente eólica (4%). En relación a esta última, en 2014 existían 205 usinas eólicas en operación; proveyendo una capacidad instalada de 5,1 GW. El resto de la matriz energética es alimentada por gas natural (10%), derivados del petróleo (6%), carbón (3%), termoeléctrica nuclear (2%), y otras termoeléctricas (1%).

La capacidad instalada de la fuente eólica registró un sustantivo crecimiento desde el año 2005, a una tasa acumulativa anual del 83%. A ello se debe sumar los parques eólicos que se encuentran en construcción, con una capacidad adicional de 10.020 MW. Según las estimaciones del Ministerio de Minas y Energía de Brasil, se proyecta una expansión de 6 GW de capacidad instalada de energía eólica en 2015. Ello posicionaría a Brasil en el segundo lugar en el ranking mundial detrás de China, desplazando a Alemania. Los estados con mayor potencial son Ceará, Rio Grande do Norte, Rio Grande do Sul y Santa Catarina.

3.2.2. Regulación

La expansión de la energía eólica en Brasil está vinculada con la creación del Programa de Apoyo Financiero a Inversiones en Fuentes Alternativas de Energía Eléctrica (PROINFA) en 2002, cuyo objetivo es diversificar la matriz energética incrementando la participación de las energías renovables. Para ello, se estipuló el establecimiento de 3.300 MW de capacidad instalada en diciembre de 2008: 1.100 MW de turbinas eólicas y otros 2.200 MW conformados en partes iguales entre hidroelectricidad y biomasa. Se fomentó la participación de productores independientes de energía eléctrica mediante instrumentos como la fijación de un sistema de "feed in tariffs" asociadas al costo de la tecnología a desarrollar; cupos de contratación; contratos de compra de energía por un plazo de dos décadas, vía Electrobras; y financiamiento del Banco Nacional de Desarrollo Económico y Social (BNDES) y otras entidades.[8]

Las construcciones de los parques eólicos del PROINFA finalizaron en 2011, representando el 84% de la capacidad eólica en operación, bajando el costo de este tipo de energía, que se convirtió en la segunda fuente más barata de Brasil, luego de la hidroelectricidad (GWEC, 2012). El PROINFA incentivó además el surgimiento de proveedores locales de aerogeneradores y sus componentes a partir de la exigencia de que los servicios y equipos tuvieran un mínimo de contenido nacional del 60%. Sin embargo, la sustitución de importaciones inicialmente enfrentó dificultades debido a la escasez de capacidad productiva local, por lo que en 2007 se había optado por reducir temporariamente los aranceles a la importación desde 14% a 0%. Esta iniciativa limitó el alcance del desarrollo a una cadena de proveedores de aeropartes, ya que el aerogenerador se importaba completo debido a que ello era más barato que fabricar sus partes en el país. El monopolio de Wobben y la falta de una política de desarrollo productivo implicaron que la industria brasileña de componentes no creciera en sintonía con la demanda generada (Silva Simas, 2012). Pese a estos limitantes, el requisito exigido de porcentaje de fabricación local, si bien no operó inicialmente, fijó un horizonte de desarrollo de la cadena de proveedores que permitió en el mediano plazo desarrollar un esquema de producción local.

Dentro de la cadena productiva eólica cumplió un rol fundamental el BNDES, cuyas exigencias para el financiamiento estuvieron orientadas a nacionalizar la producción. Así, las firmas extranjeras como Acciona, Wobben, Impsa, Web, GE, Gamesa y Alstom deben trabajar con un alto porcentaje de componentes nacionales. Estos requisitos incentivaron un proceso sustitutivo que densificó los eslabones más débiles o inexistentes de la cadena, fortaleciendo la capacidad local.

---

[8]   El BNDES constituyó la principal fuente de financiamiento para los proyectos del PROINFA. En 2006 amplió su financiación al 80% de las inversiones, permitiendo la amortización en 12 años.

3.2.3. Agentes productivos

Los instrumentos para fomentar la construcción de centrales de energías renovables generaron además el fortalecimiento de los eslabones de producción de la cadena, mejorando el desarrollo competitivo de los fabricantes locales. Hasta 2008 la única empresa ensambladora de aerogeneradores en Brasil era WobbenWindpower, cuyo monopolio declinó por el ingreso de la argentina IMPSA en Suape. Ambas firmas dominaron la fabricación de aerogeneradores en Brasil hasta el 2010, cuando ingresaron Gamesa (España), Alstom (Francia) y la brasileña WEG, que firmó un *jointventure* con MTOI (España).

Durante la etapa post-PROINFA y tras la realización de las diversas subastas dentro del mercado eléctrico, la capacidad productiva brasileña se densificó cuantitativa y cualitativamente. Varias empresas se consolidaron como fabricantes de aerogeneradores a partir de la concreción de convenios con los ganadores de las subastas de energía eléctrica efectuadas entre 2009-2011 y que fueron contratadas para abastecer parques eólicos (ver Cuadro 8). La desconcentración del mercado disminuyó los precios y otorgó mayor competitividad al segmento (Silva Simas, 2012).

Cuadro 8. Brasil: principales empresas de aerogeneradores. Año 2014

Tipo de aero-generador	Empresa	Plantas	Estado	Modelo aero-generador	Capacidad anual	Acreditación FINAME BNDES	Observaciones
Aerogeneradores sin caja	IMPSA	Suape	PE	Unipower 1.5, 2.0, 2.1 MW	400 unid.	Sí	Empresa de capitales argentinos
	IMPSA	Guaiba	RS		100 unid.	Sí	Prevista para fines de 2014
	WEG	Jaraguá do Sul	SC	AGW 110-2.1 MW 100-2.2 y AGW 93-2-3	100 MW	Sí	En construcción, 3 máquinas previstas para 2014 y 48 para 2015
	Wobben	Sorocaba	SP	0,8 a 3, o MW	500 MW	Sí	Subsidiaria de la alemana Enercon
	GE	Campinas	SP	GE 1,7-100 (1.7 MW) y 1,85-82,5 (1,85 MW)	500 MW	Sí	Ensambladora de cubos
Aerogeneradores con caja	Alstom	CamaÇari	BA	ECO 122 (2,7 MW)	400 MW	Sí	Capitales franceses. Ensambladora de cubos y góndolas
	Gamesa	CamaÇari	BA	G97 (2,0 MW) Y G114 (2,5 MW)	400 MW	Sí	Capitales españoles. Fábrica cubos, en construcción su producción de góndolas
	Acciona	Simoes Filho	BA	A3000(3MW)	135 cubos	Sí	Capitales españoles. Ensamblaje de cubos y en construcción el segmento de góndolas
	Vestas	Maracanaú	CE			En evalua-ción	Capitales daneses. Prevé empezar su provisión a finales de 2015
	Siemens	Guarulhos	SP			No	Capitales alemanes. Se encuentra decidiendo su permanencia en el mercado brasileño
	Suzlon	Maracanaú	CE			No	Origen indio. Se encuentra decidiendo su permanencia en el mercado brasileño

Aclaración: BA (Bahia), CE (Ceará), PE (Pernambuco), SC (Santa Catarina), SP (São Paulo), RS (Rio Grande do Sul)
Fuente: elaboración propia sobre la base de ABDI (2014) y fuentes especializadas.

La relación de abastecimiento entre la ensambladora de aerogeneradores y el eslabón de componentes difiere según la estrategia comercial de cada firma. Mientras algunas garantizan su provisión de componentes a través de estrategias de integración vertical o la realización de fusiones y adquisiciones de productoras de aeropartes, otras optan por ser abastecidas directamente por proveedores nacionales. Por su parte, las empresas transnacionales optan por ser provistas por sus aeropartistas internacionales, respondiendo a estrategias globales que se encuentran con limitaciones a partir de la regulación de acreditación y contenido mínimo nacional establecida por el BNDES.

En lo que respecta a la provisión de aeropartes, se distinguen varias empresas de aerogeneradores que fabrican algunas partes o procesos productivos asociados a la cadena, o por adquirir participación accionaria en empresas proveedoras. A título ilustrativo se destaca el caso de Wobben, que fabrica torres de concreto y sus propias palas para abastecer su producción local y exportar. IMPSA, por su parte, realiza *in house* procesos asociados a la fabricación del generador y, mediante su subsidiaria ICSA, se provee de diversos subcomponentes (inversor, panel de control, elementos de sistema de paso, etc.). Alstom, si bien compra las torres a proveedores locales, comenzó con su fabricación en Canaos; al tiempo que Gamesa posee participación accionaria en Torrebras.

En segundo término, gran parte de los otros subcomponentes, salvo el caso de las empresas transnacionales, son tercerizados o abastecidos por proveedores locales, en su mayoría PYMES de las regiones donde se radican los establecimientos de las firmas de aerogeneradores: Nordeste y Sur-Sudeste de Brasil.

A pesar de estos avances, persisten limitaciones para sustituir importaciones debido a la escasa capacidad productiva en muchos de estos segmentos productivos (bridas, tejidos de fibras, rodamientos, etc.) y/o por la ausencia de proveedores locales para productos de alta tecnología en manos de empresas globales (sistemas de control, sensores, anemómetros, caja multiplicadora, etc.). A ello se le suma que las empresas extranjeras de aerogeneradores colocan su capacidad ociosa en los países en desarrollo donde poseen plantas productivas.

3.2.4. Comercio exterior

Entre 2003 y 2009, el sector mostró una trayectoria superavitaria –a excepción del segmento de aerogeneradores, que no se producían localmente–, asociada con el bajo nivel de generación existente hasta esa fecha. Sin embargo, desde el año 2010 se observó un déficit creciente en la balanza comercial debido al PROINFA y al inicio del proceso de subastas del mercado eléctrico regulado. Bajo este escenario, las importaciones de maquinaria y equipo eólico crecieron a una tasa acumulativa anual del 28% entre 2010 y 2013, mientras que las exportaciones lo hicieron al 14% (ver Cuadro 9). Ello refleja las limitaciones del sector en Brasil para abastecer la generación y demanda inversora en expansión, pese a haber desarrollado un número importante de proveedores locales.

Entre 2003 y 2013 las exportaciones de torres y aerogeneradores se dirigieron especialmente a América Latina, y las partes a Estados Unidos (62%) y Alemania (11%) con un sesgo de comercio intra-firma. Asimismo, las importaciones proceden de los países sede de las casas matrices de las empresas de aerogeneradores, aunque se han incrementado las procedentes de China e India.

Cuadro 9. Brasil: exportaciones, importaciones y saldo comercial de bienes de capital para energía eólica, según segmento. Años seleccionados (en US$ millones y porcentajes)

	2003	2007	2010	2013	T.a.a. 2003-2010	T.a.a. 2010-2013	T.a.a. 2003-2013
Exportaciones							
Torres	8,8	34,0	23,5	21,0	15%	-4%	9%
Aerogeneradores	0,0	1,0	25,9	17,8		-12%	
Partes de generadores	151,0	565,9	253,4	410,2	8%	17%	11%
Totales	159,7	600,9	302,8	449,0	10%	14%	11%
Importaciones							
Torres	2,2	0,1	25,8	69,2	42%	39%	41%
Aerogeneradores	2,0	42,3	273,9	376,7	102%	11%	69%
Partes de generadores	41,6	76,4	126,7	442,3	17%	52%	27%
Totales	45,9	118,7	426,4	888,1	38%	28%	34%
Saldo comercial							
Torres	6,5	33,9	-2,2	-48,2		178%	
Aerogeneradores	-2,0	-41,3	-248,0	-358,9	99%	13%	68%
Partes de generadores	109,3	489,5	126,7	-32,1	2%		
Total	113,9	482,2	-123,6	-439,2		53%	

Fuente: elaboración propia sobre la base de Comtrade.

3.3. Uruguay

3.3.1. Desempeño reciente

La matriz eléctrica de Uruguay estuvo tradicionalmente centrada en los recursos hídricos y los combustibles fósiles (53% y 36%, respectivamente, en 2012). El incremento de la demanda iniciado en 2003, en consonancia con el objetivo de reducir la dependencia de los combustibles fósiles, llevó a la elaboración del Plan de Política Energética 2005-2030. Entre las metas del plan aparece que, hacia 2015, las fuentes no tradicionales de energía tuvieran una participación del 15% en la generación eléctrica, con la incorporación de 1.200 MW de energía eólica. Hacia el año 2012 la matriz eléctrica uruguaya había ampliado (del 1% en 2003) al 11% la participación de las energías renovables, con una contribución de la energía eólica del 2%, en base a una capacidad instalada de 52,5 MW. El 9% restante fue contribuido por biomasa.

La firma Agroland construyó en 2007 los primeros parques eólicos, mientras que la empresa pública Administración Nacional de Usinas y Trasmisiones Eléctricas (UTE) instaló en 2008 su primer parque eólico en Sierra de los Caracoles, ingresando a la generación de gran escala. Su segundo parque se instaló en 2010 con 10MW de potencia. Posteriormente, a instancias de convocatorias de UTE, se desarrollaron otros emprendimientos privados como los de las firmas Kentilux y Engraw, en Magdalena y Florida, que ofrecían en 2012 52,5 MW de capacidad total.

Cuadro 10. Uruguay: capacidad instalada de parques eólicos. Años seleccionados (en MW y porcentajes)

Generadores eólicos	Entrada en operación	Dpto.	2008	2010	2012	2013	2014	Part. % sobre total eólico 2012
Agroland	2007	Maldonado	0,45	0,45	0,45	0,45	0,45	0%
Nuevo Manantial	2008	Rocha	4,00	10,00	13,00	13,00	13,00	5%
UTE-Sierra de Caracoles I	2008	Maldonado	10,00	10,00	10,00	10,00	10,00	4%
UTE-Sierra de Caracoles II	2010	Maldonado		10,00	10,00	10,00	10,00	4%
Kentilux (Magdalena)	2011	San José		10,00	17,20	17,20	17,20	6%
Engraw	2012	Florida			1,80	1,80	1,80	1%
Microgeneración*					0,01	0,01	0,01	0%
Proyectos recientemente agregados								
Blengio	2013					1,8	1,8	1%
R del Sur	2014						50	19%
Palmatir	2014						50	19%
Togely S.A.	2014						7,7	3%
Luz de Río	2014						50	19%
Luz de Mar	2014						18	7%
Gemsa	2014						40	15%
Total eólico			14,45	40,45	52,46	54,26	269,96	100%
En construcción								
Privados								772,8
UTE								533,3
Sub-Total								1.306,1
Total								1.576,1

*Microgeneración: generación de baja escala con pequeños aerogeneradores conectados a la red de UTE.
Fuente: elaboración propia en base a DNE.

Con las instalaciones de 2013 y 2014 se verifica que la meta del Plan de Política Energética para 2015 será ampliamente superada (ver Cuadro 10).

3.3.2. Regulación

En forma complementaria al Plan de Política Energética, el Ministerio de Industria, Energía y Minería de Uruguay junto con el PNUD lanzaron el Programa de Energía Eólica (2007-2013) para fomentar el desarrollo eólico. Este último programa procuraba actuar sobre la regulación y los procedimientos en el sector, la disponibilidad de información y la evaluación del recurso eólico en el país, así como la investigación sobre aspectos medioambientales, tecnológicos y financieros. Ambas iniciativas resultaron en la confección de un marco regulatorio que habilitó la asociación público-privada para la compraventa de energía eólica entre UTE y agentes privados, la incorporación de la fuente eólica en el plan de expansión del sistema eléctrico y el desarrollo de estudios de impacto ambiental (Olivet, 2013). Así, desde 2014 los proyectos privados de generación de energía eólica se realizan en el marco de contratos de compraventa a largo plazo con UTE, única distribuidora y transmisora operativa del país.

El desarrollo de la industria local, no obstante, permanece estancado por la insuficiente capacidad productiva de maquinarias y componentes para la energía eólica, así como por los incentivos orientados a atraer inversiones extranjeras. De hecho, el Ministerio de Industria, Energía y Minería exige un mínimo de 20% de componente nacional de la inversión realizada, además de la exoneración impositiva para los inversores.

3.3.3. Agentes productivos

Previamente al requisito de 20% de contenido nacional, los parques eólicos de Uruguay requerían un componente nacional de apenas 8% (DNETN, 2009), incentivando inversiones eólicas sin encadenamientos productivos locales. Además, los elevados costos y la alta tecnología requerida en esta industria han desincentivado, junto con la pequeña escala del mercado uruguayo, la radicación de productores del sector eólico en el país. Aun así, existen algunos sub-componentes compatibles con la capacidad productiva local, como torres de acero y de hormigón, transformadores, cables, PVC para palas de aerogeneradores, sistemas de software, etcétera (DNETN, 2009).

3.3.4. Comercio exterior

Uruguay es un país importador de maquinaria y componentes de la industria eólica. La balanza comercial del sector presentó una trayectoria crecientemente negativa desde comienzos de la década de 2000, desde US$ 460 mil en 2003 a US$ 147 millones diez años después. Los aerogeneradores registran el mayor incremento del saldo negativo de la cadena, al expandirse a una tasa anual acumulativa del 129% durante el período (Cuadro 11).

Las torres de acero son proveídas por Argentina y Brasil, quienes explicaron el 39% y el 37%, respectivamente, de dichas importaciones entre 2003 y 2013. En cambio, los aerogeneradores y sus partes son traídos mayormente desde países como Estados Unidos, Dinamarca, España y Holanda, quienes concentraron el 95% de esas importaciones durante el mismo periodo. China ha mejorado su posicionamiento en este último segmento, mientras la región mantuvo un rol marginal pese a contar con base productiva suficiente y beneficios arancelarios. Finalmente, las aeropartes llegan al Uruguay desde Estados Unidos, Finlandia, Canadá, España y Alemania.

Cuadro 11. Uruguay: exportaciones, importaciones y saldo comercial de bienes de capital para energía eólica, según segmento. Años 2003-2013 (en US$ miles y porcentajes)

	2003	2013	T.a.a. 2013/2003
Exportaciones			
Torres	0,2	0,0	-100%
Aerogeneradores	6,3	7,5	2%
Partes de generadores	41,9	2.176,3	48%
Totales	48,4	2.183,7	46%
Importaciones			
Torres	102,2	16.030,5	66%
Aerogeneradores	38,6	127.032,3	125%
Partes de generadores	367,0	7.073,3	34%
Totales	507,8	150.136,1	77%
Saldo comercial			
Torres	-102,1	-16.030,5	66%
Aerogeneradores	-32,2	-127.024,8	129%
Partes de generadores	-325,1	-4.897,0	31%
Totales	-459,4	-147.952,3	78%

Fuente: elaboración propia sobre información de Comtrade.

4. Asociatividad en el sector de bienes de capital para la generación eólica

En la cadena de valor de bienes de capital para la generación eólica existen diversas asociaciones entre empresas para la construcción de parques en Brasil. La mayoría de los emprendimientos asociativos operan dentro de la misma actividad manufacturera del CIIU: rama 3110 "fabricación de motores, generadores y trasformadores eléctricos". En el código Nomenclatura Común del Mercosur (NCM) 85.02.31 "los demás grupos electrógenos de energía eólica" comprende prácticamente la mayoría de productos de la cadena. A excepción de las materias primas y algunos componentes (ej.: torres de metal, de concreto, etc.), bajo la misma posición arancelaria se comercian los generadores eólicos completos, las plantas eólicas compuestas, así como la mayoría de sus componentes (tableros de control, convertidores completos, kits de torres, grupos electrógenos, góndolas y accesorios, etc.).

Por lo tanto, los emprendimientos asociativos de esta cadena de valor tienden a ser intra-sectoriales, dado que la misma rama de actividad económica y la misma posición arancelaria comprenden tanto al eslabón de provisión de aeropartes como al de transformación, que abarca a las terminales de aerogeneradores. Esta tendencia se refuerza al considerar las estrategias de fuerte integración vertical desplegadas por las principales firmas fabricantes de aerogeneradores, tanto "aguas arriba", con el eslabón productor de aeropartes, como "aguas abajo", con el eslabón que comprende al desarrollo ingenieril y gerenciamiento de los proyectos de construcción de parques. En efecto, muchas de las firmas de aerogeneradores expandieron su presencia, mediante inversiones *greenfield* o adquisiciones y fusiones, en el segmento de provisión y/o en el montaje de proyectos.

Por ejemplo, IMPSA, empresa argentina que fabrica aerogeneradores con tecnología propia, se expandió, por un lado, en el área de desarrollo de proyectos de parques eólicos (diseño, ingeniería financiera, construcción, montaje y gerenciamiento del emprendimiento) y, por otro, constituyó diversas subsidiarias abocadas al segmento proveedor de aeropartes, como ICSA, firma que está localizada en Argentina y Brasil, orientada a la fabricación de sistemas de control y medición para aerogeneradores y otras maquinarias y equipos.

Más allá de la tendencia a la integración vertical, esta cadena muestra una importante trayectoria asociativa entre firmas nacionales. Por ejemplo, el *cluster* eólico argentino –creado en 2012 por la Cámara de Industriales de Proyectos e Ingeniería de Bienes de Capital (CIPIBIC), el

Ministerio de Industria y el Instituto Nacional de Tecnología Industrial (INTI)– integra a más de 60 empresas. Participan en este *cluster* varios eslabones productivos: productores de aerogeneradores como IMPSA, INVAP y NRG Patagonia; desarrolladores de parques eólicos como IMPSA (nuevamente) y Parque Eólico Arauco SAPEM; y numerosos proveedores de aeropartes, fundamentalmente PyMEs del sector de metalmecánico (caldería pesada, mecanizado y fundición, equipos de elevación, compresores de aire, etc.), electrónico, químico, etcétera.

Si bien esta experiencia no se ha replicado en Brasil ni en Uruguay, deja en evidencia las potencialidades para experiencias de asociatividad empresaria en el sector, inclusive entre firmas de diferentes países del Mercosur. Sin embargo, la interacción empresaria depende del desempeño endógeno de la firma y, simultáneamente, de factores macroeconómicos y mesoeconómicos que presentan al Estado y su esquema de intervención en política económica como un eje central. En este sentido, el *cluster* eólico argentino fue producto de la articulación entre privados en el marco de la política estatal con el GENREN en 2009. En el caso de Brasil –aunque no prosperaron los Arranjos Produtivos Locais (APLs)– en esta industria deben subrayarse los incentivos del PROINFA y las facilidades de financiamiento del BNDES.

En definitiva, resulta crucial el rol que cumplen los Estados así como también el propio proceso de integración regional para el fomento de vínculos asociativos y esquemas de integración productiva entre las firmas de los países del bloque. La crisis del Mercosur entre 1998 y 2002 puso de manifiesto las falencias del libre mercado para conducir hacia una complementación espontánea, habilitando una lectura alternativa sobre el proyecto de integración. En ese marco se lanzó el Programa de Integración Productiva (PIP) (Dec. CMC N° 12/08). En el plano sectorial, el PIP proponía fortalecer las iniciativas vigentes (Foros de Competitividad y los proyectos de proveedores), al tiempo que creó el Grupo de Integración Productiva (GIP) para institucionalizar al tratamiento productivo. Así, en el marco del GIP y el PIP, el Mercosur comenzó a incentivar institucionalmente la agenda productiva fomentando entre los miembros del bloque la especialización de cadenas de valor sectoriales, la complementación productiva y la asociatividad inter-empresarial.

Para la cadena de bienes de capital para la generación eólica el GIP incluyó en su agenda, por iniciativa de Uruguay en 2010, un plan de trabajo para avanzar en el diagnóstico y análisis de propuestas de integración productiva de este sector (VII Reunión de GIP). Para ello, en abril del mismo año se realizó un Taller Eólico en la ciudad de Montevideo, al cual acudieron representantes de la industria de los socios del bloque para analizar la posibilidad de establecer un Arancel Externo Común (AEC) del 14% para los productos eólicos y asignar un porcentaje de contenido nacional en Uruguay como requisito para la obtención de financiamiento. Asimismo, en noviembre de 2011 se creó un Comité Técnico de Integración Productiva de energía eólica (CIP Eólica), en el marco del GIP, encargado de realizar el seguimiento de la agenda del sector. Este Comité realizó reuniones técnicas y de intercambio de experiencias de empresas de la región. Sin embargo, sus acciones concretas fueron escasas hasta el momento (2015).

En definitiva, aunque la asociatividad ha sido impulsada desde el bloque y reconocida como un factor central para motorizar la integración productiva, sus avances están aún condicionados por tensiones e intereses privados heredados del regionalismo comercial que posicionan las dinámicas nacionales en colisión con las regionales. En efecto, la heterogeneidad regulatoria en materia de incentivos productivos y/o financieros prevaleciente en cada país se presenta como un limitante para la consolidación de iniciativas de asociatividad empresaria regional (Bouzas, 2005; Porta, 2008; Niembro et al., 2009; Barrera e Inchauspe, 2012). Por ejemplo, el financiamiento ofrecido por el BNDES propició la radicación en Brasil de empresas ya radicadas en otros países del bloque, induciendo el desvío de inversiones. A título ilustrativo, la argentina IMPSA instaló dos plantas en Brasil para operar como productor local y poder acceder a las líneas de financiamiento. Estas asimetrías regulatorias obstaculizan la generación de estrategias de asociatividad entre las firmas de la región.

En relación con este último punto, se registra tensión en la dimensión microeconómica en vista del proceso de internacionalización de varias empresas del Mercosur desde mediados de la década de 1990. De hecho, el análisis del fenómeno de inserción externa de las denominadas "translatinas" (CEPAL, 2005) muestra el dinamismo de la inversión brasileña en la región y la creciente inserción de sus empresas en los países del bloque a través de estrategias en las que prevalece el interés por incrementar su capacidad productiva y dar sus primeros pasos de internacionalización en la región, más allá de la generación de prácticas de asociatividad o cooperación entre privados del Mercosur (CEPAL, 2005; Bianco et al., 2008; Niembro et al., 2009; Perrotta et al., 2011; Azpiazu y Schorr, 2010; Barrera e Inchauspe, 2012).

En el caso de la cadena eólica, la tensión entre internacionalización y asociatividad intra-Mercosur se advierte mejor en IMPSA, ya que Argentina es el país del bloque con mayor trayectoria y capacidad tecnológica en el sector. Esta firma implementó una estrategia de inserción externa que se inició en los países del bloque con el objetivo de acceder a los beneficios económicos y financieros locales, incrementar sus economías de escala y diversificar su demanda ante el estancamiento del mercado local. Dada la importancia de IMPSA en la región para el desarrollo del sector eólico, en el siguiente apartado focalizamos sobre este caso de estudio para indagar acerca del potencial asociativo en esta industria.

4.1. Estudio de caso: IMPSA

Industrias Metalúrgicas Pescarmona SAICyF (IMPSA) es una empresa de capitales argentinos constituida en 1965 en la provincia de Mendoza, cuya sociedad fue antecedida por Talleres Metalúrgicos Pescarmona, fundada en 1907 por Enrique Pescarmona para producir repuestos para maquinaria de hierro fundido, equipos para la industria vitivinícola y otros componentes metalúrgicos (IMPSA, 2013b). En sus inicios la empresa estuvo estrechamente asociada a las obras públicas del gobierno mendocino y, a partir de la década de 1940, a YPF y otras agencias gubernamentales. Su crecimiento se intensificó durante la dictadura cívico-militar (1976-1983), a partir de una serie de contrataciones para obras de infraestructura de generación eléctrica, nuclear (Comisión Nacional de Energía Atómica) e hidroeléctrica.

Durante la década de 1980 la firma tuvo que replantear su estrategia de expansión por la crítica situación económica del país y la suspensión de obras de infraestructura (Gutiérrez, 2013). La experiencia adquirida en hidroelectricidad fue la base para su internacionalización. Así, hacia finales de la década IMPSA dejó de ser únicamente proveedor de piezas complejas para centrales hidroeléctricas o nucleares y se convirtió en exportador de sistemas hidroenergéticos. La plataforma de expansión partió de la sucursal colombiana, que se encargaba de desarrollar la estrategia comercial en América del Sur, el Caribe y América Central. Luego, ingresó al mercado estadounidense a través de ocho contratos de provisión de productos hidromecánicos y, ya en el decenio de 1990 ingresó en Asia a través de un contrato de venta de grúas y turbinas en Shangai (Gutiérrez, 2003).

Además de consolidarse internacionalmente, en esa década la firma comenzó a explorar el segmento de generación de energía eólica, aunque recién en el 2000 creó la unidad de negocios IMPSA Wind para producir aerogeneradores de alta tecnología, tanto a través del desarrollo de una patente alemana (con el modelo Vensys) como con tecnología diseñada íntegramente por IMPSA (el modelo Unipower). La estrategia de expansión global de la firma, articulado con los regímenes de promoción a la fabricación de parques eólicos en Brasil, generaron que en 2008 IMPSA inaugurase su planta de aerogeneradores en el puerto de Suape, en el estado de Pernambuco (Brasil), con una capacidad para fabricar 400 equipos por año (IMPSA, 2014d).

Ese mismo año el grupo inició un proceso de reestructuración cuyo objetivo se centraba en separar de IMSPA las subsidiarias que no estuvieran relacionadas con las actividades de recursos renovables, mantener el control de subsidiarias vinculadas a la recolección y disposición de residuos y crear sociedades inversoras en el exterior que permitieran conseguir financiamiento externo para expandir los negocios en otros mercados (IMPSA, 2013b). Al año siguiente, el grupo IMPSA configuró, bajo legislación de Luxemburgo, el *holding* Venti, que a través de sus subsidiarias ofrece servicios para la generación de energía de fuentes renovables, componentes nucleares, equipos para la industria de procesos y servicios ambientales (Venti, 2014).

El proceso de reconfiguración culminó en 2014 con la composición de una nueva estructura corporativa. Así, el *holding* consolidó una estructura con Venti S.A. liderando y dos subsidiarias con igual jerarquía como IMPSA S.A. (con el control del 100% de los parques eólicos de la empresa en Argentina) y Wind Power Energy (WPE) (que controla el 100% de las granjas eólicas del grupo en Uruguay y el 55% de Energimp, que administra los parques en Brasil), lo que dejó en evidencia el peso estructural que cobró la subsidiaria brasileña al equiparar en el organigrama a IMPSA Argentina (IMPSA, 2014b). Previo a esta reestructuración, WPE era una subsidiaria del grupo IMPSA que tenía como rol central ingresar al mercado brasileño. Esta nueva reorganización es lógica dadas las líneas de financiamiento del BNDES, condicionadas a la producción local. En efecto, las inversiones entre 2009 y 2012 se focalizaron en su totalidad en Brasil. Así, se advierte una formidable expansión de los activos fijos y totales en este país a la vez que se descapitalizó en los demás países (IMPSA, 2013a).

En este contexto de expansión global, el grupo cuenta con las siguientes unidades de negocios: a) Energías renovables: orientado a la provisión de bienes y servicios para la generación de electricidad, tanto en su fuente hidroeléctrica como eólica; b) Procesos: desarrolla plantas llave en mano y equipos para la industria de petróleo y gas, petroquímica, etc. y c) Servicios ambientales: dedicado al tratamiento y disposición de residuos.

4.1.1. Asociatividad empresaria: el caso IMPSA/Energimp

Como parte de su estrategia de inserción en Brasil, IMPSA llevó adelante emprendimientos asociativos con diversas empresas de ese país en el sector de energía eólica. A continuación, reseñamos algunos de esos casos.

IMPSA-CEMIG

Para desarrollar el Parque Eólico Ceará I (constituido por las tres granjas Praias de Parajurú, Praia do Morgado y Volta do Rio), que aporta 100 MW y cuenta con 66 aerogeneradores y una inversión de 550 millones de reales, IMPSA se asoció con la Compañía Energética de Minas Gerais (CEMIG). CEMIG es un conglomerado de capital abierto del Estado de Minas Gerais y una de las principales empresas energéticas de Brasil, ya que tiene injerencia en más de cien firmas en distintos eslabones de la cadena eléctrica, tanto generación, transmisión, distribución y comercialización de electricidad (CIIU 3510) como exploración, extracción y distribución de gas natural (CIIU 3520). Fue pionera en la construcción de la primera usina eólica comercial de Brasil. La estrategia de asociación entre CEMIG e IMPSA fue fundamentalmente vertical, pero también horizontal.

Si bien el proyecto se había iniciado unos años antes, en 2009 Energimp, la subsidiaria de IMPSA en Brasil (controlada en ese entonces por Inverall S.A.) firmó un contrato de compraventa de acciones por medio del cual se estableció la transferencia del 49% que Energimp poseía en los tres parques mencionados. El valor de dicha operación alcanzó los 223 millones de reales, cotizando las tres compañías en 455 millones de reales (IMPSA, 2010). Esta estrategia le permitió a IMPSA capitalizarse para invertir con su nuevo socio, además de acceder a un crédito aportado por la Caja Económica Federal a 12 años a una tasa de interés de largo plazo de 2,5% y alcanzar la firma de un contrato por 20 años de compra venta de energía a 307 reales MW con Eletrobras y Centrales Eléctricas Brasileras S.A., encargadas de regular la transacción de energía generada por el parque en base a las condiciones establecidas por el PROINFA. Los socios aportaron solamente 175 millones de reales, mientras que los 375 millones restantes fueron financiados con el préstamo. Asimismo, este proyecto le sirvió a IMPSA para adquirir el conocimiento para el funcionamiento de equipos "near offshore" (WPE, 2013; IMPSA, 2014a).

La figura legal configurada luego del proceso de compra accionaria fue una sociedad con una participación del 51% de IMPSA y del 49% de CEMIG para el desarrollo de los tres parques eólicos. El suministro de Energimp consistió en la provisión de ingeniería, diseño, equipamiento asociado, balance de planta, operación y mantenimiento, además de la comercialización de la energía, utilizándose el método BOO (build, operate, own) y siendo IMPSA la que provee la tecnología de los aerogeneradores: Vensys (una patente alemana adaptada y desarrollada por la firma argentina).

IMPSA-FTGS

En el marco de las restricciones que estableció el gobierno de Brasil para desarrollar los parques eólicos en el país (entre las que se encuentra la obligación de fabricar piezas localmente), IMPSA decidió asociarse a través de Energimp (controlada en su totalidad por WPE) con el Fondo de Inversión brasileño Fundo de Garantía do Tempo de Serviço (FGTS), configurado por aportes del sistema de seguro de desempleo público y gerenciado por la Caja de Economía Federal (CEF) (FGTS, 2014).

Así, en 2010, las subsidiarias de IMPSA, WPE e Inverall firmaron con el FI-FGTS un contrato de inversión y de emisión de acciones que representaron el 45% del capital social de Energimp, suscriptas por el fondo a cambio de un aporte de 400 millones de reales (alrededor de 170 millones de dólares) (IMPSA, 2011). IMPSA redujo su participación en la sociedad al 55%, cediendo el 45% restante a FI-FGTS. Naturalmente, el objetivo central que motivó esta asociación fue la necesidad de ampliar la cuota de mercado en Brasil y expandir su inserción a través de la instalación de un mayor número de parques eólicos y, con esto, de producción de sus plantas ubicadas en el principal socio comercial del Mercosur. Bajo este esquema de asociación se desarrolló, entre otros, el parque eólico Quixaba, de 25,5 MW, con 17 aerogeneradores fabricados por IMPSA, que contó con financiamiento de la CEF a partir de recursos del BNDES.

En definitiva, entre las motivaciones de esta asociación está la posibilidad de conseguir mayor financiamiento del BNDES y del PROINFA para la construcción y desarrollo de parques eólicos. A diferencia de la asociación IMPSA-CEMIG no se trata de dos compañías que operan en el sector energético, sino que la firma que ingresó en Energimp es un fondo de inversiones (CIIU 6430), lo que permitiría financiar con mayor holgura las obras necesarias. Por ello, hasta 2014 Energimp había invertido 5.000 millones de reales, que le permitió desarrollar e implementar sus prototipos de parques eólicos, sustentado también por la posibilidad de participar en el Financiamiento de Máquinas y Equipamientos (FINAME), el programa del BNDES que tiene como objetivo incrementar el contenido nacional brasileño en la cadena industrial (IMPSA, 2014c).

El caso Chuí y los problemas de IMPSA

Otro emprendimiento asociativo de IMPSA se vincula con el concurso ganado en el Chuí, en la frontera entre Brasil y Uruguay, para instalar 144 MW en un complejo compuesto por 72 aerogeneradores de 2 MW de potencia cada uno (UNIPOWER IWP-100), desarrollado íntegramente por IMPSA con un contrato de aproximadamente 389 millones de reales (Venti, 2014). Este complejo tendría siete parques y sería desarrollado por una UTE entre IMPSA y Chuí Holding (conformada en el 49% por Eletrosul y 51% por el Fondo de Inversiones y Participaciones Río Bravo). Sin embargo, las dificultades económicas de IMPSA (que detonaron en 2014) generaron que el contrato fuera transferido a la española Gamesa. Eletrobras, la compañía estatal brasileña encargada de administrar el PROINFA y abonar las tarifas energéticas, comenzó en 2012 a retrasar el pago de la electricidad generada por las centrales administradas por IMPSA. Ello derivó en una deuda de más de 250 millones de dólares, oportunamente apelada y posteriormente ganada judicialmente, desgastando la relación entre Eletrobras y el *holding* argentino.

Este caso ejemplifica las dificultades que pueden surgir entre las políticas macro, meso y microeconómicas. Si bien las políticas macroeconómicas desplegadas por el gobierno de Brasil generaron un significativo incremento de la potencia instalada y la radicación de firmas extranjeras para fabricar las aeropartes, y aún con compañías que buscaron diversos esquemas de asociación microeconómica, la falta de pagos de una empresa estatal con el control de intermediación, como Eletrobras (nivel mesoeconómico) se presenta como un limitante en el desarrollo de esta actividad en la medida en que al concentrar casi la mitad de la capacidad instalada de generación de electricidad y tener el control de más de dos terceras partes del Sistema Interconectado Nacional interviene regulando en el sector energético brasilero.

5. Potencialidades para avanzar en una estrategia de complementación productiva a escala regional

La importancia de Brasil en el intercambio comercial total de los tres países abordados en esta investigación resulta notoria, en línea con el tamaño de su mercado. En efecto, en el año 2013, el 70% de las exportaciones de torres, casi la totalidad de exportaciones de aerogeneradores y el 95% de las aeropartes fueron enviados desde Brasil. En contrapartida, Argentina tiene una participación significativa solamente en exportaciones de torres y aeropartes. El acotado impacto de este último país en el segmento de aerogeneradores puede deberse a la internacionalización de IMPSA en Brasil.

Brasil lidera nuevamente en las importaciones, explicando en 2013 las tres cuartas partes de las compras externas de torres y con participaciones por encima del 60% en aerogeneradores y aeropartes. Uruguay, por su parte, se destaca por ser un importador neto en esta cadena, absorbiendo el 23% de las compras externas de aerogeneradores completos.

Respecto de los socios comerciales, Argentina es el país con mayor incidencia exportadora en la región, siendo las ventas intra-Mercosur las de mayor preponderancia durante 2013. Brasil mantiene importancia intra-zona en las exportaciones de torres, mientras que para el resto de los segmentos los terceros mercados presentan mayor relevancia. Ahora bien, se verifica una incidencia prácticamente excluyente de los proveedores extra-Mercosur en las importaciones de los tres países, sin existir demasiadas diferencias entre segmentos.

Por lo tanto, y a pesar de las limitaciones para sustituir importaciones en la cadena, existen elementos de potencialidad productiva a escala regional: en aerogeneradores, Argentina presenta una notoria trayectoria productiva, siendo el único país latinoamericano que fabrica aerogeneradores con tecnología propia y con contenido 100% regional. Brasil logró crear su primera empresa nacional ensambladora de molinos. Una situación semejante se registra en torres y aeropartes, segmentos donde existe capacidad productiva consolidada en Argentina a partir de la experiencia del *cluster* eólico argentino, así como en Brasil, donde existe un eslabón proveedor de componentes en desarrollo por iniciativa del BNDES. Uruguay es, entre los tres, el país con menor grado de desarrollo productivo, aunque presenta algunas líneas con potencial.

En definitiva, resulta necesario consolidar una estrategia regional que privilegie a los proveedores de la región, particularmente considerando que la existencia de capacidad productiva con precios competitivos y el impacto de las tasas de expansión de la capacidad instalada regional la convierten en uno de los centros más dinámicos del mundo en potencia instalada eólica. En este marco, pese a los problemas de provisión que se registran en algunas aeropartes de alta tecnología, se puede avanzar en la sustitución regional de gran parte de los productos que hacen a esta cadena. Para ello, sin embargo, deben replantearse las estrategias intra-firma de aprovisionamiento global implementadas por muchas de las empresas transnacionales de molinos.

Cuadro 12. Exportaciones e importaciones de la cadena de valor de bienes de capital para energía eólica, por segmento y país. Año 2013 (en millones de dólares y porcentajes)

País y segmento	Exportaciones 2013					Importaciones 2013				
	Intra-Mercosur	Extra-Mercosur	Total	Principal destino	Intra-Mercosur	Extra-Mercosur	Total	Principal destino
	Mill. US$ / %	Mill. US$ / %	Mill. US$	2013 por segmento	Mill. US$ / %	Mill. US$ / %	Mill. US$	2013 por segmento
Argentina								
Torres	7,9 / 89%	0,9 / 11%	8,8	Paraguay (50%)	1,1 / 17%	5,1 / 83%	6,2	Turquía (63%)
Aero-generadores	0,0 / 100%	- / 0%	0,0	Chile (100%)	- / 0%	59,7 / 100%	59,7	España (77%)
Aeropartes	14,5 / 84%	2,9 / 16%	17,4	Venezuela (81%)	3,8 / 1%	275,4 / 99%	279,3	Estados Unidos (46%)
Total	22,5 / 86%	3,8 / 14%	26,3	-	4,9 / 1%	340,3 / 99%	345,2	-
Brasil								
Torres	10,0 / 47%	11,0 / 53%	21,0	Bolivia (34%)	0,9 / 1%	68,3 / 99%	69,2	China (90%)
Aero-generadores	- / 0%	17,8 / 100%	17,8	India (100%)	/ 0%	376,7 / 100%	376,7	Estados Unidos (60%)
Aeropartes	5,2 / 1%	405,0 / 99%	410,2	Estados Unidos (54%)	0,3 / 0%	442,0 / 100%	442,3	China (29%)
Total	15,2 / 3%	433,8 / 97%	449,0	-	1,2 / 0%	887,0 / 100%	888,1	-
Uruguay								
Torres	- / -	- / -	-	-	6,3 / 39%	9,7 / 61%	16,0	China (47%)
Aero-generadores	- / 0%	0,0 / 100%	0,0	España (75%)	- / 0%	127,0 / 100%	127,0	Estados Unidos (54%)
Aeropartes	0,2 / 11%	1,9 / 89%	2,2	Canadá (88%)	0,2 / 3%	6,8 / 97%	7,1	Estados Unidos (48%)
Total	0,2 / 11%	1,9 / 89%	2,2	-	6,5 / 4%	143,6 / 96%	150,1	
Torres	17,8 /	12,0 /	29,8	Bolivia (27%)	8,3 / 9%	83,2 / 91%	91,4	China (77%)
Aero-generadores	0,0 / 0%	17,8 / 100%	17,9	India (99%)	- / 0%	563,4 / 100%	563,4	Estados Unidos (53%)
Aeropartes	20,0 / 5%	409,7 / 95%	429,7	Estados Unidos (52%)	4,4 / 1%	724,3 / 99%	728,6	Estados Unidos (34%)
Total	37,9 / 8%	439,5 / 92%	477,4	-	12,6 / 1%	1.370,9 / 99%	1.383,5	-

*Intra-Mercosur incluye el comercio efectuado por los países que integran el bloque regional: Argentina, Brasil, Paraguay, Uruguay y Venezuela.
Fuente: elaboración propia en base a Comtrade.

6. Recomendaciones de política pública

A continuación se identifican algunos de los lineamientos de política pública regional recomendables para impulsar estrategias de asociatividad en la cadena de valor de bienes de capital para la generación de energía eólica.

Cuadro 13. Principales lineamientos sugeridos de política pública para la cadena eólica

Planificación y ejecución de políticas fiscales y de incentivos económicos homogéneos en el Mercosur	Avanzar en la convergencia fiscal y reducir las asimetrías existentes entre los mecanismos de promoción de competitividad de cada país para evitar distorsiones de las condiciones de competencia y fragmentación entre los actores que induzcan la deslocalización de la producción. Los beneficios otorgados por Brasil para la radicación de plantas en su territorio atentan contra el desarrollo del sector en los otros socios, aun cuando algunos de ellos fueron pioneros en innovación y desarrollo (Argentina).
Fortalecimiento de las líneas de financiamiento de alcance regional	Ampliar el alcance monetario y temático del financiamiento del FOCEM, estableciendo un programa específico para energías renovables que permita consolidar la cadena de valor eólica en el marco de una matriz sustentable.
Planificación de políticas industriales conjuntas de bienes de capital para la generación eólica	Formular y ejecutar políticas para la industria de bienes de capital de energía eólica de forma conjunta permitiría favorecer estrategias de asociatividad empresaria y complementación productiva. Ello permitiría apuntalar la expansión de proveedores regionales actualmente limitada por el avance chino.
Establecimiento de contenido regional	Fijar un mínimo de contenido regional para acceder a incentivos productivos y financieros de los países del bloque, que debería ser prioritario en el acceso al financiamiento público y la adjudicación de proyectos a firmas de cualquier país del bloque. Ello requiere un esquema de alícuotas crecientes según la capacidad productiva de cada socio y el mayor grado de contenido regional, a fin de promover un desarrollo equilibrado evitando problemas de fijar *a priori* un porcentaje alto de contenido que frene la actividad del sector.
Revisión de la política arancelaria y comercial	Evaluar el esquema del AEC según las capacidades productivas nacionales para determinar si existen posiciones afectadas externamente que presentan producción regional. Asimismo, evaluar el criterio de ingreso de equipos extra-Mercosur ante la agresiva estrategia de precios de competidores extranjeros ante la crisis internacional. Además, se debe desarrollar una estrategia comercial del sector que permita la inserción conjunta en terceros mercados.
Homologación Mercosur de aerogeneradores	Establecer normativa regional de homologación y estándares de calidad de aerogeneradores, que además rijan como criterio dentro de los instrumentos de promoción y financiamiento nacionales.
Formulación de mecanismos de asociatividad empresaria regional	Impulsar estrategias de asociatividad entre proveedores de aeropartes de la región, a través de rondas comerciales, celebración de acuerdos, foros sectoriales, etc.
Planificación de una política regional de energía renovable	Avanzar en la formulación y ejecución de lineamientos de política regional sobre energía renovable que permitan el desarrollo de una matriz energética de mayor sustentabilidad en el Mercosur, reduciendo el peso de los hidrocarburos (Argentina) y/o la dependencia de una sola fuente (Brasil y Uruguay) y fomentando la generación de energías renovables y limpias (eólica, biocombustibles, biomasa, nuclear, etc.).
Articulación en I+D	Propiciar la articulación entre los organismos de ciencia y tecnología nacionales así como de los actores privados del Mercosur, a los fines de potenciar el desarrollo tecnológico.

Este conjunto de lineamientos se plantea como una hoja de ruta para avanzar en el desarrollo regional de la cadena de bienes de capital para la generación eólica. En este sentido, y además de posicionarse como un mercado potencial para empresas del sector, el Mercosur se presenta como un espacio de integración productiva que facilitaría el desarrollo de tecnología propia, densificar el tejido productivo regional, generar empleos altamente calificados, además de contribuir a la sustitución de equipos extra-zona y ejercer la soberanía de un recurso estratégico.

6. Conclusiones

El recorrido realizado en este capítulo permite advertir una serie de elementos de sustancial relevancia. En materia internacional, los acuerdos de Kyoto para revertir el calentamiento global junto a la necesidad de sustituir gradualmente combustibles fósiles por renovables y limpios coadyuvó para que se iniciara un proceso de incorporación de nuevas fuentes en las matrices energéticas nacionales, dentro de las cuales la energía eólica juega un rol sumamente importante. Este impulso al desarrollo eólico que fue liderado inicialmente por países como España y Alemania continuó siendo motorizado desde el Asia Pacífico entrado el nuevo milenio y, en el último quinquenio, el dinamismo viró hacia Sudamérica y Centroamérica (fundamentalmente Brasil y Argentina).

De hecho, la expansión desde 2009 en la construcción de parques eólicos en Argentina y Brasil impactó de forma significativa en la industria regional de bienes de capital para el sector. Actualmente, Argentina cuenta con tres empresas locales de aerogeneradores con diseño y tecnología propia. Pese a las limitaciones de escala, también es notable la capacidad productiva que detenta el eslabón de provisión de partes y piezas, nucleado en el Clúster Eólico Argentino. Brasil, por su parte, logró generar y densificar los distintos segmentos de la cadena que no registraban producción en el país, contando en 2014 con 10 fabricantes de aerogeneradores, en su mayoría de capital extranjero, que deben integrar partes y piezas locales.

La expansión productiva y competitiva en esta cadena de valor regional ofreció una ventana de oportunidad para la realización de asociaciones entre firmas de los distintos países del Mercosur. El caso de IMPSA refleja esta tendencia de articulación entre firmas, sobre todo en emprendimientos conjuntos para la construcción de parques en Brasil. Del estudio de caso se desprende que gran parte de sus asociaciones no tienen una finalidad productiva sino que apuntan a conseguir financiamiento o sortear requisitos regulatorios para la adjudicación de parques en Brasil. Ello refleja, por un lado, las restricciones de las estrategias de asociatividad empresaria regional frente a las asimetrías entre incentivos nacionales para la promoción del sector. Por otro lado, el bajo grado de compromiso de los emprendimientos asociativos observados también refleja la tensión que ejerce la propia dinámica de la firma y su objetivo de internacionalización (en pos de incrementar su capacidad productiva y diversificar su demanda) sobre el alcance de las estrategias de cooperación intra-Mercosur.

A los efectos de superar dichas limitaciones resulta clave el rol del Estado y el propio proceso de integración para estimular las prácticas asociativas y la generación de esquemas de integración productiva entre las firmas del bloque. En este sentido, avanzar en la homogeneización de incentivos fiscales y económicos intra-Mercosur y en la planificación de líneas de financiamiento regionales constituye la piedra angular sobre la cual debe estructurarse la política productiva regional. En términos sectoriales, también cobran relevancia la formulación de iniciativas conjuntas entre firmas de la cadena, el establecimiento de un mínimo de contenido regional para acceder a incentivos productivos y la homologación Mercosur de aerogeneradores. Esta es la directriz para posicionar a la asociatividad como un factor central para motorizar el bloque.

Referencias bibliográficas

ABDI, (2014). *Mapeamento da cadeia produtiva da indústria eólica no Brasil*, Brasilia, Brasil.

Azpiazu, D. y Schorr, M. (2010). "Reactivación de la industria argentina, concentración, extranjerización y crecientes desequilibrios comerciales con Brasil", Cuadernos PROLAM/USP, *Brazilian Journal of Latin American Studies*, Vol. 9, N° 16, San Pablo, Brasil, pp. 128-152.

Barrera, M. e Inchauspe, E. (2012). "Las 'translatinas' brasileñas: análisis de la inserción de Petrobras en Argentina (2003-2010)", *Sociedad y Economía*, Vol. 22, pp. 39-68.

Bianco, C.; Moldovan, P. y Porta, F. (2008). "La internalización de las empresas brasileñas en Argentina", Documento de Proyecto, Santiago de Chile, CEPAL.

Bouzas, R. (2005). "MERCOSUR: Regional Governance, Asimetrías e Integración Profunda", *Seminario Profundización del MERCOSUR y el Desafío de las Disparidades*, Ríos de Janeiro, BID - INTAL, Río de Janeiro.

British Petroleum (2014). *BP Energy Outlook 2035*, Londres, BP.

CADER (2013). *+Renovables 2012/2013*, CADER, Buenos Aires.

CADER (2010). *Atlas eólico de Argentina. Potencia eolo eléctrica estimada*, Buenos Aires, CADER.

Calvo, E. (2011). "Panorama energético mundial: El gas natural, un puente hacia 2030 para frenar el cambio climático", *Petrotecnia*, pp. 32-52.

CEPAL (2005). *La inversión extranjera en América Latina y el Caribe, 2004*, CEPAL, Santiago de Chile.

CEPEL (2001). "Atlas do potencial eólico brasileño". Centro de Pesquisas de Energía Eléctrica. Brasilia.

CIPIBIC (2014a). *Boletín*, N° 6, Buenos Aires.

CIPIBIC (2014b). "La generación de energia eólica como plataforma de desarrollo industrial", CIPIBIC, Buenos Aires.

DNETN (2009). "La intervención de industrias y servicios nacionales en el desarrollo de la energía eólica en Uruguay", Dirección Nacional de Energía y Tecnología Nuclear - Ministerio de Industria, Energía y Minería, Montevideo.

FGTS (2014). "Quem administra". Dispobible en: http://www.fgts.gov.br/quem_administra.asp

Giralt, C. (2011). "Energía eólica en Argentina: un análisis económico del derecho", *Letras Verdes. Revista Latinoamericana de Estudios Socioambientales*, Nº 9, pp. 65-86.

Gutiérrez, C. (2003). "Atractivos y paradojas del éxito tecnoindustrial en la periferia: el caso de una empresa transnacional argentina en ingeniería", *Ciclos en la historia, la Economía y la sociedad*, Vol. 13, Nº. 25-26, pp. 145-176.

Gutiérrez, C. (2013). "IMPSA: atractivos y paradojas del éxito tecnoindustrial en la periferia", en *Innovar en Argentina: seis trayectorias empresariales basadas en estrategias intensivas en conocimiento*, Lenguaje Claro, Buenos Aires.

GWEC (2012). "Global Wind Report. Annual market update 2011", Global Wind Energy Council, Bruselas.

IMPSA (2010). "Estados contables al 31 de enero de 2010", Buenos Aires.

IMPSA (2011). "Estados contables al 31 de enero de 2011", Buenos Aires.

IMPSA (2013a). "Corporate Presentation 2013", Buenos Aires.

IMPSA (2013b). "Estados financieros consolidados al 31 de diciembre de 2013", Buenos Aires.

IMPSA (2014a). "Ceará I: Energía limpia para el crecimiento sustentable", Buenos Aires.

IMPSA (2014b). "Corporate Presentation 2014", Buenos Aires.

IMPSA (2014c). "IMPSA es la primera y única fabricante de aerogeneradores con equipos aprobados por el BNDES. IMPSA". Disponible en: http://www.impsa.com/es/noticias/SitePages/11-03-13.aspx.

IMPSA (2014d). "Quiénes somos: cronología y trayectoria", Disponible en: http://www.impsa.com/es/quienessomos/cronologia/SitePages/2000.aspx.

MINPLAN (2008). "Energía Eólica" en MINPAN, Energías renovables, Ministerio de Planificación, Buenos Aires, pp. 1-16.

Naciones Unidas (2013). "Informe de la Conferencia de las Partes en calidad de reunión de las Partes en el Protocolo de Kyoto sobre su sexto período de sesiones, celebrado en Cancún del 29 de noviembre al 10 de diciembre de 2010", ONU, Bruselas.

Naciones Unidas (1998). "Protocolo de Kyoto de la convención marco de las Naciones Unidas sobre el cambio climático", ONU, Kyoto.

Niembro, A.; Ramos, D. y Simkievich, C. (2009). "El papel del Mercosur en la llegada de IED a Brasil y la internacionalización de empresas brasileñas", DTT33, Centro de Investigaciones para la Transformación, Buenos Aires.

Olivet, B. (2013). "Informe: Medio ambiente y energía en Uruguay. Aspectos de la temática energética desde una visión ambiental", Dirección Nacional de Energía, Dirección Nacional de Medio Ambiente, Agencia Española de Cooperación Internacional para el Desarrollo, Montevideo.

Perrotta, D.; Fulquet, G. e Inchauspe, E. (2011). "Luces y sombras de la internacionalización de las empresas brasileñas en Sudamérica: ¿integración o interacción?", *Nueva Sociedad*, Documento, Buenos Aires.

Porta, F. (2008). "La integración sudamericana en perspectiva: problemas y dilemas", Documento de Proyecto N° 32, Conferencia de las Naciones Unidas sobre Comercio y Desarrollo, Santiago de Chile.

REN21 (2014). *Renewables 2014. Global Status Report*, Paris, REN21.

Schorr, M. et al. (2014). "Bienes de capital en la posconvertibilidad: desempeño comercial externo y (des)aprovechamiento de la masa crítica existente", *Realidad Económica*, N° 283, pp. 127-158.

Schorr, M. y Castells, M. J. (2013). "¿Sustitución de importaciones en la posconvertibilidad? Una mirada desde la industria automotriz y la de bienes de capital", en *Argentina en la posconvertibilidad: ¿desarrollo o crecimiento industrial?*, Miño y Dávila, Buenos Aires, pp. 145-185.

Silva Simas, M. (2012). "Energia Eólica e desenvolvimento sustentável no Brasil: Estimativa da geração de empregos por meio de una matriz insumo-producto ampliada", Universidad de San Pablo - Programa de Pos Graduación en Energía, San Pablo.

Soares, M.; Kind, S. y Fernández, O. H. (2009). *Estado de la industria eólica en Argentina*, Cámara Argentina de Energías Renovables, Buenos Aires.

Venti (2014). "Condensed interim consolidated financial statements for the three-month period ended," Argentina.

WPE (2013). "Wind Power Energia S.A. e Controladas. Demostraço Financeiras Referentes ao Exercício Findo em 31 de Dezembro de 2012", Salvador.

Estudio de Caso.
Cooperación Industrial entre Fiat y PSA
El Proyecto "Cajas MA5"

Andrea C. Bovris

1. Introducción

Si se analiza el flujo de comercio entre Argentina y Brasil, el sector automotriz aparece como un sector clave, explicando en torno al 50% del intercambio comercial de bienes entre ambos países. Con los actores clave del sector Terminal radicados en uno y/u otro lado de la frontera, lo mismo que ocurre con un conjunto relevante de empresas sistemistas[1] globales, el sector automotriz aparece no sólo como uno de los sectores con mayor grado de comercio intra-Mercosur, sino también con mayor grado de asociatividad empresaria e integración productiva en la región y, especialmente, en Argentina y Brasil.

La historia del sector automotriz se corresponde con la génesis y finalidad última del Mercosur, tal como había quedado reflejado en los considerandos, propósitos y principios acordados en el Tratado de Asunción firmado el 26 de marzo de 1991; es decir, la conformación de un mercado único con libre movilidad de factores, en el que la especialización y complementariedad productiva permitan mayor escala, productividad y generación de valor agregado regional.

Indudablemente, el sector automotriz ha sido una de las industrias y cadenas de valor en las que se han logrado importantes avances en materia de integración y complementariedad intra-regional, sobresaliendo como una excepción en términos de los avances conseguidos en el marco de un régimen específico para el sector (ABDI, 2010). En efecto, el sector ha ido desarrollándose al amparo de acuerdos bilaterales específicos que dieron el marco para la toma de decisiones del sector privado. Estos acuerdos fueron, a su vez, acompañados por políticas nacionales que en algunos casos entraron en conflicto con los objetivos perseguidos por aquéllos.

La industria automotriz se caracteriza por la multiplicidad de actores en los distintos eslabones de la cadena, de distintos tamaños, con niveles

---

[1] Empresas sistemistas son las que integran el denominado Tier 0.5 (anillo 0,5). Son empresas autopartistas que proveen directamente a la terminal, conjuntos o módulos completos, que antes eran en muchos casos ensamblados por la propia terminal. En muchos casos trabajan en la línea final dentro de la terminal y los incorporan ellos mismos al vehículo (Sica, 2008).

de integración regional y global que oscilan entre empresas nacionales que abastecen únicamente al mercado interno y transnacionales globalizadas. Dado el contexto regional y la política automotriz definida por Argentina y Brasil, el sector ha sido y continúa siendo un terreno fértil para la generación de emprendimientos conjuntos de distinta naturaleza.

En efecto, es posible identificar casos de asociatividad vertical y horizontal, intra-firma y entre empresas independientes, de distintos tamaños, asociaciones estratégicas de largo plazo y con objetivos específicos, tecnológicos, productivos, comerciales, etc. Ello se enlaza con el hecho de que los acuerdos tienden a difundirse en actividades con ciclos productivos largos, técnicamente fragmentados e intensivos en información y conocimiento; y la industria automotriz definitivamente reviste estas cualidades.

El presente capítulo ofrece un estudio de caso de una asociación estratégica entre dos grandes empresas transnacionales radicadas en Argentina y Brasil. Se trata del acuerdo por el que la empresa Fiat Auto Argentina S.A. produce en su complejo industrial de Ferreyra (provincia de Córdoba) cajas de transmisión para los vehículos de la firma PSA Peugeot Citroën S.A. fabricados tanto en Argentina como en Brasil.

El caso despierta especial interés por diversos motivos. Por un lado, a pesar de tratarse de una asociación entre empresas de grupos económicos –terminales automotrices– distintos, que compiten en el mercado de vehículos –lo cual nos conduciría a pensar en una asociación del tipo horizontal– establecieron aquí una asociación del tipo vertical. La relación que se estableció fue del tipo que se da entre una terminal automotriz y el proveedor de un conjunto autopartista (sistemista). Por otro lado, se trata de empresas que están radicadas en distintos países de la región (Argentina y Brasil), por lo que la relación entre ambas redunda en una mayor integración productiva y comercial intra-regional.

La contrapartida del emprendimiento es la sustitución de componentes importados desde países extra-zona. Este hecho resulta muy relevante en un contexto en el que la industria automotriz tiende a desarrollar, en forma creciente, proveedores globales que erosionan la participación de componentes originarios en países del bloque. Y ello se vuelve más relevante aun cuando se trata, como en este caso, de componentes de mayor contenido tecnológico dentro del autopartismo.

Por último, cabe destacar respecto a conjuntos como las cajas involucradas en el acuerdo, que su provisión se caracteriza por estar cada vez más concentrada en términos globales y que, además, tiende a ser la propia terminal o una empresa vinculada a ésta quien aparece como proveedor. El caso estudiado en este capítulo rompe con esa lógica dado que la provisión es regional y la empresa proveedora pertenece a un Grupo Económico distinto.

A continuación se presenta la génesis del caso de estudio, sus principales características y, por último, sus resultados. Asimismo, se analiza el marco regulatorio en que se desarrolló la cooperación, buscando indagar sobre el rol de las políticas públicas en el desarrollo concreto, los límites y los alcances del emprendimiento. Finalmente, exponemos las conclusiones y las recomendaciones de política pública para potenciar la realización de acuerdos de este tipo.

2. El emprendimiento empresarial conjunto Fiat-PSA en Argentina

2.1. El origen del proyecto

El proyecto empresarial conjunto nació en el año 2006. Originalmente fue una iniciativa emanada de la firma PSA Peugeot Citroën S.A. (en adelante, PSA Argentina), cuyo objetivo principal era la localización de la producción de las cajas de cambio incorporadas a sus vehículos plataforma 1. Estos artículos se importaban terminados desde la planta de componentes que el Grupo tiene en Metz (Francia). A nivel de estudio, el proyecto se planteó haciéndolo extensivo a los vehículos producidos en Brasil, incluyendo entonces al Citroën C3 y también algunas versiones del segmento mediano (plataforma 2) que llevaban las mismas cajas traídas de Francia.[2] En este proyecto, Fiat Auto Argentina S.A. (en adelante, Fiat Argentina), por su parte, apareció entonces como el socio de PSA Argentina siendo el encargado de la producción de las cajas de cambio, convirtiéndose así en el proveedor de PSA Argentina y Brasil.

2.2. Las firmas integrantes del acuerdo

PSA Argentina, empresa del Grupo francés PSA Peugeot Citroën, inició su actividad industrial como tal en la Argentina en 1998. La marca Peugeot, sin embargo, estaba radicada en el país desde inicios de la década de 1960 con la creación del Centro de Producción Buenos Aires en El Palomar.

---

[2]   Conforme lo define la Ley 26.393 de Desarrollo y Consolidación de Sector Autopartista Nacional, se entiende por plataforma a un ensamble primario estructural portador de carga de un vehículo automotor, que determina el tamaño básico de ese vehículo y conforma la base estructural que soporta el tren motriz y sirve de unión del vehículo automotor en diversos tipos de bastidores, tales como para montaje de carrocería, bastidor dimensional o carrocería unitaria. PSA Peugeot Citroën trabaja con dos plataformas: plataforma 1, vehículos chicos de entrada de gama; y plataforma 2, vehículos del segmento mediano.

Hacia 2006, esta planta contaba ya con una capacidad instalada de hasta 170.000 vehículos anuales. Ese año, PSA Argentina produjo más de 95.500 unidades, presentándose como el primer productor nacional de vehículos. Contaba también con el Centro de Producción de Motores y Conjuntos Mecánicos en Jeppener (provincia de Buenos Aires), dedicado fundamentalmente a la fabricación de motores tanto para PSA Argentina como para otros centros industriales en el exterior (fundamentalmente Brasil, aunque en algunos casos, también Europa). Con un plantel de mano de obra cercano a los 4.000 empleados, esta firma producía localmente los modelos Peugeot 206, Peugeot Partner, Citroën Berlingo –todos vehículos de plataforma 1–, y Peugeot 307 (hatchback y sedan). A partir de abril de 2007 incorporó el Citroën C4 sedan a la fabricación local. Si repasamos rápidamente la actividad de la filial brasileña del grupo, debe señalarse que produjo en 2006 algo más de 95.500 unidades con sus modelos Citroën C3, Xsara Picasso y Jumper; y Peugeot 206 y Boxer; un volumen similar al registrado en Argentina (Cuadro 1).

La otra parte del proyecto se compuso por Fiat Argentina; empresa integrante de Fiat Group Automobiles S.p.A., sociedad del grupo italiano Fiat Group, constituida en Argentina en 1995, aunque con presencia comercial de la marca desde principios del siglo XX y con actividad industrial desde 1960. La situación de Fiat Argentina en 2006 era muy distinta a la de PSA Argentina. Industrialmente, contaba ya con su planta de Ferreyra (provincia de Córdoba), con una capacidad de producción de 120.000 unidades anuales; integrada por la planta de carrocería (chapistería, pintura y montaje) y la planta de mecánica, con sus unidades de motores y cajas de cambio, y una capacidad instalada de 800 motores por día y 1.000 cajas por día. Sin embargo, la actividad industrial de Fiat estuvo limitada en 2006 a la producción de motores nafta y diésel, conjuntos de varillas y otras piezas mecánicas; en tanto la producción de vehículos y cajas de cambio se encontraba interrumpida. Paralelamente, la filial brasileña fabricaba más de medio millón de vehículos (automóviles y comerciales livianos). De esta manera, la estrategia productiva de Fiat en el Mercosur por entonces fue producir vehículos en Brasil, desde donde abastecía al mercado argentino y, en contrapartida, la actividad de la filial argentina se centró en la fabricación de autopartes que en su mayoría eran exportadas e integradas a la producción brasileña de vehículos de la marca.

2.3 Antecedentes de asociación estratégica

Las dos empresas que desarrollaron este proyecto conjunto ya contaban con un antecedente de asociación estratégica, de naturaleza horizontal, a través de la firma de un *joint venture* en 1978 entre FGA y PSA Peugeot Citroën, que actualmente (2015) continúa vigente. A su vez, esta asociación estratégica global tuvo su réplica en la Argentina al conformarse el grupo SEVEL (Société Européenne de Véhicules Légers S.A.), existente hasta 1996.

En 1978 los Grupos PSA Peugeot Citroën y Fiat establecieron su primer *joint venture* a nivel global conformando la compañía SEVEL Sud en Atessa Val di Sangro (Italia). Con participación del 50% cada una, la asociación preveía la producción de vehículos livianos comerciales de ambas marcas en la planta italiana, gestionada por el Grupo Fiat. La producción comenzó en 1981 alcanzando unos 350 vehículos por día. Actualmente la planta cuenta con una capacidad productiva de alrededor de 1000 vehículos diarios. Es la planta de vehículos livianos más grande de Europa con un nivel de producción de más de 250 mil unidades/año. Entre los modelos producidos se encuentran el Ducato (Fiat), Boxer (Peugeot) y Jumper (Citroën).

En julio de 1988 ambos grupos firmaron un nuevo acuerdo por el cual se conformó SEVEL Nord y se inició la construcción de una segunda planta de la sociedad en Valenciennes (Francia). También con participación del 50% de ambas partes, fue gestionada por el Grupo PSA. La producción en Francia comenzó en 1993 con vehículos utilitarios grandes, a los que luego se sumaron vehículos livianos. Entre los primeros modelos manufacturados en la planta figuraban los siguientes: Citroën Evasion, Fiat Ulysse, Lancia Zeta y el Peugeot 806.

Está previsto que la sociedad entre ambos grupos continúe vigente hasta el año 2017. Las compañías manifestaron la intención de continuar con la sociedad en Italia, SEVEL Sud, pero no así en Francia, SEVEL Nord. Esta última quedó totalmente en manos del Grupo PSA en 2012, aunque continuará produciendo vehículos para la marca Fiat hasta el año 2016.

En Argentina, el *joint venture* se conformó en 1980 también bajo el nombre SEVEL S.A. (Sociedad Ensambladora de Vehículos Europeos Livianos), resultado de la fusión de Fiat Concord S.A. y SAFRAR (Sociedad Anónima Franco Argentina de Automóviles), representante oficial de Peugeot. El trabajo comenzó en 1982 con los modelos Fiat 125, Fiat 128, Fiat 147 y Peugeot 504. El acuerdo implicaba que la producción de vehículos livianos se realizaría en la planta que Fiat tenía en El Palomar (provincia de Buenos Aires), mientras que la producción de vehículos pesados y tractores se localizaría en la planta de Fiat en la provincia de Córdoba. Luego, en 1993, se reabrió la planta que PSA tenía en la localidad bonaerense de Berazategui.

En 1995 Fiat Auto decidió retomar el control de su filial en Argentina y comenzó la producción en su planta en Córdoba, inaugurada en 1996. PSA pasó a tener el control de SEVEL y de la planta de El Palomar para la producción de los vehículos Peugeot, hasta que finalmente en 1998 cambió el nombre a PSA Peugeot-Citroën.

2.4. El proyecto[3]

El objetivo del proyecto de PSA era capitalizar las ventajas de un aprovisionamiento local respecto a la importación desde Europa. Esto significaba una considerable reducción del costo del producto, mayor previsibilidad y control de la producción y del abastecimiento, evitar las fluctuaciones del tipo de cambio, la disminución, y en algunos casos eliminación de costos de flete, aquellos asociados a la importación y costos de transacción. PSA Argentina conservaba una posición fuerte en la región en relación a la filial brasileña del Grupo, dado que la filial argentina tenía mayor volumen de producción y contaba con una cantidad de modelos similar a su contraparte brasileña. En vista del tamaño de los mercados y los niveles productivos de ambos países, la filial Argentina disfrutaba de un mayor peso relativo.

En el Cuadro 1 se observa que, en el año de la muestra (2006), PSA en Argentina fue el principal productor de vehículos con el 22% de la producción total y el 27% de las ventas de automóviles nacionales en el mercado interno, mientras que PSA Brasil, con un volumen similar al producido en Argentina, sólo representó el 4% de la producción brasileña de vehículos y el 4% del mercado de vehículos locales.

Durante esta época, PSA Argentina había definido una política de creciente integración regional y local en sus vehículos. Ello se debió parcialmente al reconocimiento de las ventajas del aprovisionamiento local en relación con la importación desde países extra-zona en materia de costos, acceso y control de los componentes, y a la importancia de las demás ventajas productivas, característica de la cercanía geográfica y cultural de la producción nacional. Pero además la política de integración se explica muy probablemente por las medidas de promoción industrial tomadas por el gobierno argentino enmarcadas en estrategias de sustitución de importaciones, en las que predominaron incentivos nacionales que tenían exigencias y/o premiaban la producción nacional e

---

3   La información referida al proyecto fue parcialmente recolectada a partir de entrevistas con personal de las empresas directamente involucrados en su ejecución.

integración local, de los cuales PSA Argentina y Fiat Argentina, en mayor o menor medida, fueron partícipes y obtuvieron beneficios.[4]

Cuadro 1. Producción, ventas y exportaciones de
PSA y Fiat en Argentina y Brasil (año 2006)

	Producción de vehículos	Ventas al mercado interno	Exportaciones	Ventas de importados	Ventas totales en mercado interno
ARGENTINA					
PSA Argentina (unidades)	95.572	50.811	44.761	14.167	64.978
PSA Argentina / Total %	*22,10%*	*27,00%*	*18,90%*	*5,20%*	*14,10%*
Fiat Argentina (unidades)	-	-	-	43.751	43.751
Fiat Argentina/ Total %	*0,00%*	*0,00%*	*0,00%*	*16,10%*	*9,50%*
Total empresas en Argentina	432.101	188.479	236.789	271.999	460.478
BRASIL					
PSA Brasil (unidades)	95.686	76.828	19.158	22.478	99.306
PSA Brasil / Total %	*4,00%*	*4,30%*	*3,00%*	*15,80%*	*5,20%*
Fiat Brasil (unidades)	562.531	465.525	97.006	18	465.543
Fiat Brasil/ Total %	*23,40%*	*26,10%*	*15,30%*	*0,00%*	*24,10%*
Total empresas en Brasil	2.403.680	1.785.372	634.473	142.366	1.927.738

Fuente: elaboración propia en base a ADEFA y ANFAVEA.

Definido el objetivo de reducir costos y apropiarse de las ventajas de toda provisión local, PSA Argentina trazó un objetivo económico que justificara la iniciativa. Debe tenerse presente que la decisión última sobre la resolución de localización, dentro de este esquema que Obaya (2014) define como de centro-periferia, quedaba condicionada a la aprobación del proyecto por parte de la casa matriz en Francia. En tal sentido, el precio de provisión local debía ser menor que el precio de la caja importada

---

[4]   Sobre este punto pueden mencionarse dos regímenes nacionales a los que PSA Argentina se presentó como consecuencia del Proyecto Cajas. Uno es el instituido por la Ley de Promoción de Inversiones (Ley N° 25.924), bajo la cual PSA Argentina presentó las inversiones realizadas en Córdoba –no logrando sin embargo el beneficio pretendido–; y el otro es el Régimen de Desarrollo y Consolidación del Sector Autopartista Nacional, por el que Fiat Argentina resultó beneficiaria por la producción de cajas para PSA Argentina y Brasil.

desde Francia, puesta en Argentina, en un cierto porcentaje que se definió como meta. Este ahorro monetario (la condición) –más los beneficios que se pudieran obtener en el marco de la nacionalización, conforme se señaló más arriba– menos la inversión a realizar para la ejecución del proyecto, resultaba en el beneficio económico directo de éste.

Una vez que quedó explícito el objetivo económico, debieron analizarse las alternativas para la ejecución del proyecto:

1. Desarrollar un esquema de producción *in-house* y producir las cajas en el Centro de Producción de Motores y Conjuntos Mecánicos de la localidad bonaerense Jeppener.

2. Tercerizar su producción a través de alguna empresa con capacidad instalada y disponible en el país para la producción de cajas de cambio para Argentina y Brasil.

La ventaja de la primera opción era que al tratarse de una producción *in-house* desaparecían los costos de transacción vinculados a la gobernanza del proyecto y al riesgo implícito de compartir información "sensible", máxime cuando se trata de un proveedor-competidor. Tal como resumen Gonzalez del Campo y Jiménez Estévez (2007), la literatura señala entre los riesgos principales de la cooperación el comportamiento oportunista vinculado al acceso a la información –o a la pérdida de propiedad de la información, fundamentalmente en alianzas horizontales–, y las asimetrías organizativas entre las empresas cooperantes.

Por otro lado, la ventaja de la segunda opción radicaba fundamentalmente en el menor costo de inversión requerido, ya que está basada en encontrar una empresa con capacidad disponible para producir los volúmenes requeridos por PSA Argentina y Brasil, y –a su vez– el menor tiempo requerido para el desarrollo del producto (con los menores costos adicionales de "aprendizaje"). Paradójicamente, en esta ventaja estribaba la mayor dificultad, ya que no son muchas las plantas de cajas de cambio en Argentina. De hecho, las opciones eran únicamente dos: Volkswagen y Fiat, ambas ubicadas en la provincia de Córdoba, y únicas especializadas en la fabricación de cajas de velocidad para vehículos livianos. Desde el año 2001, Volkswagen producía la caja MQ200 en Córdoba, en gran parte destinada a la exportación. Fiat, por su parte, desde su planta de Ferreyra tenía una capacidad de producción de unas 1000 cajas por día, pero con un alto nivel de capacidad ociosa. Cabe aclarar que Scania, con planta en la provincia de Tucumán, también fabricaba cajas de cambio y sus componentes, pero para vehículos pesados.

Frente a estas opciones el criterio de definición volvió a centrarse sobre la variable económica. Pretendiendo maximizar el beneficio directo derivado del proyecto, el acento estuvo puesto en minimizar la inversión. Así, la opción de tercerizar la producción se impuso frente a la alternativa de producción *in-house* porque tenía un menor componente de inversión asociado. Es necesario resaltar el hecho de que la planta de PSA en Jeppener producía motores, no cajas, y por lo tanto la inversión requerida era alta.

Descartada la opción de producir *in-house*, restaba decidir entre Fiat Argentina y Volkswagen Argentina para llevar a cabo la producción de las cajas. En esta definición pesó la existencia, desde 1978, de la alianza global ya referida entre los Grupos PSA y Fiat. Volkswagen, por el contrario, carecía de un antecedente de este tipo. A su vez, desde el punto de vista productivo, el Centro de Mecánica de Fiat en Ferreyra, no solamente poseía suficiente capacidad instalada para producir las cajas, sino que la misma estaba plenamente subutilizada. Así, se decidió avanzar en el proyecto de producción y aprovisionamiento de cajas de cambio a través de Fiat Argentina.

2.5. La concreción del emprendimiento conjunto

Fiat Argentina y PSA Argentina suscribieron un contrato en julio de 2006 por el cual formalizaron el emprendimiento conjunto. Dado que la producción involucrada tenía como destino las plantas de Brasil y Argentina –sustituiría importaciones de una y otra filial desde Francia–, se firmaron dos contratos esencialmente idénticos: uno entre Fiat Argentina y PSA Argentina, y otro entre Fiat Argentina y PSA Brasil. A los efectos de este capítulo, y durante el análisis que sigue, se abordará a ambos contratos como si se tratara de un contrato único.

El contrato suscripto estipuló una vigencia de 10 años, con fecha de finalización en julio de 2016, y formalizó el acuerdo por el cual Fiat Argentina produciría en Córdoba –y continúa produciendo al día de hoy (2015)– las cajas MA5 destinadas a los vehículos plataforma 1 producidos por PSA en Argentina y Brasil. El contrato definió los roles de cada una de las partes, a saber:

1. PSA Argentina dirigiría técnicamente el proyecto. Debe señalarse que el acuerdo no supuso un nuevo desarrollo de producto sino que se trató de producir localmente la misma caja que se producía en la localidad francesa de Metz. PSA resguardó, en este sentido, sus derechos de propiedad intelectual e incorporó en el contrato pautas de confidencialidad. PSA definió un Director de Proyecto encargado de efectuar su seguimiento, tanto técnico como económico.

2. Por su parte, Fiat Argentina lideraría el proceso industrial y todo lo que ello implica en cuanto a la gestión y ejecución del proyecto:

incorporación y gestión de los recursos humanos y aprovisionamiento de materiales, insumos y componentes. Es decir, Fiat Argentina se encargaría del desarrollo y la negociación con los proveedores locales, la importación de componentes desde PSA Francia en aquellos casos en los que no se avanzara en la nacionalización, así como de la entrega de la producción, tanto si ésta estuviera destinada a El Palomar o a la filial brasileña, en cuyo caso debía hacer la exportación correspondiente.

Estas dos grandes empresas terminales, competidoras en el mercado de vehículos, se abocaron a la producción de uno de los conjuntos que constituyen el sistema de *powertrain*.[5] Sin embargo, para este proyecto la relación que se definió fue un vínculo tipo entre una terminal automotriz y el proveedor de un conjunto autopartista (sistemista). La terminal define el producto e invierte fundamentalmente en herramental, según notaremos más adelante, y es el sistemista el que dirige industrialmente el proyecto y lo gestiona. Más allá de la definición de roles, el contrato señaló otros aspectos, a saber:

1. Inversión: PSA se comprometió a realizar una inversión inicial destinada al desarrollo de herramentales (propiedad de PSA), puesta a punto de maquinaria y equipos propiedad de Fiat, y a la compra e incorporación a la línea de producción de la planta de Fiat de algunos equipos, especialmente centros de mecanizado.
2. Volúmenes: se establecieron volúmenes mínimos de producción y cláusulas previendo penalidades para escenarios de no saturación. El contrato se propuso inicialmente un volumen de 165.000 unidades por año, que luego fue renegociado hacia la baja a 85.000 unidades anuales con la desafectación de un turno de producción.
3. Precio: el contrato definió un precio inicial de provisión, que sería revisado trimestralmente. Esta variable es la que debió reflejar la meta económica que se trazaba PSA Argentina al plantear el proyecto en un inicio.

2.6. Caracterización del emprendimiento conjunto

El acuerdo establecido entre las partes despierta especial interés desde la conformación misma del proyecto, sus integrantes y sus resultados,

---

5   El *powertrain* o tren de potencia de un vehículo está integrado por los principales componentes que generan energía y la transfieren a la superficie; incluyendo fundamentalmente el motor y la transmisión.

como experiencia de integración productiva en el Mercosur en uno de los sectores de mayor relevancia y protagonismo en la región.

El acuerdo involucra a dos empresas transnacionales con fuerte presencia productiva y comercial en ambos países del Mercosur, que compiten por el mercado regional de vehículos. A su vez, se advierte una competencia intra-firma, pues las filiales de una misma empresa compiten entre sí en la asignación de modelos, distribución del mercado, inversiones, nuevos desarrollos, diseños, abastecimiento de partes y piezas, entre otras cuestiones. Ello responde a una lógica de mercado y de las políticas propias de las filiales con las casas matrices, pero también a un marco institucional y político provisto tanto por el Mercosur en conjunto como por sus estados miembros.

Dentro del bloque, particularmente en la relación bilateral entre la Argentina y Brasil, el sector automotriz ha seguido una política de comercio administrado a través del Acuerdo de Complementación Económica N° 14, denominado Acuerdo sobre Política Automotriz Común entre la República Argentina y la República Federativa de Brasil, y los respectivos Protocolos Adicionales. Dicho acuerdo establece una protección arancelaria frente a la producción procedente de países extra-zona, a la vez que libera el comercio entre las partes sujeto a que se respete un nivel de contenido regional mínimo de autopartes e insumos en los productos automotores comercializados, y establece un coeficiente de desvío permitido entre las exportaciones e importaciones bilaterales de modo de evitar la concentración de la producción (y el comercio y las inversiones) en uno de los países.

Estas políticas, al igual que aquellas nacionales y/o provinciales o estaduales que otorgan incentivos a la producción e inversión local, condicionan las estrategias de localización de la producción vehicular y autopartista de las firmas. Las empresas transnacionales automotrices que tienen presencia en Argentina y Brasil deben tomar las decisiones e incorporar en sus evaluaciones económico-financieras de los proyectos de inversión las condicionalidades o estímulos que el marco político-institucional les impone. Esta circunstancia ha llevado a que la producción automotriz se realice, más allá de las oscilaciones, en ambos países, siendo las mismas empresas las que producen a un lado y a otro de la frontera. En Argentina existen once empresas terminales automotrices; todas ellas producen vehículos en el país con la excepción de Scania, que produce solamente cajas de cambio. Estas mismas firmas poseen también plantas productivas en Brasil, país en el que, al año 2012, se contabilizaron diecinueve empresas terminales automotrices.

En este capítulo no analizaremos los resultados de la política automotriz bilateral ni las políticas nacionales en materia de integración, acceso al mercado, nivelación de producción entre las partes, etc., aunque destacaremos que el marco dado por esas políticas ha incidido en las decisiones de localización de producción que, en este caso puntual, dieron origen al acuerdo estratégico entre las dos terminales automotrices. Establecer un vínculo causal es imposible. Lo que se afirma aquí es que estas regulaciones fomentan –o han buscado hacerlo– este tipo de comportamiento, en tanto facilita la sustitución de importaciones en la región, incrementa la producción e integra productivamente a Argentina y Brasil.

El emprendimiento conjunto analizado está conformado por dos grandes empresas, terminales automotrices, dedicadas a la misma actividad (mismo código de Clasificación Internacional Industrial Uniforme - CIIU). Si bien esto lleva a pensar en una asociación horizontal, dado que está conformada por empresas competidoras, lo que ambas firmas desarrollaron fue realmente una cooperación vertical, pues se trata del aprovisionamiento de un componente por parte de una empresa (Fiat, sistemista en este caso) a otra (PSA, terminal). Es decir, en este caso, empresas dedicadas a una misma actividad –la automotriz– definieron una colaboración en la que una de ellas –Fiat– actuó en un eslabón distinto de la cadena.

De esta manera, el caso Fiat-PSA es consistente con lo que se observa en general en la región. En efecto, en base a las tendencias de los emprendimientos conjuntos clasificados en el Observatorio de Emprendimientos Conjuntos e Integración Productiva del Mercosur, Trucco (2014) señala que independientemente de que los emprendimientos en el Mercosur tengan una finalidad productiva, comercial o tecnológica, se observa un predominio de asociaciones entre empresas que operan en el mismo sector de actividad (comparten el mismo CIIU), y concluye que por encima de las ventajas comparativas sectoriales y de la búsqueda de complementariedades productivas dentro de una cadena de valor, las asociaciones encuentran motivación en el aprovechamiento de otro tipo de ventajas –en este caso, la disponibilidad de capacidad instalada–.

Tampoco resulta extraño que PSA haya optado por una empresa grande y competidora (misma actividad) cuando se considera que se trata de la producción de cajas de cambio. PSA no se propuso la localización de una autoparte estándar, sino de un conjunto complejo, componente del *powertrain* del vehículo, que es desarrollado tecnológicamente por la misma terminal. En la práctica, las opciones para la provisión de este conjunto son dos: producción *in-house* o bien producción bajo un acuerdo de este tipo por parte de otra empresa terminal que tiene la capacidad tecnológica para la fabricación (en general, por producir cajas para sus propios vehículos). Es difícil encontrar una empresa independiente que provea este tipo de componentes a varias terminales. Aquí juegan las barreras tecnológicas, de diseño, propiedad intelectual, etcétera.

El acuerdo quedó plasmado a través de la firma de un contrato de plazo definido: 10 años. Es un contrato de provisión y producción, con compromisos de ambas partes, que no supuso la conformación de una nueva persona jurídica ni ninguna otra figura legal. En el marco de la asociación, cada una de las partes tuvo un rol definido contractualmente.

Se trató de fabricar la misma caja que se producía en Francia. El acuerdo no supuso un desarrollo de producto ni tecnológico, aunque de hecho implicó la creación de nueva demanda a los proveedores locales. Si bien la información sobre este punto es escasa, se conoce que por lo menos cinco empresas locales, la mayoría de la zona de Córdoba y proveedoras a su vez de Volkswagen para su producción de cajas –entre ellas una matricería y cuatro empresas dedicadas al forjado y mecanizado de piezas– han participado como proveedoras de Fiat para la fabricación de cajas para PSA. Por otro lado, atento a que Fiat obtuvo el beneficio previsto en el Régimen de Promoción Autopartista instituido por la Ley 26.393, puede inferirse que la producción generada en el marco de este acuerdo no solamente permitió sustituir valor agregado por la terminal sino también un porcentaje relevante de componentes. En tanto beneficiaria del régimen, por lo menos el 60% del valor de las cajas debe corresponderse con contenido "argentino" (valor agregado + materiales + partes y piezas).

Definido el proyecto de localización y reducción de costos de aprovisionamiento, PSA necesitaba acceder a cierta tecnología de producción. El objetivo económico de minimizar la inversión la condujo a asociarse con una firma como Fiat con capacidad instalada ociosa. Las motivaciones de PSA pueden plantearse en términos de Gonzalez del Campo y Jiménez Estévez (2007) como el acceso a capacidades productivas y tecnológicas de difícil acceso. También podría pensarse, en el caso de PSA Argentina, en una búsqueda por posicionarse frente a su filial de Brasil, resultado que habría fallado en conseguir. Por su parte, Fiat expandía su volumen de producción con capacidad ociosa, reduciendo costos fijos y mejorando los niveles de eficiencia. Además Fiat se beneficiaba de la inversión comprometida por PSA en su planta de Córdoba, que mejoraba y ampliaba la capacidad ya existente. Es decir, ampliaba sus negocios y obtenía una inversión en su planta por parte de su cliente. Con objetivos económicos en uno y otro caso, la disponibilidad de la tecnología, en el caso de PSA, y el aumento en la escala de producción, en el caso de Fiat, explican el porqué de la asociación entre ellos.

Fue un acuerdo entre privados, sin participación del Estado. Sin embargo, la política automotriz bilateral, así como las políticas nacionales –en particular de Argentina–, tendientes a sustituir importaciones, tienen incidencia en las decisiones de empresas como PSA. En el caso de Argentina, la sustitución de importaciones fue uno de los grandes lineamientos de política industrial a partir de la presidencia de Néstor Kirchner (2003-2007) que situó a la reindustrialización del país como pilar del modelo económico y social. Desde entonces, fueron implementándose diferentes medidas que desalentaron y dificultaron las importaciones, tales como las licencias de importación automáticas y no automáticas, medidas anti-*dumping*, declaraciones anticipadas de importación, mayores exigencias de contenido local o de balanza comercial, entre otras. Todas estas medidas se complementaron con aquellas tendientes a fortalecer la industria nacional y, en particular, la integración local en la cadena de valor automotriz-autopartista.

Si bien este acuerdo no respondía de manera directa a exigencias o medidas de política puntual, el marco político institucional planteado podría entenderse como condicionante de la toma de decisiones por parte de PSA, en tanto existe un objetivo compartido: la sustitución de un componente clave desde países extra-zona a la vez que aumenta la exportación de Argentina a Brasil.

El Cuadro 2 ilustra y sintetiza los distintos aspectos del emprendimiento conjunto repasados en este apartado.

Cuadro 2. Caracterización del Emprendimiento Conjunto

	Empresas	PSA Argentina y Brasil - Fiat Argentina
Las empresas asociadas	**Origen del capital**	Filiales de Empresas Multinacionales. **Capital extranjero**: Francia e Italia, respectivamente.
	Rama de actividad	División 34 - Grupo 341: Fabricación de vehículos automotores.
	Tamaño	Empresas **grandes**.
El Emprendimiento Conjunto	**Figura legal**	La asociación se traduce en la firma de un **contrato**, que es básicamente un contrato **de provisión/producción**. El contrato no origina una persona jurídica diferente a la de las partes asociadas.
	Sentido de la asociatividad	**Vertical.** Si bien las empresas poseen la misma actividad principal (mismo CIIU), y compiten en la fabricación de vehículos, esta asociación se da entre una Terminal (Fiat) proveyendo un sistema a otra Terminal (PSA); pudiendo pensarse la asociación como entre empresas actuando en distintos eslabones de la misma cadena: una produce una autoparte que es incorporada a la producción de vehículos de la otra.
	Finalidad/ Motivación	**Asociación productiva.** Las motivaciones de PSA pueden plantearse en términos de sustituir importaciones y las de Fiat probablemente tengan que ver con aprovechar el uso de su capacidad instalada y generar, potencialmente, mayores niveles de producción y las correspondientes economías de escala. Sin embargo, el alcance del acuerdo es eminentemente productivo. No hay desarrollo tecnológico, ni transferencia de tecnologías, tampoco la finalidad es comercial (los canales de comercialización y demanda eran los preexistentes), etc.
	Desarrollo tecnológico	**No hay ningún componente directo** en este sentido. Solo la incorporación de ciertas tecnologías (inversión asumida por PSA) pero que no necesariamente hablen de un mayor nivel tecnológico. Quizás pueda encontrarse algún impacto en la cadena de proveedores.
	Desarrollo sustentable	No parecería haber aspectos que tengan que ver con esta variable, más allá de que tratándose de empresas grandes, multinacionales, cumplen con las certificaciones de proceso correspondientes.
El rol estatal	**Participación**	**No hay** participación directa del Sector Público.
	Políticas públicas	**Programas de Incentivos y Políticas nacionales** compatibles con los objetivos últimos del proyecto que seguramente tuvieron algún rol en la decisión. **Política automotriz regional.**

Fuente: elaboración propia.

2.7. Los resultados de la cooperación

Faltando menos de un año al momento de escribir este capítulo (2015) para el cumplimiento del plazo previsto contractualmente de la cooperación bajo análisis, es posible evaluarla como exitosa, en tanto se ha mantenido efectiva durante casi diez años. En la práctica, y tal como había sido planteado el objetivo del acuerdo, Fiat Argentina, desde su planta de Córdoba, ha provisto a PSA Argentina y PSA Brasil las cajas de cambio para sus vehículos plataforma 1; sustituyendo –parcialmente en el caso de Brasil– importación desde Francia. Sin embargo, de acuerdo a los objetivos específicos planteados inicialmente, el resultado no ha sido el esperado. Distintos factores han llevado a revisar el contrato inicial, modificando algunos parámetros, especialmente vinculados a dos variables objetivas:

1. Volúmenes: se renegoció a la baja. La cooperación se inició con un volumen programado de 165.000 unidades al año, cantidad que fue reducida progresivamente hasta alcanzar las 85.000 unidades actuales.
2. Competitividad-Precio: nunca se llegó al target de precio estipulado, que debía ser más competitivo que el de Francia (en el mercado local).

Este emprendimiento conjunto ha sido analizado en el ámbito de las mesas convocadas por el Ministerio de Industria, con participación del Ministerio de Economía y Finanzas Públicas, y los representantes de los distintos eslabones de la cadena automotriz-autopartista. En estas, el acento estuvo puesto no sólo en avanzar en los niveles de integración local de los conjuntos sino también en evaluar la competitividad de la producción local frente a fuentes alternativas de aprovisionamiento, ante la posibilidad de que Brasil redirigiese totalmente sus compras a Francia.

Los resultados han estado influidos por diferentes factores:

a. Pérdida de peso relativo de PSA Argentina frente a PSA Brasil:
Desde el año 2006, la balanza de PSA se fue inclinando hacia Brasil. Si bien en el origen del acuerdo la filial Argentina de PSA tenía un peso relevante en relación a la de Brasil, el devenir de los hechos posteriores determinó que, por el contrario, Brasil asumiera mayor preponderancia, por lo menos en lo que respecta al alcance del acuerdo analizado. La Argentina fue perdiendo participación en la producción de los modelos de automóviles de plataforma 1 en favor de Brasil, que pasó a concentrar la asignación regional de nuevos modelos del segmento. En el inicio del proyecto más del 65% de la producción de PSA Argentina estaba vinculada

a vehículos del segmento en cuestión, mientras que en 2013 esa participación apenas superó el 40%. Modelos como el 206 o el 207 han dejado de producirse –o han disminuido significativamente la producción– en la Argentina. Simultáneamente, el peso relativo de Brasil fue creciendo, concentrando la producción de este segmento de vehículos. De hecho, los dos nuevos y últimos modelos del segmento, Nuevo C3 y Peugeot 208, lanzados en 2012-2013, son producidos en Brasil, no en Argentina.

En tanto disminuye o aumenta la producción de vehículos plataforma 1, también declina o se incrementa la demanda de las cajas producidas por Fiat, estipuladas en el acuerdo. De esta manera, el proyecto inicial que tenía como objetivo producir para abastecer la producción de vehículos argentinos y brasileños –en cuyo caso la sustitución fue parcial–, mutó hacia el abastecimiento con destino a los vehículos producidos en Brasil.

Para la Argentina, acceder al mercado brasileño implica mayores exigencias de competitividad. Naturalmente, los costos de sustituir origen argentino por origen francés son menos elevados para Brasil. A medida que la demanda argentina disminuya, conforme cae la producción nacional del segmento, es esperable que las barreras para sustituir las cajas de Fiat por producción de extra-zona sean cada vez menores, lo que podría comprometer los volúmenes involucrados, máxime si el factor precio no supone una ventaja clara.

b. Menor escala de producción respecto a Francia:
Al caer los niveles de producción de las cajas en Córdoba, la exigencia de competitividad para la producción de Fiat se incrementó. La planta de Córdoba competía con la francesa de Metz. Sin embargo, la escala de producción de esta última es cinco veces superior a la de Fiat Argentina en Córdoba. Mientras Metz produce alrededor de un millón de cajas por año, la producción de Fiat se encuentra actualmente (2015) en torno a las 200.000 ó 250.000 unidades anuales; esto es, sumando las producciones destinadas tanto a la propia Fiat como a PSA en el marco del acuerdo de colaboración.

c. Entorno macroeconómico más débil:
El proyecto no ha sido ajeno al desmejoramiento de las condiciones macroeconómicas de la Argentina que impactaron en el sector productivo principalmente a través de costos y precios crecientes, mayor atraso cambiario y menor rentabilidad. Esto puede ser soslayado sólo temporalmente con políticas y medidas gubernamentales que buscan neutralizar dichas problemáticas, tales como las líneas de crédito con tasas reales negativas (o directamente subsidiadas), los programas de incentivo a la demanda, o las medidas de freno a la importaciones en el

caso de preservar el mercado interno frente a la producción extra-zona. Sin embargo, en este caso, el resultado fue un mayor costo y precio para la exportación. En efecto, dado el creciente peso de la producción destinada a la exportación en el marco del acuerdo, que implica mayores esfuerzos de competitividad, más aun teniendo que competir con una planta de Francia con escala cinco veces mayor, el entorno macroeconómico impactó negativamente, sin lograr ser compensado por medidas de políticas específicas.

Por todo ello, lo establecido en el acuerdo fue haciéndose más difícil de cumplir y la continuidad o no de la cooperación más allá de 2016 reviste la condición de interrogante.

3. La política automotriz regional y nacional y sus efectos sobre la integración productiva y la asociatividad empresaria

En lo que respecta al marco regulatorio en el que se desempeñaba el comercio automotriz entre Argentina y Brasil al momento de la firma del acuerdo bajo análisis, debe señalarse que perdía vigencia el XXXI Protocolo Adicional al ACE 14 y entraba en vigencia, con fecha 1° julio de 2006, el XXXV Protocolo Adicional. En este punto resulta interesante advertir lo que ambos países se proponían expresamente a la hora de acordar lo que serían esas nuevas condiciones que regularían el intercambio hasta junio de 2008:
- Mecanismos de crecimiento y desarrollo armónico de las industrias, favoreciendo el incremento de la inversión y la producción en Argentina.
- Integración efectiva de las cadenas productivas, con base en un proceso real de complementación industrial.

Para ello, preveían la definición de distintas herramientas, tales como comercio administrado conforme a las asimetrías existentes, políticas pro-integración de las industrias autopartista y terminal y armonización de reglamentos técnicos.

En la práctica, salvo mención y mandato de trabajo futuro respecto de los últimos dos puntos, esto terminó traduciéndose en el establecimiento de un mecanismo de administración del comercio de productos automotores (vehículos y autopartes) entre Argentina y Brasil, que definió un coeficiente de desvío (ratio entre importaciones y exportaciones) máximo, superado el cual se aplicaba un arancel intra-zona sobre el excedente de importación. Ello implicaba la pérdida de la preferencia del 100% para vehículos y autopartes originarias del Mercosur. La ratio fue única, con lo cual no terminó de reflejar las asimetrías existentes entre ambos países y, al ser de medición global, no tuvo efecto práctico, especialmente cuando el convenio admitía la cesión de performance entre empresas en un escenario de desvío mayor al admitido.

Aun así, no debe desconocerse que el planteo de un marco específico para el comercio intra-sectorial entre ambos países del Mercosur, con previsiones claras respecto de premisas de desempeño como la tendencia a cierto reequilibrio del comercio, la corrección de asimetrías a través de la búsqueda de inversiones en ambos países, fundamentalmente en Argentina con una cadena automotriz-autopartista menos desarrollada e integrada; a su vez, generan un marco de comportamiento más proclive a la integración productiva, la especialización, la complementariedad y, con ello, la cooperación empresarial. Con la pretensión de simplificar la posición llevándola a un extremo, son mayores los incentivos en la industria automotriz, dada la existencia de los protocolos bilaterales, que en cualquier otro sector que se rige por las normas Mercosur: preferencia del 100% contra cumplimiento de origen del bloque.

Cierto es, sin embargo, que la política automotriz bilateral estuvo desde sus orígenes –hacia principios de la década de 1990– enfocada en generar un mercado regional de vehículos que, a partir de una mayor escala de producción, atrajera inversiones y permitiera la especialización y la complementariedad de la producción de vehículos intra-regional. Las pautas de comportamiento exigidas estuvieron siempre relacionadas con cierto equilibrio del comercio bilateral (o cierto desequilibrio máximo, y no definido en términos nominales sino relativo al flujo de comercio) y mínimos de integración de autopartes producidas en el Mercosur.

Por lo menos dos aspectos han quedado fuera del alcance de la política bilateral. El primero está relacionado con el disciplinamiento de las políticas de promoción locales –nacionales y subnacionales– que vinieron a profundizar las asimetrías estructurales entre los dos países. Brasil, el mercado más grande de la región y naturalmente el mejor posicionado para la captación de inversiones, es también el país que más incentivos ha dado a la industria para fomentar su desarrollo. En este sentido, en uno y otro lado, las políticas nacionales en muchos casos han incluso minado los objetivos escritos en términos de integración productiva de la cadena automotriz-autopartista en la región. Por ejemplo, al prever condicionamientos de contenido "súper local" –entendiendo como tal la definición de un contenido de autopartes argentinas o brasileras–, se establecía un alejamiento de la noción de contenido Mercosur.[6]

En el caso argentino, esto puede plantearse como una medida defensiva dados el desequilibrio estructural y la ausencia de mecanismos comunes que busquen corregirlos. En el caso de Brasil, en cambio, esto sólo tiende a profundizar el statu quo.

El último régimen brasileño de promoción a su industria automotriz (Inovar Auto), reglamentado en octubre de 2012, prevé que las empresas terminales que invierten en Brasil y que realizan en el país ciertos procesos productivos, entre otros requisitos, generan crédito fiscal presunto en el IPI (Impuesto a los Productos Industriales), y soportan con ello una menor carga impositiva, a partir de los gastos en I+D, compra de autopartes locales, inversiones en desarrollo de ingeniería realizados en el país, etcétera. De este modo, las actividades productivas que la empresa beneficiaria tiene en Argentina no son tomadas en cuenta a la hora de acceder al beneficio, lo mismo que las compras de autopartes producidas en Argentina a la hora de generar ese crédito fiscal presunto. Así, a los efectos del acceso al Programa, Brasil da igual tratamiento a la importación de una caja de cambios por PSA Brasil desde Argentina o desde Francia. En tanto no está realizado en Brasil, el proceso de fabricación de la caja de cambios en Argentina no es considerado a la hora de evaluar los requisitos de acceso al beneficio.

Este tipo de políticas nacionales desincentiva la formación y el desarrollo de emprendimientos como el Proyecto Cajas MA5 entre Fiat y PSA, ya que fomenta la concentración de la producción de componentes y procesos productivos en el país de fabricación del vehículo.

El segundo factor no contemplado en la política automotriz común tiene que ver con el desarrollo tecnológico. Los acuerdos establecidos desconocen esta variable que, en definitiva, señala el rol de la región respecto a las casas matrices. En términos de Obaya (2014), esto es la configuración de una relación de tipo periférica (con centro en las casas matrices) o semi-periférica regional, conforme a los procesos productivos

---

[6]   Así por ejemplo, el otorgamiento de ciertos beneficios nacionales, destinados a promover el desarrollo de la industria, exige que la producción tenga un determinado porcentaje de contenido (materiales, piezas y valor agregado) nacional (no regional). Así, el régimen instituido por la Ley 26.393, en su reglamentación, prevé que el acogimiento al beneficio supone que la producción alcanzará al cabo de cierto período de tiempo un contenido máximo importado "de todo origen" (lo que incluye Brasil y demás miembros del Mercosur) del 40%; definiendo así, un contenido "súper local", argentino, del 60%. El Inovar Auto brasileño, como se señala más adelante, si bien no define un porcentaje en estos términos, limita el beneficio a lo producido en Brasil. En ambos casos, las políticas buscan radicar producción (e inversiones) en el país promovido, alejándose de una lógica regional.

realizados, la participación en el desarrollo de productos y el grado de autonomía en la toma de decisiones que tengan las subsidiarias locales.

Los conceptos de "investigación y desarrollo" e "innovación tecnológica" no aparecen como objetivos en la política automotriz del Mercosur. La idea de modernización de la industria estuvo acotada al lanzamiento de nuevos modelos, a la reducción de la brecha con los modelos vigentes en los mercados desarrollados, y a la incorporación de tecnología de procesos; no así a la I+D y a la generación de nuevas tecnologías en la región. Esto se profundiza con la estructuración de la producción a partir de modelos globales; esto es, modelos que se producen en cierta cantidad de países para los distintos mercados regionales, no pudiendo advertirse mayores diferencias entre el producto lanzado para una región y otra. Esta configuración de la industria, de la que Argentina participa con éxito a través de la asignación a nuestro país de varias plataformas globales (Ford Ranger, Toyota Hilux, nuevo modelo mediano de GM, por ejemplo), tiende no solamente a globalizar las cadenas de provisión sino a concentrar aún más la I+D en las casas matrices y países elegidos por éstas como centro de desarrollo.

Ausentes en la política bilateral, sí son objetivos que empiezan a aparecer en las políticas nacionales. Entre los requisitos de acceso al programa Inovar Auto, por ejemplo, se prevé que un porcentaje mínimo de la facturación bruta de la terminal –que va desde el 0,15% al 0,5%– debe estar destinado a inversión en I+D en el país. Argentina no tiene previsiones de este tipo en sus regímenes de promoción.

Una vez más, este tipo de políticas unilaterales tienden a profundizar las asimetrías existentes. Obaya (2014) concluye que terminan por consolidar la división jerárquica del trabajo entre las empresas subsidiarias en Brasil y Argentina, por la que los procesos más intensivos en conocimiento se concentran en Brasil. O, en términos de Kosacoff y Bouzas (2010), las asimetrías entre Argentina y Brasil en las políticas de cada uno dirigidas al sector productivo han sido crecientes y muestran sólidas dinámicas de *path dependence*, determinando, a su vez, una dinámica de crecimiento de las asimetrías estáticas.

Tampoco se ha logrado delinear una política común u homogeneización de normativa técnica en aspectos vinculados a la seguridad ni tampoco en lo referido a la preservación del medioambiente y desarrollo sustentable. En este sentido, los gobiernos nacionales han ido avanzando en forma paralela, notándose que en general –pero no siempre– tienden hacia una convergencia práctica. Esto se hace evidente con la incorporación de nuevos elementos de seguridad activa y pasiva –para los que Argentina y Brasil definen independientemente cronogramas y porcentajes de obligatoriedad– y en materia de eficiencia energética –concepto que sí es recogido entre sus requisitos por el Inovar Auto–.

En suma, y sin pretender en este punto hacer un análisis exhaustivo de la política automotriz bilateral, puede advertirse que quedan aún muchos aspectos sin regular. Terminan siendo las empresas –con decisiones primero desde Europa, Japón o Estados Unidos y, en segundo término, desde Brasil– las que aun gozando del acceso a un mercado de 5 millones de vehículos definen la estrategia en la región. Esto es, niveles de complementariedad, integración productiva intra-firma, eslabonamientos hacia atrás en la cadena de valor y esfuerzos en términos de investigación y desarrollo. El único condicionante dado por la política común, esto es, el coeficiente *flex* –coeficiente de desvío, definido como el cociente entre el valor de las importaciones y exportaciones entre las partes– y contenido regional de la producción se vuelve incluso inaplicable dada su forma de medición global. Son las políticas nacionales, con sesgo local y con mayor fuerza en Brasil, las que incentivan ciertos comportamientos sobre los que bilateralmente nada se dice. Esta situación conspira contra la política común.

4. Reflexiones finales

En este capítulo hemos analizado un emprendimiento conjunto entre empresas transnacionales radicadas en dos países del Mercosur. En 2006, PSA Argentina y PSA Brasil convinieron contractualmente con Fiat Argentina la fabricación de las cajas MA5 destinadas a los vehículos plataforma 1 producidos en ambos países.

Esta iniciativa implicó una asociación productiva, dado que no hay un componente comercial ni tecnológico en lo acordado, por diez años. La cooperación estuvo motivada por la necesidad de PSA de acceder a ciertas capacidades productivas, en función de su objetivo de nacionalización de las cajas y su meta de minimizar los costos de inversión asociados, y la disponibilidad de Fiat de capacidad instalada ociosa.

Si bien este emprendimiento conjunto se ha desarrollado entre dos empresas terminales pertenecientes al mismo sector de actividad (mismo código CIIU) y por lo tanto a primera vista daría una idea de horizontalidad, se trata en realidad de una asociación vertical, actuando cada firma, en el marco de la cooperación, en distintos eslabones de la cadena automotriz.

El tamaño y la actividad del socio, en este caso, estuvieron determinados por las características propias del componente involucrado en la asociación. No existen PyMEs productoras de este tipo de tecnologías, ni tampoco empresas grandes no terminales, proveedoras de cajas de cambio. No obstante, cabe cuestionar por qué Fiat fue escogida. La respuesta es simplemente por la existencia de alianzas entre ambas firmas a nivel global.

Por su parte, el alcance limitado a lo productivo parece haber definido el tipo de contrato. Si hubiera sido mayor el alcance en términos de desarrollo tecnológico, habría sido esperable una cooperación a través de una agrupación de colaboración empresaria, sociedad, acuerdo a mayor plazo, etcétera.

El Estado no tuvo participación directa en el emprendimiento analizado. Sin embargo, el marco ofrecido por las políticas públicas sectoriales ha resultado fundamental a la hora de evaluar el comportamiento empresario y la potencialidad y el alcance de este tipo de cooperación.

La definición de una política automotriz común entre Argentina y Brasil permitió el crecimiento y la modernización experimentados por la industria en uno y otro país durante los últimos veinte años. Desde mediados de la década de 1990 –a partir de la conformación de un mercado regional con niveles de protección altos frente a los vehículos procedentes de países extra-zona– y con más fuerza a partir de 2003, la región ha sido destino de importantes inversiones, que se tradujeron en una renovación continua de plataformas exclusivas asignadas, alcanzándose así una mayor especialización y complementariedad productiva a nivel regional. Argentina, el país con el mercado más chico, siguió una estrategia exportadora, teniendo al Mercosur como destino principal de la producción.

Sin embargo, dada la potencialidad de cooperación existente por las características propias de la industria automotriz-autopartista, el impacto es aún limitado en términos de integración productiva regional. Ello obedece a que la política trazada no ha logrado corregir los desequilibrios estructurales que se manifiestan fundamentalmente en el dispar desempeño de la industria autopartista en uno y otro país, y que están vinculados al mayor tamaño del mercado brasileño.

Por su parte, las políticas nacionales en muchos casos se revelaron a contramano al profundizar estos desequilibrios. Concretamente, la política de promoción automotriz brasileña, más agresiva que la Argentina, fomenta la concentración de actividades en el país más grande, desalentando así la integración productiva entre ambos países.

De alguna manera, estos desequilibrios también tienen repercusión en el acuerdo establecido por PSA y Fiat; pese a ser imposible establecer razones de causalidad. En parte como consecuencia de la especialización buscada se observó cómo la producción de los vehículos plataforma 1 tendió a concentrarse en Brasil y, con ello, Brasil ganó participación como destino de las cajas producidas por Fiat en Córdoba. Como consecuencia, la continuidad del proyecto más allá de 2016 depende ahora en mayor medida de la voluntad de compra de la filial brasileña a Fiat Argentina versus PSA Francia. A ello se suma que el desmejoramiento de las condiciones macroeconómicas que impactaron en la competitividad vía precios de la producción argentina complican el escenario. Pero resulta indudable que las grietas de la política bilateral en materia de integración regional y, más aún, ciertas políticas nacionales, no colaboran para darle continuidad al emprendimiento. Si los procesos productivos realizados en Argentina tuvieran tratamiento local en el marco del Inovar Auto, por ejemplo, la potencial decisión brasileña de sustituir origen argentino por origen francés tendría un costo más alto.

En este sentido, la política bilateral, retomando sus objetivos de alcanzar un desarrollo armónico y una efectiva integración productiva en la región, debe ser la que regule ciertos aspectos que hoy sólo aparecen recogidos en los regímenes nacionales minando los objetivos señalados. Y debe hacerlo, claro está, desde una lógica regional.

La política automotriz bilateral debe definir mecanismos y herramientas para equilibrar los flujos de inversiones y comercio –hoy desfavorables a la Argentina, fundamentalmente en lo que respecta a la industria autopartista–. Se trata de fortalecer el autopartismo local. Para ello, resulta fundamental un mayor nivel de integración productiva que redunde en exportaciones de autopartes desde Argentina a Brasil. Si así no fuera, el flujo inversor irá a Brasil –máxime con el esquema de incentivos dispuesto– y, con ello, el déficit comercial de la Argentina será creciente, aun en un escenario de crecimiento de la industria automotriz nacional.

Esto exige pensar más allá de la administración del comercio a través de la definición de un *flex*, cuya efectividad exigiría algún tipo de desdoblamiento en la medición de los desvíos en lo que respecta a vehículos y autopartes, o llevarlo a un esquema más micro, por empresa; y un régimen de origen común. La protección efectiva de toda la cadena, fundamentalmente dada la utilización de mecanismos como los regímenes de Admisión Temporaria y Aduana Factoría,[7] debe ser revisada desde una óptica de la industria en su conjunto.

---

[7]   Por el régimen de admisión temporaria se permite el ingreso dentro del territorio aduanero de un país, con suspensión de los derechos y tasas a la importación, de mercaderías importadas destinadas a ser reexportadas dentro de un cierto plazo. El Régimen de Aduana Factoría (RAF), por su parte, supone beneficios similares, con la posibilidad de tributar impuestos y aranceles sobre lo importado sólo cuando se despacha producción

La política bilateral debe trascender lo comercial y regular sobre variables productivas. Aunque de difícil implementación dado que los países –Brasil fundamentalmente en este caso– levantarían la bandera indiscutible de la soberanía en materia industrial, debería pensarse en una política automotriz industrial común. Con objetivos para la región acordados, definiendo con ello el rol pretendido frente a terceras regiones, regímenes de promoción comunes –por los cuales se premie la inversión en I+D, el desarrollo de nuevos materiales y tecnologías, la eficiencia energética, la introducción de nuevas tecnologías, el desarrollo de eslabones faltantes, etc.; y se regulen los incentivos nacionales y subnacionales desde una óptica de equilibrio regional–.

Dado el punto de partida, el tamaño de los mercados y la capacidad de aplicar incentivos unilaterales de uno y otro país; el equilibrio pretendido requiere una visión de conjunto y el disciplinamiento de estas herramientas. Pensando en acciones más concretas, el compromiso efectivo de los gobiernos en generar ámbitos de encuentro de los sectores privados, focalizando en empresas locales y de menor tamaño, potencia la concreción de emprendimientos conjuntos. Rondas de negocios, misiones directas e inversas, encuentros diseñados específicamente, favorecen la identificación del socio y disminuyen los costos de coordinación. La existencia de un fondo de financiamiento para este tipo de proyectos no parece ser un objetivo demasiado ambicioso y puede potenciar emprendimientos conjuntos que involucren empresas de menor tamaño. El FOCEM[8] Auto, con un presupuesto de 3,9 millones de dólares y un universo de cien empresas radicadas en la región es una primera experiencia aplicada en este sentido a nivel Mercosur, con objetivos consistentes con lo aquí planteado.

En suma, desde una perspectiva sectorial se trata de generar condiciones tendientes al desarrollo equilibrado y sustentable de la industria. Dicho equilibrio potenciará las posibilidades de cooperación e integración productiva, alentando asociaciones estratégicas no sólo entre los grandes grupos económicos de terminales como se ha visto en este capítulo, sino entre autopartistas y terminales, o entre autopartistas de los diferentes "anillos" productivos, con empresas de distintos tamaños, buscando principalmente el salto tecnológico de las PyMEs.

---

al mercado interno. Ello implica básicamente una ventaja adicional de índole financiera y logística. Bajo el RAF, las terminales importan autopartes para producción de vehículos tanto destinados al mercado interno como a exportación, debiendo tributar los aranceles e impuestos correspondientes solo en lo que se refiere a lo destinado al mercado interno y al momento de su despacho a consumo.

[8]   Fondo de Convergencia Estructural del Mercosur.

Referencias bibliográficas

ABDI (2010). "Complementariedad Productiva entre Argentina y Brasil. Detección de Sectores Estratégicos para el Abordaje de Negocios Conjuntos", *Série Cuadernos da Indústria ABDI*, Vol. 17, Brasilia, Brasil.

Asociación de Fábricas de Automotores (ADEFA): www.adefa.com.ar

Associação Nacional dos Fabricantes de Veículos Automotores (ANFAVEA): www.anfavea.com.br

Gonzalez del Campo, J. y Jiménez Estévez, P. (2007). "La cooperación empresarial como estrategia de crecimiento: motivos de su formación, ventajas e inconvenientes", *XX Congreso anual de AEDEM*, Vol. 2, Asociación Española de Dirección y Economía de la Empresa.

Kosacoff, B. y Bouzas, R. (2010). "Cambio y Continuidad en las Relaciones Económicas de la Argentina con Brasil", Documento de Trabajo, N° 8, CEPAL, Buenos Aires, Argentina.

Obaya, M. (2014). "Multinational Companies in MERCOSUR: Building Up a Peripheral and Hierarchical Regional Automotive Space", *Seminario Interuniversitario sobre Desarrollo Productivo Argentino*, SIDPA, Buenos Aires, Argentina.

Sica, D. (2008). "Estudio de la cadena de valor automotriz Argentina", Abeceb Consultora y Asociación de Fabricantes de Automotores (ADEFA), Buenos Aires, Argentina.

Trucco, P. (2014). "Asociatividad Empresaria Regional en el Ámbito del Mercosur. Los Primeros Pasos", Working Paper, N° 165, *Serie Integración Productiva Regional*, LATN, Buenos Aires, Argentina.

Asociación EMBRAER–FADEA: Un Estudio De Caso

Gustavo Rojas de Cerqueira César y Lucas Arce

1. Introducción

El objetivo de este capítulo es analizar un emprendimiento asociativo conjunto entre dos empresas de diferentes países del Mercosur: la brasileña Embraer y la argentina Fábrica de Aviones Brigadier San Martin S.A. (en adelante, FAdeA).

Por su tamaño y presencia en el mercado internacional, Embraer es una de las principales firmas de fabricación aeronáutica del mundo. Por su parte, FAdeA es una empresa recientemente estatizada, con una significativa historia de desarrollo aeronáutico aunque con un presente menos prometedor. Con la mira puesta en recuperar progresivamente el camino desandado, el gobierno argentino ha apostado al desarrollo de FAdeA como punta de lanza para la recuperación del sector aeronáutico nacional. Así, reconociendo el alto potencial y la importancia estratégica del sector aeronáutico para el desarrollo industrial de la región, los gobiernos de Argentina y Brasil han impulsado el proceso asociativo entre estas dos firmas para llevar adelante la construcción de un avanzado avión carguero de mediano porte diseñado especialmente para países en desarrollo: el KC-390.

En este capítulo analizaremos los principales aspectos de este emprendimiento asociativo poniendo el foco sobre el tipo de asociatividad desarrollada en el mismo, el impacto del proyecto en el desarrollo tecnológico de su sector productivo en los niveles local y regional, así como su efecto en el desarrollo sustentable de los ecosistemas en los que estas empresas operan. Para ello, reseñamos en primer lugar las características básicas de la industria aeronáutica. Posteriormente, explicamos la organización de la producción aeronáutica bajo el enfoque de cadena de valor. En tercer lugar, describimos la industria aeronáutica en Argentina y Brasil, focalizándonos en Embraer y FAdeA para luego, en cuarto término, analizar la cadena de valor de Embraer haciendo hincapié en los aspectos relacionados al KC-390 y la asociación con FAdeA. Una vez que contamos con un panorama amplio del contexto en el que se desarrolla este emprendimiento conjunto, pasamos a analizar diferentes aspectos de esta asociación en relación al funcionamiento de la asociatividad empresaria, el impacto y/o potencial sobre el desarrollo tecnológico y sobre el desarrollo sustentable. Por último, realizamos recomendaciones para la implementación en políticas públicas orientadas a la promoción de la asociatividad empresaria y la promoción de la integración productiva en el Mercosur.

2. Características básicas de la industria aeronáutica

La cadena de producción de la industria aeronáutica integra un conjunto de sectores y cadenas denominado de industria aeroespacial (CIIU 353). Está compuesta por: 1) industria aeronáutica (fabricación de aviones y helicópteros); 2) industria espacial (producción de plataformas espaciales, nave espacial y servicios relacionados); y 3) industria de defensa (misiles, aviones militares y otras aplicaciones aeroespaciales de utilización militar) (Luz, 2010).

La industria aeronáutica está integrada por cuatro segmentos: aeronaves, subsistemas y equipos, sistemas de propulsión de aeronaves y sistemas de apoyo en tierra. El segmento de aeronaves se encuentra organizado alrededor de cuatro subsectores: 1) montaje, integración final de subsistemas y gerencia de proyectos; 2) proveedores de sistemas estructurales y mecánicos; 3) proveedores de partes y componentes básicos, y 4) servicios industriales. El subsector de montaje se divide de acuerdo al tamaño de la aeronave: gran porte (*wide body*) o mediano porte (*narrow body*), también conocido como aviación regional.

A su vez, la fabricación de aeronaves de utilización militar integra la industria de defensa, dominada por las contrataciones públicas de las Fuerzas Armadas. En particular, la fabricación militar desarrolla aeronaves de combate, bombardeo, patrullaje, entrenamiento, transporte y abastecimiento (Collopy, 2004).

Según AIAA (2007), un tercio de los ingresos de la industria aeronáutica provienen de presupuestos públicos y el resto es originado por ingresos comerciales. La producción se divide en aviones comerciales (68%), aviones militares (24%) y helicópteros (8%). La sustentabilidad económica de una empresa fabricante de aeronaves requiere que, justo antes de que un determinado tipo de aeronave producido por ella alcance su auge de ventas, las áreas de inteligencia de mercado e ingeniería de la empresa ya deban encontrarse involucradas en la concepción superadora de un nuevo tipo de aeronave.[1] El proceso de desarrollo del nuevo tipo de aeronave demanda entre dos y cuatro años para ser

---

[1]   Entendido como la tecnología incorporada a la aeronave, el costo de adquisición por asiento, el consumo de combustible, el desempeño de despegue, aterrizaje y en ruta, entre otros.

proyectado, construido y certificado, antes de llegar al mercado. Por su parte, las actualizaciones de modelos ya existentes llegan al mercado en menos de dos años.

Asimismo, la sustentabilidad económica requiere un gerenciamiento claramente diferenciado para aeronaves militares y civiles ya que el comportamiento de sus respectivas demandas es muy dispar. En el mercado de aeronaves civiles, el éxito a largo plazo depende básicamente de las decisiones gerenciales en relación a los ciclos de los productos y de las inversiones asociadas a ellos, en un contexto fuertemente condicionado por el ciclo económico. En cambio, en el mercado militar existe mayor estabilidad y previsibilidad de la demanda como consecuencia de la relación entre el fabricante de aeronaves y los gobiernos compradores. Por ello, en la actualidad, la mayoría de los fabricantes de aeronaves orientan su producción teniendo presente la estabilidad de su flujo de ingresos, ya sea dedicándose exclusivamente al mercado militar (Lockheed-Martin, BAE Systems y Northrop-Grumman) o buscando un equilibrio entre los mercados civil y militar (Boeing y Airbus).

Independientemente del tipo de producto y del mercado de destino, la concentración de capital es un denominador común en toda la industria aeronáutica. Se trata de una industria fuertemente capital-intensiva. Los fabricantes de aeronaves deben explotar las economías de escala para poder afrontar los altos costos vinculados a los procesos de investigación y desarrollo, diseño, montaje e integración, marketing e innovación, intrínsecos al "ciclo del producto". Esta característica trasciende a los fabricantes de aeronaves y se extiende a los proveedores de subsistemas y componentes. Así, desde el final de la Guerra Fría la estructuración de la cadena aeronáutica se ha caracterizado por una reducción significativa del número de proveedores directos y la delegación del desarrollo e integración de tareas a unos pocos proveedores, especialmente por medio de "asociaciones de riesgo" (Nolan, Zhang y Liu, 2008).

A los elevados niveles de concentración de capital requeridos para el desarrollo de la cadena de valor aeronáutica se suma una característica adicional: un alto grado de regulación (nacional e internacional) y de estandarización. La combinación de estas características propias de la industria ha resultado en significativas barreras a la entrada de nuevos competidores. De hecho, la existencia de tan solo cuatro empresas de aeronaves civiles es una consecuencia directa de estas barreras (Boeing y Airbus compiten globalmente en el mercado de aviones de gran porte y Bombardier y Embraer compiten en el segmento de *jets* de mediano porte). Así, tanto las características intrínsecas como aquellas surgidas de regulaciones de la industria han derivado en la configuración de dos duopolios globales (Da Motta Veiga y Rios, 2014).

La intensa imbricación entre las distintas cadenas que componen los segmentos de aviación civil y militar sumada al elevado nivel tecnológico de los productos de la industria aeroespacial han despertado desde los inicios de esta industria el interés de los gobiernos, quienes han conferido a la producción de aeronaves el *status* de sector estratégico. La gran mayoría de las empresas fabricantes de aeronaves, como la brasileña Embraer o la argentina FAdeA, fueron como empresas estatales o controladas por el Estado a partir del interés gubernamental en producir aviones militares y desarrollar tecnologías aeronáuticas propias. Una vez consolidadas en el segmento militar, las empresas aeronáuticas más exitosas han ingresado en el segmento de la aviación civil.

Si bien la cantidad de empresas fabricantes de aeronaves y sus proveedores es muy reducida, éstas deben cumplimentar con una variedad de normas y de estándares técnicos sobre los componentes que son dictaminados por una multiplicidad de países. Se exige a los productores de aviones y a sus proveedores poseer certificaciones nacionales de diversos países debido a que las aeronaves cruzan las fronteras, así como rastreabilidad y otros controles típicos del modelo de cadena logística de custodia.[2] Ello tiene efectos de crucial importancia sobre el desarrollo de la cadena de valor aeronáutica, ya que implica que la adquisición de capacidades dentro de esta cadena no solamente demanda una gran cantidad de recursos monetarios sino también extensos periodos de tiempo.

3. La organización de la producción

El final de la Guerra Fría significó para la industria aeronáutica el inicio del proceso de liberalización y privatización, incrementando los niveles de fragmentación y "desverticalización" productiva de la cadena de valor. Al mismo tiempo, el aumento de la competencia y la racionalización de los costos de producción han sido acompañados por la concentración, a través de fusiones y adquisiciones, de los fabricantes de componentes de su cadena de valor (Niosi y Zhegu, 2010). El Gráfico 1 describe genéricamente la cadena de valor aeronáutica.

Las empresas líderes que se encargan de la concepción, desarrollo y montaje del producto final han promovido la reducción del número

---

[2]   La cadena de custodia es un sistema que comprende un conjunto de tecnologías, procedimientos y documentación que se utilizan para proporcionar información útil para la gestión, en este caso, de la cadena de suministro aeronáutica.

de proveedores directos, transfiriendo responsabilidades y costos de concepción y producción de componentes, subsistemas y sistemas, mediante "asociaciones de riesgo". Así, las líderes organizan la cadena, concentrándose en la integración de sistemas, tercerizando el proyecto y la producción de la mayoría de los subsistemas y componentes. El modelo puede ser mejor entendido si se grafica una pirámide de producción que refleje la estratificación jerárquica. En el Gráfico 2 se puede observar la estructura piramidal de la producción aeronáutica.

Gráfico 1. Cadena de valor aeronáutica

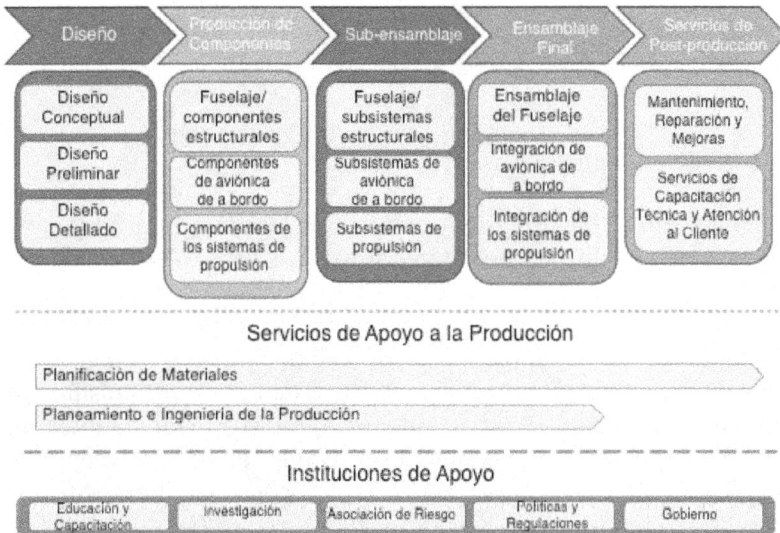

Fuente: traducido de Sturgeon et al (2013).

Gráfico 2. Pirámide de la Producción Aeroespacial

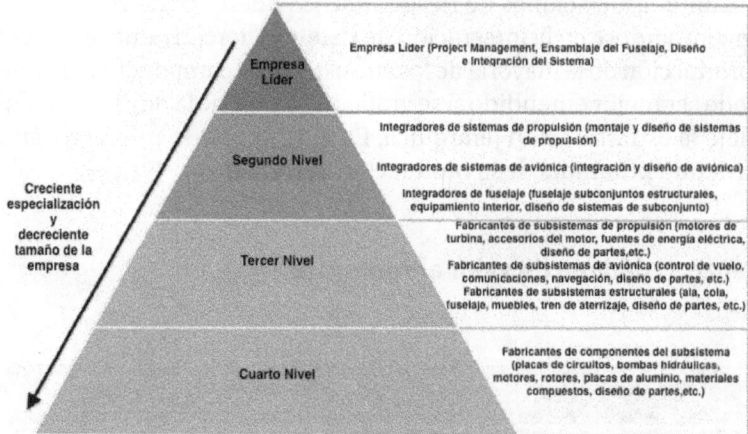

Fuente: traducido de Sturgeon et al (2013).

En la cima de la pirámide se encuentran las empresas montadoras de aeronaves (Boeing, Airbus, Bombardier), responsables del proyecto y del desarrollo del producto, de la prospección de mercados, de la compra de componentes a los proveedores de sistemas pertenecientes al segundo nivel, y de la manufactura final del producto. En el segundo nivel se encuentran los fabricantes de sistemas de propulsión (GE, Pratt &Whitney o Rolls-Royce), los productores de aviónica integrada (Honeywell, Rockwell Collins y Sextante Avionique); sistemas, conjuntos y subconjuntos de estructuras metálicas (Latécoère, Liebherr o Messier-Dowty) (De Lima Ferreira y Salerno, 2009). Según Giunta (1999), los proveedores de este nivel son los preferidos de las empresas líderes. De hecho, los fabricantes de aviones están delegando a estos proveedores parte de la tarea de integración de componentes mediante la compra de sistemas completos. Estos proveedores mantienen una relación privilegiada con el fabricante, con quien comparten los riesgos financieros e industriales de los proyectos. Por ello, son llamados socios de riesgo compartido. En el tercer nivel se encuentran los proveedores de sistemas electrónicos, hidráulicos, eléctricos y neumáticos (Parker, Hamilton o Goodrich). Cada uno de estos segmentos es dominado por unas pocas empresas. Sus vinculaciones son más estrechas con las empresas del segundo nivel y, generalmente, mantienen una relación poco intensa o indirecta con las empresas líderes. Sin embargo, algunos de estos proveedores también participan como socios de riesgo compartido. De esta manera, las "asociaciones de riesgo" desempeñan un rol crucial en la estructuración de la cadena como actor articulador entre las empresas líderes y los proveedores del segundo y tercer nivel.

Los socios de riesgo compartido asumen el riesgo financiero de participar en el desarrollo de los productos por medio de un contrato directo, generalmente, con la empresa líder, la integradora de sistemas. Su remuneración variará según el volumen de las ventas (Bernardes y Pinho, 2002). O sea, si las ventas son superiores a las expectativas iniciales, la empresa recibirá un porcentaje de las nuevas ganancias. En cambio, si las ventas alcanzadas son inferiores, el "socio de riesgo" podría no recuperar las inversiones realizadas.

Finalmente, el cuarto nivel se compone de pequeños y medianos fabricantes de componentes y partes, y proveedores de materias primas para los otros niveles (Alcoa, Otto Fuchs), que actúan no sólo en el sector aeronáutico, sino también en otras industrias (proveedores).

A partir de la segunda mitad de la década de 1990, los proveedores de primer y segundo nivel han buscado reducir sus costos de trabajo, distribuyendo la producción de componentes y subconjuntos entre países en desarrollo como México, China, India, Rusia y Corea del Sur (Niosi y Zhegu, 2010), mientras que el montaje final de las aeronaves permaneció en los países de origen de las empresas líderes: EE.UU. (Boeing), Alemania y Francia (Airbus), Brasil (Embraer) y Canadá (Bombardier).

Es importante destacar, a su vez, que más allá de pertenecer a un club exclusivo las empresas líderes no constituyen un eslabón homogéneo sino que existen importantes asimetrías entre ellas. Boeing y Airbus son las dos principales empresas de la industria aeroespacial y de defensa mientras que Embraer y Bombardier, los dos fabricantes de jets de mediano porte, poseen dimensiones significativamente inferiores. En 2013, la facturación de Boeing y Airbus alcanzó conjuntamente US$ 165,3 mil millones, mientras que la de Embraer y Bombardier fue de US$ 15,6 mil millones (PWC, 2014). Debido a la concentración del sector, muchos de los proveedores de primer nivel de Embraer y Bombardier comparten posiciones similares también en las cadenas de Boeing y Airbus. De esta manera, generan una escala de negocios de dimensiones significativas, alcanzando un tamaño muchas veces superior al de las empresas líderes en el segmento regional.

Apuntando a reducir la brecha de desarrollo existente entre sus empresas aeronáuticas y las empresas líderes, los gobiernos suelen implementar acuerdos *offset* (de compensaciones industriales). Estos acuerdos se encuentran asociados a compras de gran volumen en el exterior, comúnmente en el sector de Defensa, y su finalidad es ofrecer una compensación al gobierno que realiza la compra (Mardones Costa, 2002). Los acuerdos de *offset* pueden incluir la realización de nuevas inversiones así como asegurar *spillovers* (derrames) de conocimiento y transferencia de tecnología en la industria aeronáutica del país comprador, tales como entrenamiento de personal o la obligación de adquisición de determinado contenido nacional. Los acuerdos pueden incluir también el acceso a nuevas tecnologías, transformándose en un importante instrumento de política pública para el fomento de la innovación y transferencia de tecnología. En Brasil, los acuerdos *offset* en la industria de defensa están regulados por la Portaria n° 764/2002, del Ministerio de Defensa (Fiegenbaum y Rondinel, 2006). La normativa obliga al establecimiento de acuerdos *offset* en compras públicas superiores a US$ 5 millones junto a la misma empresa a lo largo de los últimos doce meses. Por su parte, la Argentina se encuentra concluyendo la formalización de su futura política de *offset*, cuya implementación está prevista para 2015 (Fabricaciones Militares, 2014).

4. La industria aeronáutica en Brasil y Argentina: Embraer y FAdeA

El desarrollo de la industria aeronáutica en Argentina y Brasil estuvo íntimamente relacionado con el devenir de las dos empresas más importantes del sector aeronáutico de cada país: FAdeA y Embraer. En las dos secciones subsiguientes se presentan los principales hitos de la evolución de ambas empresas.

4.1. Embraer

Finalizada la Segunda Guerra Mundial, el gobierno brasileño priorizó e incentivó el desarrollo de la industria aeronáutica en el país, especialmente interesado en su aspecto militar. El esfuerzo inicial se centró en la investigación y el desarrollo (ABDI, 2009), a partir de la creación de instituciones como el Centro de Tecnología Aeroespacial (CTA), la Facultad de Ingeniería del Instituto de tecnología Aeronáutica (ITA) y el Instituto de Investigación y Desarrollo (IPD). Estas tres instituciones fueron localizadas en São José dos Campos, cerca de São Paulo, conformando un *cluster* intensivo en alta tecnología a partir de la proximidad territorial de la escuela de ingeniería aeronáutica, los institutos de investigación y desarrollo y la certificación de material aeronáutico (confeccionada por el Instituto de Fomento y Coordinación Industrial del CTA), que significó la construcción de una importante ventaja comparativa de la industria aeronáutica brasileña. Esta ventaja le permitió dar un importante salto tecnológico en un periodo relativamente corto.

En 1969, durante el régimen militar, se fundó la Empresa Brasileira de Aeronáutica (Embraer) para la fabricación de aeronaves, de capitales mixtos aunque bajo control estatal. Los esfuerzos iniciales de Embraer se concentraron en la fabricación de aeronaves militares y civiles para el mercado local. El primer modelo exitoso fue *Bandeirante*, gestada por el CTA y encomendada por la Fuerza Aérea Brasileña (FAB). Posteriormente, para mejorar las técnicas de producción, Embraer firmó acuerdos de cooperación con firmas extranjeras como la italiana Aermacchi (para la fabricación del modelo *Xavante*, basado en el jet militar de entrenamiento y ataque *Aermacchi* MB-326) y la norteamericana Piper Aircraft Corporation. Posteriormente, tras haber erigido los pilares de una industria aeronáutica nacional, se prohibió la importación de aeronaves en Brasil y Embraer comenzó a movilizar una cantidad inédita de recursos.

Hacia el final de la década de 1970, la empresa ya exportaba *Bandeirantes* a Uruguay y Chile y certificaba el modelo en Estados Unidos e Inglaterra, abriendo de ese modo las puertas a su estrategia característica de producción de aeronaves para nichos de mercado que comenzaría a implementarse en la década de 1980. El EMB-120 *Brasília*, el primer modelo con amplia aceptación en el mercado civil internacional (que también contó con encomiendas de la FAB) fue la primera respuesta a la mencionada estrategia. Se entregaron cerca de 350 unidades entre 1983 y 2001. En relación al mercado militar, los gobiernos de Brasil e Italia firmaron en 1981 un amplio acuerdo entre Embraer, Aeritalia y Aermacchi para la fabricación conjunta de la aeronave de ataque AMX. Desde entonces se han entregado más de 200 unidades, de las cuales un cuarto fueron destinadas a las FAB.

El éxito internacional del *Brasilia* y del proyecto AMX fue posible porque previamente se habían realizado fuertes inversiones en maquinarias y equipos de última generación, capacitación y entrenamiento de personal en el exterior, así como un significativo aprendizaje de nuevas tecnologías aeronáuticas como el desarrollo de materiales compuestos, vía acuerdos con los fabricantes estadounidenses Sikorsky y McDonnell-Douglas (Bernardes, 2000), el desarrollo de software embarcado (proyecto AMX) y la primera generación de proyectos digitalizados en computadora (tecnología CAD/CAM).

Pese a estos avances comerciales y tecnológicos, el flujo de caja de Embraer era negativo. Las dificultades financieras enfrentadas por el Estado brasileño, el avance del proceso de liberalización económica y la negativa de nuevas compras de aeronaves por parte de Estados Unidos, a título de retaliación en recurrencia de la Ley de Informática de Brasil, constituyeron desafíos insostenibles. En ese contexto, la empresa fue incluida en el Programa Nacional de Desestatización, siendo privatizada en 1994, cuando sus deudas alcanzaban cerca de US$ 1.000 millones (Gargiulio, 2008). Las acciones estatales se vendieron al Grupo Bozano Simonsen, aunque el Estado mantuvo el control accionario y el poder de veto, por medio de la *golden share* (acción de oro)[3] sobre temas como la modificación del control accionario, objetivos y sobre la concepción y modificación de los programas del área de defensa.

El ingreso de los nuevos accionistas fue acompañado por inversiones significativas, del orden de US$ 500 millones, para la terminación del desarrollo del jet regional ERJ-145, con capacidad para 50 asientos, consolidando la capacidad tecnológica de la empresa. La constitución de asociaciones de riesgo con proveedores internacionales permitió reducir los costos de las inversiones requeridas, elevando así la competitividad del nuevo modelo. El Banco Nacional de Desarrollo Económico y Social de Brasil (BNDES) realizó contribuciones de riesgo en exportaciones, I+D, nuevos modelos, etc., constituyéndose en uno de sus accionistas.

El siglo XXI trajo consigo un incremento en la demanda de jets regionales más grandes (capacidad superior a 100 lugares). Embraer consiguió en 2011 acaparar el 45% del segmento, superando a la canadiense Bombardier. Aproximadamente, 90% de los aviones producidos por la empresa son destinados al mercado externo. Las exportaciones de Embraer representaron, a lo largo de la última década un promedio de entre 3% y 5% del total de las exportaciones brasileñas (Gomes, 2012).

4.2. FAdeA

Argentina fue un país pionero en la industria aeronáutica a partir del establecimiento de la Fábrica Militar de Aviones (FMA) en 1927. Hacia 1931 ya se producían prototipos nacionales (por ejemplo, el IAe-20 "Boyero" Ae.C.1). Una década más tarde la industria ocupaba a diez mil personas en la producción de aviones, motores, hélices y piezas aeronáuticas, ampliando su actuación hacia el sector automotriz con la producción de automóviles, vehículos utilitarios, tractores y motocicletas. El avión DL, de diseño nacional, fue el "impulsor" del brazo aeronáutico de la empresa mediante la fabricación de dos series de 100 unidades. La aeronave era

---

[3]   Un *golden share* es un tipo de acción bursátil que le da poder de veto a sus tenedores sobre los cambios en los estatutos de la empresa. Además posee derechos especiales de voto, dando a su titular la posibilidad de bloquear a otro accionista de tomar más acciones ordinarias.

equipada con el motor "El Gaucho", también producido en la planta de Córdoba. La diversificación vertical y horizontal de la empresa fue acompañada por la inclusión del proyecto DL en el Primer Plan Quinquenal del gobierno de Juan Domingo Perón (1945-1955), resultando en la constitución de una importante red de proveedores alrededor de su entorno que alcanzó cerca de trescientas empresas.

Como parte del proceso de acercamiento entre los gobiernos argentino y brasileño de Alfonsín y Sarney, se firmó un acuerdo de cooperación entre Embraer y el Ministerio de Defensa de la Argentina. El entendimiento apuntaba a la fabricación de piezas por parte de la FMA para los aviones de Embraer y al diseño conjunto de un avión militar turbohélice con capacidad para transportar a 19 pasajeros. El acuerdo abría la posibilidad de una auspiciosa integración entre las industrias aeronáuticas de ambos países. El prototipo (CBA-123 Vector) voló por primera vez en 1990, pero el proyecto se canceló por los altos costos de producción.

En sintonía con lo ocurrido en Brasil, la elevación del precio internacional del petróleo (como consecuencia de la Guerra del Golfo), la finalización de la Guerra Fría y el correspondiente cambio de paradigmas en el área de seguridad y defensa, conjugado con las dificultades fiscales, presentaban perspectivas negativas para la continuidad del Estado en la industria aeronáutica. En el contexto del plan de convertibilidad y su programa de privatización de empresas públicas, el gobierno argentino firmó, en 1995, un contrato de concesión de FMA por 25 años a la estadounidense Lockheed Martin Corporation –uno de los mayores conglomerados mundiales de la industria aeroespacial de defensa–. La apuesta de la firma norteamericana era ganar la licitación del gobierno estadounidense para sustituir aviones de entrenamiento con el modelo de la FMA, el Pampa argentino, teniendo en cuenta el contexto políticamente favorable tras la participación de fuerzas argentinas en la Guerra del Golfo. Sin embargo, en 1996, el Pilatus PC-9 suizo resultó ganador de la licitación. La línea de montaje del Pampa fue desactivada y la concesionaria terminó despidiendo a más de la mitad de los empleados de la empresa.

El cambio sobrevino recién en 2007, cuando el Ministerio de Defensa acordó con Lockheed Martin la compra (materializada en 2009) de la totalidad del paquete accionario de la antigua FMA, rebautizando a la empresa como Fábrica Argentina de Aviones Brigadier San Martín (FAdeA).[4]

---

[4] La reestatización de FAdeA fue acompañada, en el mismo año, por la de Aerolíneas Argentinas. Una de las primeras medidas estructurales de la aerolínea estatal argentina fue la incorporación de veinte nuevas aeronaves Embraer 190 a su flota.

Para abordar los problemas heredados de descapitalización, desaparición de piezas de matricería y conflictos sindicales, la empresa se ha concentrado en las áreas de ingeniería de desarrollo de producto y de procesos productivos y en la fabricación de partes y conjuntos, mediante la capacitación de los recursos humanos y la incorporación de nuevos materiales y equipos de fabricación, procurando que la "cultura tecnológica" de una fábrica de prototipos se transforme hacia una de producción en serie. La reactivación del área de diseño y fabricación ha sido acompañada por avances en los procesos de certificación, y por la mejora de las capacidades de mantenimiento de aviones, motores y accesorios, instrumentos y componentes aeronáuticos. Pero el principal programa ha sido la reactivación del proyecto Pampa.

El Programa Pampa es la principal apuesta de FAdeA para la recuperación de la cadena de proveedores locales. Sin embargo, el incumplimiento del pago de los contratos por dificultades de gestión ha paralizado el proyecto. La mejora en la gestión administrativa y financiera de la empresa es una de las prioridades de la nueva dirección de la empresa estatal.

A nivel internacional, el gobierno argentino apuesta en los *offsets* de las compras realizadas por el Ministerio de Defensa y en la venta de aeropartes como mecanismo para la inserción de FAdeA en la cadena de valor de las grandes integradoras de aeronaves. Sin lugar a dudas, la incorporación de FAdeA a la cadena de proveedores del KC-390 de Embraer constituye el principal hito de la empresa desde su estatización y explica, en gran medida, la inédita proyección de cerrar 2014 sin déficit financiero. Se trata de las primeras exportaciones realizadas por la empresa a lo largo de las últimas dos décadas.

5. La organización de la cadena de valor en Embraer

La industria aeronáutica depende de piezas provenientes de diversas empresas localizadas a lo largo y ancho del planeta, que compiten en el mercado global (Niosi y Zhegu, 2005). Dentro de la industria, Embraer ha utilizado esta diversidad de piezas para crear un modelo de negocios que le permitió competir en los nichos de mercado de una manera novedosa, alcanzando así una participación importante dentro del mercado aeronáutico.

Para ello, en primer lugar, Embraer desarrolló el concepto de "familia de aviones" (diferentes versiones de aeronaves a partir de un modelo básico). Este esquema es beneficioso tanto para los clientes como para Embraer. Por un lado, los clientes se ven beneficiados por los menores costos de infraestructura, mantenimiento de la flota y del entrenamiento que reciben pilotos y técnicos. A su vez, con esta estrategia la compañía tiene costos más bajos, debido a la reducción del tiempo del desarrollo de los productos y de los ciclos de producción.

En segundo lugar, la estrategia comercial de Embraer llevó a la desverticalización realizada luego de la privatización de la compañía. Esta estrategia se basa en el principio de agregar valor en la integración de las aeronaves, en detrimento de la fabricación de los subsistemas. Concentrarse en el montaje (*assembling*) permite mantener la capacidad de combinar los subsistemas y adaptarlos según los requisitos del proyecto, trasladando parte del riesgo hacia afuera y abaratando los costos a través de la tercerización, así como el acceso a proveedores de clase mundial en la frontera tecnológica y con amplias certificaciones de calidad. Esta focalización de la empresa condujo a la concentración en sus actividades básicas como montadora e integradora de sistemas, a un aumento de externalización de actividades periféricas (piezas, componentes y servicios) y a la reestructuración de su cadena de suministro en tres niveles de colaboración: socios de riesgo, proveedores y subcontratistas (Swensson, 2012).

El diseño conceptual y preliminar para los productos de Embraer es llevado adelante por la misma empresa y sus socios de riesgo, los cuales son, en su mayoría, proveedores globales que tienen su casa matriz en países desarrollados. Debido a esto, muchas veces el diseño a cargo de los socios de riesgo es llevado a cabo en sus países de origen. No obstante, algunos aspectos del proceso de diseño son realizados por empresas brasileñas de servicios de ingeniería. Por ejemplo, la compañía brasileña Akaer fue contratada por el proveedor global Sonaca (Francia) para llevar adelante servicios de ingeniería y diseño en el desarrollo de la parte trasera del fuselaje para el Embraer Legacy 500/400 y para proporcionar servicios de diseño detallado con el objetivo de apoyar la producción de componentes. Akaer también ha ganado contratos de los proveedores de Airbus y Boeing para su A380, 400M y 747-8 (Bamber y Gereffi, 2013).

Respecto a los subsistemas, dado que la mayoría de los componentes de los productos de Embraer son importados, los proveedores globales sin plantas en Brasil han montado puntos de distribución cercanos a la casa matriz de Embraer. Estas empresas extranjeras proveen a Embraer por medio de pequeñas unidades de fabricación o simplemente oficinas de representación localizadas en su entorno. Se trata de inversiones aún insuficientes para afianzar bases globales de producción en Brasil. Por ejemplo, GE, Pratt & Whitney y Rolls Royce importan sistemas de propulsión *turbojet* completos para ser distribuidos a Embraer (Sturgeon et al., 2013). Este tipo de empresas son socios de riesgo que asumen los costos de desarrollo, testeo y certificación de los subsistemas, pasando a ser remunerados recién a partir del inicio de las ventas comerciales de las aeronaves, lo que puede tardar cerca de cinco años. En contrapartida, estas empresas poseen exclusividad en el suministro de piezas, recibiendo también parte de las ganancias de las ventas de las aeronaves en el caso de que excedan las expectativas iniciales. Estas características implican un elevado nivel de interdependencia y de intercambio de conocimiento orientado por la búsqueda de competencias complementarias. Las compañías brasileñas todavía no han alcanzado el nivel de capacidad de inversión ni de conocimiento técnico y experiencia para producir este tipo de equipos.

Según el tipo de aeronave, Embraer importa alrededor de 60% a 90% de las partes y componentes para su fabricación (Sturgeon et al., 2013). La mayoría de los fabricantes de componentes brasileños son PyMEs subcontratistas con poca competencia tecnológica y que proveen a Embraer utilizando directamente materias primas, especificaciones y diseños proporcionados por la misma Embraer (Cafaggi et al., 2012). Estas empresas reciben capacitación de Embraer y, muchas veces, la parte final del proceso de producción de estos componentes termina siendo concluida en la propia Embraer. Se trata de empresas altamente dependientes de los pedidos de Embraer y que, muchas veces, no poseen contratos formales con la compañía, lo que dificulta el acceso al financiamiento (Sturgeon et al., 2013).

Finalmente, los proveedores de Embraer son mayormente empresas internacionales sin unidades productivas en Brasil. Al contrario de los socios de riesgo compartido, son empresas que no participan en el proceso de desarrollo de la aeronave ni en el financiamiento del programa. No comparten riesgo pero asumen la responsabilidad de cumplir con las competencias tecnológicas requeridas. Reciben de Embraer las especificaciones de los productos solicitados pero, al contrario de los subcontratistas, también se encargan de la compra de materia prima y otros insumos necesarios para la adecuada entrega final del producto solicitado. En comparación con los socios de riesgo compartido, sus ingresos se encuentran directamente vinculados con la entrega de las encomiendas solicitadas, no habiendo previsión de ganancias adicionales en el caso de un volumen de venta de aeronaves superior a las previsiones iniciales.

En cuanto al montaje final y la integración de sistemas, Embraer domina las actividades de Brasil en el segmento de integración de sistemas de la cadena de valor. Las asociaciones de riesgo compartido han desempeñado un papel cada vez más importante en el diseño y planificación de la producción: algunos socios de riesgo compartido trabajan con Embraer para integrar el sistema de propulsión, la aviónica y los más complicados subconjuntos estructurales. Ejemplo de esto son las alas del avión ERJ-170/190, que se ensamblan en Brasil a partir de componentes importados del Japón.

En relación a los servicios de postventa, se observa que Embraer aún mantiene esta función dentro de sus capacidades. La existencia en Brasil de un mercado de transporte aéreo en rápido crecimiento y la presencia de un integrador de sistemas local posicionan a ese país como un mercado atractivo para localizar servicios de postventa. Por ello, Embraer mantiene instalaciones de MRO (*maintenance, repair and overhaul*) en Brasil, al igual que las principales líneas aéreas brasileñas, como TAM y Gol, y las diversas multinacionales localizadas en el Brasil (Sobie, 2010).

6. El programa KC - 390

En el área militar, Embraer creó en 2011 Embraer Defensa y Seguridad (EDS). A través de EDS, la empresa desarrolla una serie de aviones con diferentes propósitos: 1) los aviones de transporte, donde se encuentra la familia de aviones ERJ 135/145, los Legacy y la familia de jets Embraer 170/190; 2) los de entrenamiento y 3) los de combate, ambas cubiertas por diferentes versiones del avión *Súper Tucano*. Durante los últimos años, Embraer ha llevado adelante un proyecto para extender esta gama de propósitos a 4) los aviones de carga de gran porte, a través del carguero KC-390.

En 2009, Embraer cerró un contrato con la FAB para un programa de desarrollo de una aeronave de transporte militar y reabastecimiento, el C-390, posteriormente denominada KC-390 (Embraer Defense Systems, 2010). Las inversiones requeridas integran el Programa de Aceleración del Crecimiento (PAC) del Gobierno de Brasil, que reúne sus proyectos prioritarios de inversión, lo que aumenta la seguridad del cumplimiento de la ejecución presupuestaria según el cronograma inicialmente acordado entre la FAB y Embraer.

El primer vuelo fue previsto para enero de 2015 y, en 2016, se espera que tenga lugar la primera entrega a clientes. Embraer apunta a que el KC-390 establezca un nuevo estándar en el transporte militar aéreo. Es un avión de turboventilador doble, diseñado para presentar niveles muy altos de productividad operativa, con el menor coste del ciclo de vida total para una aeronave de su clase. Se trata de la aeronave más grande producida en Brasil, una característica que podrá inducir a la ampliación de los nichos de negocio de Embraer también en la aviación comercial. La aeronave tiene una capacidad de carga para 80 tropas, ó 23,6 toneladas de carga total, colocando su peso por encima de posibles competidores, especialmente del Hércules C-130J de Lockheed Martin (Embraer Defense Systems, 2010).

El KC-390 representa un avance significativo en términos de tecnología e innovación para la industria aeronáutica brasileña. El avión está diseñado para establecer nuevos estándares entre los aviones de transporte militar de mediano porte, con un menor costo operativo y la flexibilidad para realizar una variedad de misiones: carga y transporte de tropas, envío de tropa y carga vía aérea, reabastecimiento aéreo, búsqueda y rescate, lucha contra los incendios forestales, entre otros.

Con la producción del KC-390, Embraer busca ocupar un espacio en el mercado de transportes militares de 20 toneladas, con competidores como la norteamericana Lockheed Martin, la europea AirBus y la ucraniana Antonov, pero a partir de un modelo de bajo costo (tanto de adquisición como operacional) y con una amplia utilización de componentes de la familia de jets regionales y de tecnologías conocidas. Según los entrevistados, el desarrollo del proyecto le ha costado a la FAB R\$ 4,9 mil millones, valor correspondiente a apenas un décimo de los € 20 mil millones gastados por Airbus en el desarrollo del carguero A400M Atlas.

El mercado potencial del KC-390 es atractivo porque en muchos países occidentales los cargueros similares al KC-390 son generalmente Hércules C-130 que están llegando al final de su vida útil, y no existen en el mercado internacional modelos usados disponibles. Las alternativas serían costosas, ya sea en términos monetarios (los nuevos modelos del Hércules y el AirBus A400 son más costosos) o en términos de reeducación de las tropas. Para las fuerzas aéreas acostumbradas al Hércules, el cambio a aviones rusos u orientales está prácticamente descartado por el alto costo de adaptación a dichas aeronaves. Según Embraer (Gastão Silva, 2014), el potencial de exportaciones del KC-390 sería de 728 aeronaves, abarcando a 77 países, especialmente de África, Oriente Medio, Sur y Sureste Asiático.

Entre las características que diferencian el KC-390 de su principal competidor se destacan: 1) este avión es propulsado a turbina y por lo tanto vuela más rápido y más lejos que su competidor; 2) al ser un proyecto más moderno, está diseñado de forma tal de reducir los costos y el tiempo de mantenimiento y 3) el diseño de la aeronave utiliza principalmente tecnologías y equipos conocidos y disponibles en el mercado, reduciendo así los costos y los riesgos (Dalla Costa y de Souza Santos, 2010).

Como todo proyecto de desarrollo aeronáutico moderno, el programa KC-390 ha involucrado a empresas de variado origen y de todos los niveles de la cadena para su participación en el proyecto.[5]

Gráfico 3. Cadena de valor del KC-390

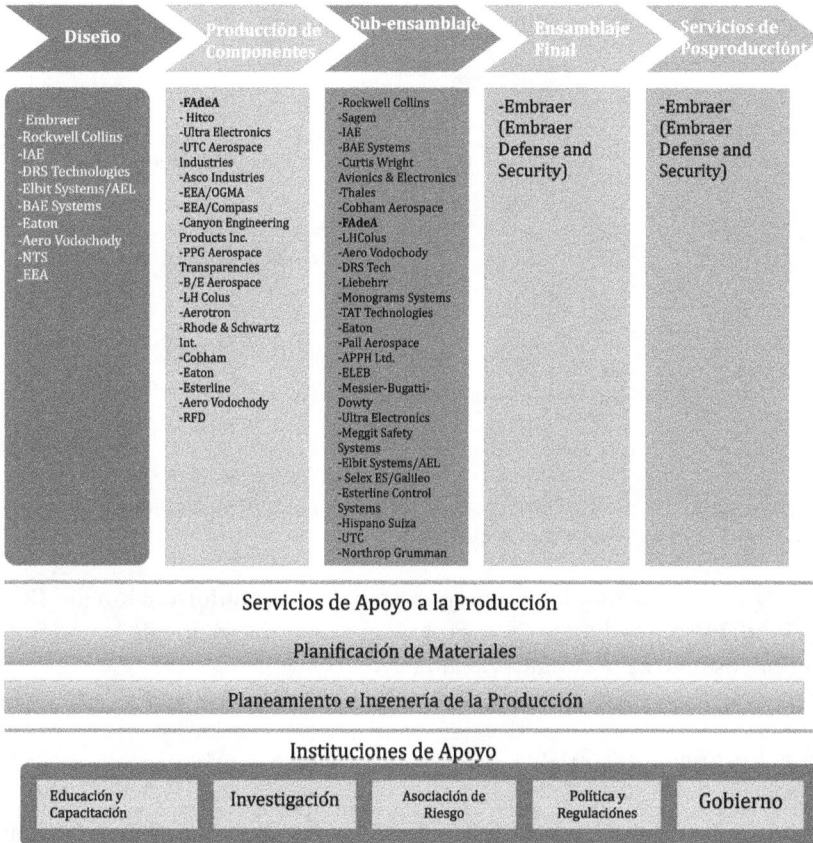

Diseño	Producción de Componentes	Sub-ensamblaje	Ensamblaje Final	Servicios de Posproducción
- Embraer -Rockwell Collins -IAE -DRS Technologies -Elbit Systems/AEL -BAE Systems -Eaton -Aero Vodochody -NTS _EEA	-FAdeA - Hitco -Ultra Electronics -UTC Aerospace Industries -Asco Industries -EEA/OGMA -EEA/Compass -Canyon Engineering Products Inc. -PPG Aerospace Transparencies -B/E Aerospace -LH Colus -Aerotron -Rhode & Schwartz Int. -Cobham -Eaton -Esterline -Aero Vodochody -RFD	-Rockwell Collins -Sagem -IAE -BAE Systems -Curtis Wright Avionics & Electronics -Thales -Cobham Aerospace -FAdeA -LHColus -Aero Vodochody -DRS Tech -Liebehrr -Monograms Systems -TAT Technologies -Eaton -Pall Aerospace -APPH Ltd. -ELEB -Messier-Bugatti-Dowty -Ultra Electronics -Meggit Safety Systems -Elbit Systems/AEL - Selex ES/Galileo -Esterline Control Systems -Hispano Suiza -UTC -Northrop Grumman	-Embraer (Embraer Defense and Security)	-Embraer (Embraer Defense and Security)

Servicios de Apoyo a la Producción

Planificación de Materiales

Planeamiento e Ingenería de la Producción

Instituciones de Apoyo

Educación y Capacitación	Investigación	Asociación de Riesgo	Política y Regulaciónes	Gobierno

Fuente: elaboración propia en base a Sturgeon et al (2013), Defense Industry Daily (2014) y páginas web oficiales.

Al tomar en cuenta algunas de las empresas más representativas de la cadena (Embraer, Rockwell Collins, Sagem, IAE, BAE System, Fadea, Aero Vodochody y EEA, por sólo citar algunas), podemos graficar una pirámide de producción para ubicarlas teniendo en cuenta su rol dentro

---

[5]   Ver también la Tabla 1 en el Apéndice.

de la cadena de valor. El Gráfico 4 ejemplifica cómo estarían ubicadas dichas empresas.

Gráfico 4. Pirámide de Producción del KC-390. Proveedores seleccionados

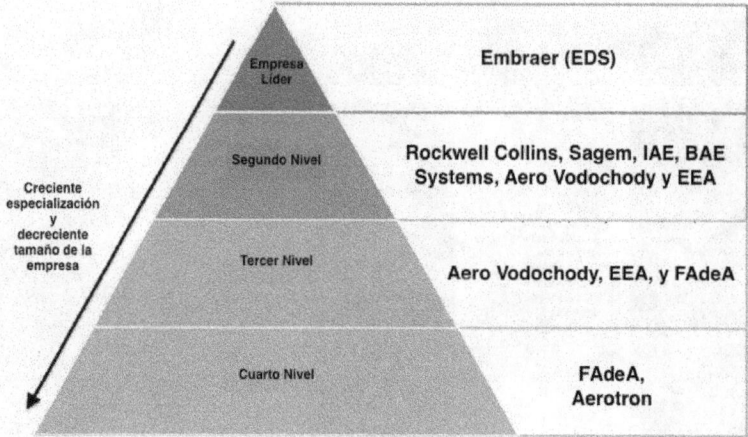

Fuente: elaboración propia en base a Sturgeon et al (2013), Defense Industry Daily (2014) y páginas web oficiales.

Dentro de la asociación empresarial para la conformación del KC-390, notamos que FAdeA, a comparación de otros socios de la cadena, ocupa los niveles más bajos de la pirámide.

7. El KC-390 y la participación de FAdeA en su cadena

En 2010 los ministros de Defensa de la Argentina y Brasil firmaron una Declaración de Intenciones para la adquisición de seis aeronaves KC-390 por parte del gobierno argentino. Un año más tarde, EDS y FAdeA firmaron un contrato para la provisión de los siguientes seis conjuntos aeronáuticos –o aeropartes– destinados a la fabricación de 180 aviones KC-390 a lo largo de diez años: puertas de carga, puertas tren de nariz, *spoilers*, conos de cola, carenados de *flap* y *racks* de equipamiento.

El programa ha impulsado inversiones en la renovación de procesos, acondicionamiento de instalaciones, capacitación de personal y adquisición de tecnología avanzada. FAdeA triplicó su capacidad de tratamiento de piezas en materiales compuestos, convirtiéndose en el tercero en

Sudamérica; incorporó centros de mecanizados de alta velocidad y modernizó los equipos para conformación, procesamiento y tratamiento térmico de partes primarias de aluminio. Se ha incorporado un horno para solubilizado y envejecimiento artificial de chapas de aluminio, y modernizado la prensa de estirado de chapa con la adaptación de un sistema CNC para repetición de funciones. En total, se han generado 180 puestos de trabajo de alta calificación, resultado de un total de US$ 35 millones en inversiones realizadas por el Ministerio de Defensa de la Argentina.

El contrato prevé el compromiso de adquisición por Embraer de un mínimo de 180 conjuntos a lo largo de los próximos diez años, totalizando US$ 75 millones a valores actuales, ingreso que resulta significativo para una empresa históricamente caracterizada por sus déficits financieros. Se trata además de un hito para una empresa que había realizado exportaciones en los últimos 20 años y que nunca había sido proveedora de montadoras líderes a nivel mundial (Chiófalo et al., 2014).

De acuerdo con entrevistas realizadas para la elaboración de este estudio de caso, parte importante de las 80 mil horas de capacitación ofertadas a los técnicos de FAdeA han sido realizadas en Embraer, donde técnicos argentinos se encuentran realizando pasantías de capacitación en diferentes áreas como el *flap fairing*[6] y el tratamiento de materiales compuestos. Los entrevistados estiman probable que esta capacitación también se extendería a otras especialidades no previstas en el contrato, como frezado y envejecimiento de chapas de aluminio. El montaje de la línea de producción y la actualización de los procesos productivos y ensayos no destructivos ha recibido la asistencia *in locus* de técnicos de la empresa brasileña.

La mejora de los procesos productivos, resultado de la adecuación de la producción de FAdeA a los parámetros de Embraer, le ha valido la obtención de la certificación AS9100, norma de la industria aeronáutica, aeroespacial y de Defensa para la gestión de calidad y riesgos, fundamental para lograr una exitosa inserción en esta cadena de valor global.

La calificación de FAdeA como proveedor de Embraer también empieza a abrirle nuevas posibilidades de inserción en las cadenas de los otros socios de Embraer en el programa KC-390. La empresa argentina ya ha recibido la manifestación de interés de la portuguesa OGMA por participar en el desarrollo del esquema de mantenimiento. También ha

---

[6]   *Flap fairings* es el revestimiento externo realizado con diferentes materiales (tales como aluminio, fibra de carbono, entre otros) que se adapta a la estructura principal del ala del avión con fines principalmente aerodinámicos.

mostrado interés la checa Aero Vodochody para que FAdeA realice el fresado químico de las piezas checas producidas para el KC-390.

Hay que ponderar que la condición jurídica de proveedor de Embraer se encuentra acorde con las actuales capacidades técnicas y financieras de FAdeA, garantizando a esta última un flujo de caja en condiciones beneficiosas y bajo riesgo para el restablecimiento de su cadena de materia prima e insumos. En ese sentido, el Ministerio de Defensa debería garantizar las inversiones requeridas para seguir cumpliendo con las entregas de los conjuntos según las especificaciones acordadas.

La presentación del primer prototipo del KC-390, en octubre de 2014, ha sido acompañada por una clara demostración política del interés de ampliar la cooperación aeronáutica entre Brasil y Argentina. En aquella ocasión se ha firmado la Declaración Conjunta "Alianza Estratégica en la Industria Aeronáutica" por parte de los Ministros de Defensa de Brasil y Argentina. El documento destaca la contratación de 28 unidades por parte del Ministerio de Defensa de Brasil y la intención de que la Argentina adquiera otras 6 unidades. Asimismo, el documento señala la intención de la Argentina de iniciar negociaciones para la adquisición de 24 aeronaves Gripen.

La alianza busca promocionar la aproximación y la identificación de alianzas potenciales en la elaboración de proyectos de nuevos productos; estimular la generación de economías de escala por medio de la anticipación de intenciones de adquisición por parte de las Fuerzas Aéreas y la búsqueda de nuevos mercados externos; y elaborar directrices y recomendaciones para las empresas del sector.

8. Las variables de la asociación Embraer-FAdeA

En este apartado se presentan los efectos y potencialidades de la asociación Embraer-FAdeA en tres áreas específicas: el tipo de asociatividad empresaria establecido entre ellas, el impacto de su asociación en el desarrollo tecnológico, y el impacto de su asociación en el desarrollo sostenible.

8.1. Asociatividad vertical y horizontal

Con la finalidad de tener un criterio compartido acerca de cuándo se considera que las empresas se encuentran en el mismo o en diferente eslabón productivo, hemos utilizado como criterio la Clasificación Internacional Industrial Uniforme (CIIU) a tres dígitos. Según esta clasificación, tanto FAdeA como Embraer forman parte de un conjunto de sectores y cadenas denominado de Fabricación de aeronaves y naves espaciales (CIIU 353).

Debido a que la asociatividad se produce de forma horizontal, la capacidad para complementarse debería ser relativamente baja. Sin embargo, es interesante observar que si bien ambas empresas se encuentran en la misma categoría del CIIU, tienen diferentes roles dentro de la cadena productiva del KC-390.

Debe destacarse que el tamaño de las empresas no ha tenido un impacto significativo en la asociación entre ellas. Desde un comienzo, fueron los gobiernos los que llevaron adelante el proyecto de asociación en el KC-390. Ello produce un efecto "igualador" para las empresas al momento de establecer sus relaciones en la fabricación y la comercialización. Asimismo, por tratarse de un proyecto insignia para la integración productiva del Mercosur (Chiófalo et al., 2014), los gobiernos lo han apoyado fuertemente a través de recursos y acciones políticas, con el objetivo de que Embraer y FAdeA puedan asociarse y aparezcan en pie de igualdad ante el público en general. Esto se puede observar en las declaraciones de los entonces ministros de ambos países. Según el ministro de Defensa argentino, Agustín Rossi, "poder participar de este proyecto (*el programa KC-390*) nos pone en un lugar que queremos estar: ser proveedor asociado de una de las empresas aeronáuticas más importantes del mundo". Por su parte, su contraparte brasileña, el embajador Celso Amorim, destacó que esta alianza "es la más estratégica y tiene un gran valor histórico por el trabajo conjunto que ambos países venimos realizando", al tiempo que apuntó que "una industria para la defensa conjunta es muy importante para la construcción de confianza y protección de los recursos naturales".[7]

Sin embargo, la estructura de la cadena de valor surgida del programa KC-390 muestra que estas relaciones no son tan horizontales como se intuye de las declaraciones públicas de las autoridades gubernamentales de Argentina y Brasil. Embraer se ubica, como empresa líder, en la cima de una pirámide de producción, mientras FAdeA cumple un rol de proveedor de componentes y, en menor medida, de subsistemas (ver gráficos 3 y 4). Debido a que se trata de una cadena de valor jerárquica y estratificada, la posibilidad de escalar en la cadena se reduce fuertemente. La mayoría de las empresas del sector crecen en cantidad de clientes y avanzan en una especialización cada vez mayor, buscando alcanzar la excelencia. Cabe preguntarse si la estrategia argentina de reindustrialización de FAdeA derivará en una especialización cada vez mayor en ciertas tecnologías aeronáuticas, buscará desarrollarse como

---

[7]   Diario La Nación, *Brasil presenta su avión más grande con la Argentina como socio constructor*. 21 de octubre de 2014.

una empresa líder (montadora) en el largo plazo, o buscará implementar ambas estrategias simultáneamente. Del camino que pretenda tomar dependerá su vínculo futuro con Embraer en proyectos de producción de aeronaves en conjunto.

Por otro lado, que el proyecto de desarrollo del KC-390 sea un proyecto innovador para ambas compañías se transforma en un beneficio potencial a futuro. Para Embraer, el desarrollo de un tipo de aeronave nunca desarrollado por la empresa brasileña implica enfrentar nuevos desafíos técnicos (desarrollo de una aeronave de grandes dimensiones y la utilización de tecnología innovadora para un carguero) y nuevos desafíos de mercado (venta de un avión carguero, compitiendo con las grandes del mercado de aeronáutica militar, como Lockheed). Debido a estos nuevos desafíos y a la incertidumbre de la apuesta por el KC-390, existe una mayor apertura para la participación y la movilidad de sus proveedores dentro de la cadena de valor. A ello se suma el apoyo dado por el sector público en función de intereses nacionales que permanecerán en el horizonte, lo que permite esperar que la cooperación entre ambas firmas continúe estrechándose en el futuro.

8.2. Impacto y potencial sobre el desarrollo tecnológico

El sector aeronáutico es uno de los sectores con más capacidad de derrames (*spillovers*) tecnológicos sobre otros sectores industriales. Sin embargo, durante buena parte de la historia de la industria, la confidencialidad y el secreto industrial, especialmente en sus operaciones de investigación y desarrollo, han sido la norma. Esto se evidencia en la fuerte integración vertical de las empresas del sector que se extendió en gran medida hasta la década de 1990. Así, los fabricantes de aeronaves mantenían gran parte de las funciones en sus propias divisiones. Durante esa década, las empresas aeronáuticas modificaron su estrategia de integración productiva en parte como respuesta a los cambios en otras industrias, como la electrónica y la de telecomunicaciones.

Desde comienzos del siglo XXI, las cadenas productivas se han reorganizado en una pirámide con pocos proveedores de alcance global que operan con mayor autonomía. Este cambio ha beneficiado a los proveedores mundiales y subcontratistas especializados. Incluso, las empresas han visto la necesidad de combinar los recursos en nuevas configuraciones para afrontar los retos de la competencia global y para responder a las necesidades de los nuevos proyectos transnacionales, tanto los civiles como los de defensa, emprendidos sobre una base de colaboración internacional (Galasso, 2006).

Si analizamos el potencial sobre el desarrollo tecnológico que posee la asociación empresaria formada alrededor del KC-390 se observa, en primer lugar, que Embraer ejerce un papel primordial. Si bien FAdeA fue una empresa de elite hasta la década de 1980, el retraso tecnológico y la falta de recursos monetarios durante los años de la privatización volvieron a la empresa, en términos internacionales, un jugador menor del mercado aeronáutico. Por ejemplo, FAdeA cuenta con 1.500 empleados, mientras Embraer tiene 19.000 trabajadores (16.000 en Brasil, una cuarta parte abocados a I+D).

En segundo lugar, el desarrollo tecnológico de la asociación tiene un fuerte potencial debido a las estrategias complementarias de producción y comercialización de FAdeA y Embraer. Por un lado, la reestatizada FAdeA tiene, como objetivo de corto y mediano plazo, la reindustrialización de la fábrica y el desarrollo tecnológico de sus proveedores locales para rearmar su cadena productiva, asegurando la producción en serie de su oferta de bienes y servicios, apuntando a transformarse en un proveedor de cadenas globales. Por otro lado, el objetivo estratégico de Embraer, en términos comerciales, es sumar actores relevantes del mercado aeronáutico que le permitan, sobre esta base colaborativa, tener la posibilidad de colocar sus aviones en un mercado de limitada demanda. Para Embraer, capacitar al personal de la empresa estatal FAdeA dentro de sus especificaciones y requerimientos le permite contar con un nuevo proveedor que posee su propio financiamiento nacional. Además, de esta manera, Embraer capta un socio dentro de la Argentina para que, posteriormente, ejerza influencia a favor de la compra de sus aeronaves, en detrimento de otros socios.

En tercer lugar, y retomando el punto anterior, cabe mencionar que buena parte de estas estrategias han sido impulsadas por el sector público de ambos países. Con la construcción y venta de partes del KC-390, el gobierno argentino se asegura: el manejo de una innovadora tecnología (tecnología de desarrollo de material compuesto) no utilizada anteriormente en el país y la inserción de FAdeA en una cadena de valor global con un actor de clase mundial (Embraer), con la consecuente elevación de los estándares de calidad en cuanto al producto, tiempos de entrega y precio competitivo (Chiófalo et al., 2014).

Cuarto, el amplio acuerdo asociativo llevado adelante por los gobiernos de Argentina y Brasil permite que el próximo desarrollo pueda darse en cualquier otro aspecto relacionado a la industria aeronáutica, permitiendo así que en próximos proyectos conjuntos puedan ingresar una mayor cantidad de actores (subcontratistas, nuevos proveedores, etc.). De esta manera, no solamente FAdeA se beneficia, sino también sus proveedores, como los productores de matrices, que se han sumado como proveedores en este proceso y tienen posibilidades de transformarse en proveedores directos de Embraer (Chiófalo et al., 2014).

8.3. Impacto y potencial sobre el desarrollo sustentable

Los impactos climáticos y ambientales de la aviación están directamente relacionados con el crecimiento de la demanda de la actividad aeronáutica y el grado de eficiencia en la utilización de los combustibles por las aeronaves. El transporte aéreo es la fuente de emisión de gases de efecto invernadero que registra las mayores tasas de crecimiento en la actualidad y no existen razones para prever una disminución de esta tendencia: todas las previsiones indican tasas aceleradas de crecimiento del tráfico aéreo a lo largo de las próximas dos décadas. La mejora de la renta y las perspectivas de mantenimiento del elevado crecimiento en los países en desarrollo, particularmente los países asiáticos, se presentan como una amplia frontera de expansión para la aviación.

La búsqueda de mejoras en la eficiencia energética trasciende las presiones asociadas a la agenda de sustentabilidad ambiental, dado que el combustible representa cerca de un tercio de los costos de operación de un avión. En un mercado en el que las compañías aéreas están sometidas a una fuerte competencia y al surgimiento de operadores *low cost*, las demandas de las compañías aéreas a los fabricantes de aeronaves ponen un fuerte acento en la necesidad de mejorar el rendimiento en términos de combustible. Por su parte, en la aviación militar, la eficiencia energética es también un tema de preocupación no tanto por cuestiones de costo (aunque éstas no son dejadas de lado) sino por la autonomía de vuelo de las aeronaves, aspecto importante en seguridad. Para los aviones de transporte militar, como el KC-390, esta cuestión también debe ser evaluada en conjunto con otras, como la capacidad de carga de la aeronave.

Para los fabricantes de aviones, el eje de la búsqueda de una mayor economía en combustibles se encuentra particularmente en las innovaciones promovidas en los nuevos motores. En ese sentido, el hecho de que el KC-390 sea un avión a turbina en lugar de un turbohélice como el Lockheed C-130 Hércules, su principal competidor en el mercado, representa un importante salto en términos de eficiencia energética. Sin embargo, las opciones de Embraer para incidir sobre el desarrollo de los motores son mínimas. La elevada complejidad tecnológica y las grandes escalas requeridas para viabilizar la producción de los motores evidencian la asimetría entre el tamaño de la empresa y el potencial de incidencia en la definición de su desarrollo. Las empresas integradoras de sistemas de propulsión poseen dimensiones económicas y capacidades tecnológicas muchas veces superiores a las de las propias empresas integradoras de aeronaves. El caso de los motores v2500-5 del KC-390, producidos en Alemania por International Aero Engines, una empresa conjunta entre las gigantes Pratt & Whitney, MTU Aero Engines y JAEC (Japanese Aero Engines Corporation), no constituye una excepción. La capacidad de la aeronave de abastecer y ser abastecida de combustible en pleno vuelo a través de aviones de alta potencia y helicópteros, amplía su autonomía de vuelo respecto a otros aviones e implica reducciones en el consumo de combustibles. Sin embargo, tal como en el caso de los motores, se trata de una tecnología adquirida junto a una de las gigantes del sector, la británica Cobham, sin injerencia de Embraer en su desarrollo.

Como consecuencia de este encadenamiento de los eslabones productivos, la incidencia de Embraer en la promoción del desarrollo sostenible en la fabricación de aviones se advierte especialmente en la elección de sus proveedores. Aspectos del diseño de las estructuras y de las alas también poseen una incidencia en la reducción del consumo de combustible, aunque menor. FAdeA es la proveedora de importantes partes del ala del KC-390, como el carenado del *flap (flap fairing)*, fabricado en fibra de carbono, de reducido peso y alta resistencia. El carenado cumple importante función aerodinámica, reduciendo el arrastre aerodinámico y economizando combustible. Técnicos de FAdeA han realizado pasantías de capacitación en Embraer en diseño y fabricación del *flap*, así como en el tratamiento de materiales compuestos, como la fibra de carbono. Pese a la inexistencia de una relación directa entre la motivación de la asociación entre Embraer y FAdeA y su impacto sobre el desarrollo sustentable, es esperable que las buenas prácticas adquiridas se extiendan a los trabajos futuros de la empresa argentina.

Más allá de los avances logrados en la producción de las aeropartes, FAdeA ha firmado un acuerdo de cooperación con el Ministerio de Desarrollo Social de la Argentina en acciones de responsabilidad social, incluyendo la promoción del desarrollo sustentable en la comunidad cordobesa.

Por presión de las compañías aéreas y de la propia política energética del gobierno brasileño, precursor mundial en el fomento de los biocombustibles, Embraer ha comenzado recientemente a involucrarse más directamente con la temática del desarrollo sustentable. En 2013 se creó la Plataforma Brasileña de Biocombustibles para Aviación, de la que participan Embraer, Boeing y organismos públicos e instituciones de investigación, como la Empresa Brasileña de Investigaciones Agropecuarias (EMBRAPA). La plataforma busca promover una "cadena de valor del *biojetfuel* y combustibles renovables, basada en diferentes materias primas, de investigación y desarrollo hasta las alas del avión" (ANAC, 2013). También ha incorporado entre sus acciones a las certificaciones socio-ambientales de las diferentes materias primas de la cadena de valor.

En mayo de 2014, Embraer y Boeing firmaron un acuerdo para la instalación de un centro conjunto de desarrollo de biocombustibles en Sao José dos Campos. El entendimiento contempla el esfuerzo de Boeing por ampliar la cadena de los biocombustibles de aviación alrededor del mundo. La agencia de investigación y desarrollo del Estado de Sao Paulo también es socia en este emprendimiento. El bioquerosén de caña ha empezado a ser utilizado desde el año pasado en los vuelos nacionales de Brasil. Sin embargo, su precio sigue siendo muy elevado, cerca de tres veces superior al querosén de aviación convencional. Este acuerdo debe ser interpretado dentro del memorando de entendimiento para la cooperación en biocombustibles firmado por los gobiernos de Brasil y Estados Unidos.

9. Conclusiones finales y recomendaciones

El segmento del mercado aeronáutico dedicado a aeronaves militares es, en términos competitivos, diferente al segmento de aeronaves civiles. Mientras que en el primero la gerencia del ciclo de vida del producto y de los ciclos económicos mundiales es vital, en el segundo la estabilidad y previsibilidad es mayor, dependiendo de la cantidad de uso (conflictos bélicos) en los que las aeronaves estén involucradas. Es por ello que tanto Embraer como FAdeA apuntan a trabajar en ese mercado.

Un emprendimiento asociativo entre ambas empresas permite ganancias mutuas a largo plazo. En términos comerciales, se observa un importante cambio cualitativo a partir del KC-390. Anteriormente, el intercambio bilateral en el sector aeronáutico era dominado por las ventas de Embraer a la Argentina, no existiendo ningún flujo de comercio sectorial significativo desde la Argentina hacia el Brasil. A partir de esta nueva asociación, se promueve un mayor equilibrio y diversificación sectorial y comercial entre ambos países.

Respecto a las ganancias individuales de las empresas, para FAdeA, la entrada a la cadena de valor del KC-390 es, en primer lugar, un mecanismo para asegurar la reindustrialización de la fábrica (en conjunto con el proyecto Pampa). Adicionalmente, es un punto de largada para la fase de comercialización y venta al exterior de sus productos. Por último, implica la participación en una cadena de valor global en la frontera tecnológica. Por su parte, el convenio con FAdeA le proporciona a Embraer un nuevo interlocutor dentro del sector de defensa argentino y un reno-vado atractivo para la compra de sus aeronaves militares. Siendo FAdeA una empresa estatal, Embraer cuenta con un aliado estratégico para su vínculo directo con el sector de defensa argentino que es un potencial cliente. Además, la participación argentina en la fabricación del KC-390 aumenta el atractivo para su compra. Finalmente, esta alianza abre la posibilidad de nuevas asociaciones entre Embraer y FAdeA, con las consecuentes mayores ventas de Embraer al sector de defensa argentino.

El proyecto asociativo Embraer-FAdeA tiene características especí-ficas que han sido analizadas a lo largo de este capítulo, tales como el tipo de asociatividad empresaria establecido entre ambas empresas, el impacto de su asociación en el desarrollo tecnológico, y el impacto de su asociación en el desarrollo sostenible. Respecto al primer punto, se observa que ambas empresas tienen un gran potencial de trabajo conjunto, fundado en la experiencia desarrollada a partir del KC-390, la voluntad de ambos gobiernos para apuntalar la asociación entre Embraer y FAdeA, y el escaso solapamiento en los productos fabricados por ambas. Siendo Embraer una de las principales empresas en su mercado, las posibilidades de FAdeA de competir con esta solo podría producirse a largo plazo. En cambio, una estrategia sustentable para FAdeA sería: 1) el aprendizaje y desarrollo de nuevas tecnologías a partir de emprendimientos conjuntos con Embraer; 2) evitar el desgaste que le produciría la competencia en mercados donde la empresa brasileña ya es líder; y 3) la exploración y explotación de nuevos mercados en conjunto. A su vez, ello le permitiría a Embraer contar con un socio regional con potencial de crecimiento e innovación, y un socio estratégico en la construcción de aeronaves para nuevos mercados no explorados, tal como ocurre en el caso del KC-390.

En base a lo anterior, consideramos que el impacto de la asociación en el desarrollo tecnológico es potencialmente muy positivo. A los ar-gumentos anteriormente citados se suma, en primer lugar, la influencia que tienen los gobiernos argentino y brasileño para que las empresas establezcan sus relaciones en pie de igualdad, a diferencia de lo que ocurre generalmente entre empresas líderes y empresas de los diferentes niveles de la pirámide. En segundo lugar, la complementariedad de las estrategias de fabricación y comercialización de ambas empresas (FAdeA como proveedor de componentes y Embraer como ensambladora). Y en tercer lugar, la posibilidad de ampliar la asociación a otros proveedores de componentes, ensanchando así la base de socios y el potencial de desarrollo tecnológico de la cadena.

Respecto al impacto de la asociatividad en el desarrollo sustentable, la incidencia de Embraer se focaliza principalmente en la elección de sus proveedores para la fabricación de aviones. En relación a ello, algunos aspectos del diseño de las estructuras y de las alas inciden en la reducción del consumo de combustible. Es allí donde las piezas fabricadas por FAdeA tienen importancia vital (por ejemplo, en el carenado del *flap*). Debido a que buena parte de las tecnologías que FAdeA ha utilizado son provistas por Embraer, la asociación tiene un impacto menor en el desarrollo sustentable, aunque existe potencial a futuro en la medida en que la cantidad y diversidad de piezas producidas por FAdeA sea mayor. No obstante, ambas empresas tienen programas y políticas relacionadas al cuidado del medioambiente: por ejemplo, el programa de responsabilidad social de FAdeA producto del acuerdo de cooperación con el Ministerio de Desarrollo Social de la Argentina, y la Plataforma Brasileña de Biocombustibles para Aviación, donde Embraer desempeña un rol central.

Asimismo, la capacidad de adquisición de conocimientos y certificaciones internacionales de procesos y productos juega un papel muy importante para las posibilidades de inserción en una cadena de valor tan competitiva como la industria aeronáutica. Mientras las inversiones en I+D han sido una prioridad constante en el curso del desarrollo de Embraer, FAdeA ha atravesado largos períodos de parálisis de su línea de producción, discontinuando con ello la incorporación de conocimientos. En este sentido, la capacitación se constituye en uno de los ejes centrales de esta reciente etapa. El establecimiento de programas conjuntos de posgrado e investigación entre el ITA y universidades argentinas serían importantes *inputs* para la recuperación de las capacidades de la industria aeronáutica argentina. La ampliación de los recursos reembolsables y no reembolsables destinados a las investigaciones y a la formación de recursos humanos tiene el potencial para generar importantes complementaciones.

La promoción de la asociatividad a través de consorcios, particularmente entre PyMEs fabricantes de aeropartes de Brasil y Argentina podría ofrecer mayores garantías para la contratación de los necesarios préstamos para alcanzar una mayor especialización y una mejora de las capacidades productivas con su consecuente impacto positivo sobre la proyección comercial externa. En consecuencia, sería importante contar con subsidios para el financiamiento integral y/o parcial, tanto para los procesos de certificación, altamente costosos y que demandan un largo período, como para el fomento de alianzas con socios internacionales. La conformación de asociaciones entre los reguladores nacionales para la adecuación de certificaciones nacionales al nivel internacional debería ser precedida de una mayor convergencia entre los patrones de las certificaciones vigentes en ambos países.

Las divergencias en las políticas públicas en el área comercial inciden directamente en la capacidad de integración de las industrias aeronáuticas de Brasil y Argentina. Se trata de una cadena global, donde la facilitación del comercio desempeña un rol crucial para el buen desarrollo de la cadena de valor. En ese sentido, los aranceles practicados por Brasil en la importación de partes, componentes y piezas son regidos hace años por las Reglas de Tributación para Productos del Sector Aeronáutico, régimen que establece alícuota 0% para el sector. Las importaciones de Embraer también se benefician del Régimen Aduanero de Entrepuesto Industrial bajo Control Informatizado, que garantiza una pronta liberalización de las mercancías. Estas modalidades aduaneras, diseñadas según las especificidades del sector, representan un verdadero contrapunto ante la aplicación generalizada de licencias de importación no automáticas por parte de la Argentina. La negociación de acuerdos aduaneros en términos similares a los recientemente firmados entre Brasil y Uruguay, tales como el acuerdo de integración productiva en el sector naval y el Programa Piloto de Seguridad Aduanera de la Cadena de Bienes, podrían ser una ventana para una mayor aproximación comercial.

La cadena de valor del sector aeronáutico está sumamente concentrada en el segmento de aeronaves civiles. Esta concentración se transforma en un alto costo de entrada para nuevos proveedores. Sin embargo, debido a las características del mercado de defensa, donde el peso de los clientes es mayor y los contratos *offset* dominan las compras de aeronaves, las barreras de entrada son menores para las empresas que cuentan con fuerte respaldo gubernamental.

El mercado militar es el mercado natural de FAdeA, lo cual posibilitará el crecimiento de la empresa a largo plazo. Sería importante, en el mediano plazo, establecer las posibilidades para que FAdeA pudiera proveer de partes y componentes a aeronaves civiles de Embraer. De esta manera, se ampliarían los horizontes de sustentabilidad y crecimiento de la empresa, sin depender en demasía de la producción de partes y componentes al KC-390 como principal estrategia para recobrar una posición relevante como jugador en el mercado mundial. Incluso, esto podría llevarla a convertirse en un proveedor de clase mundial, exportando piezas y componentes a otras empresas ensambladoras.

Embraer, en tanto, debe apuntalar la nueva estrategia de producción, ingresando a nuevos mercados a través de los acuerdos *offset* y sacando provecho del prestigio acumulado por la empresa en los últimos 20 años. La expansión regional de la empresa en términos comerciales puede ir de la mano de la política de construcción de una cadena de valor regional en la industria aeronáutica en Sudamérica, asegurando el desarrollo de empresas de componentes y sistemas a lo largo y ancho del subcontinente. Estas empresas socias locales funcionarían a su vez como interlocutores y atractivos para que los sectores de defensa de Sudamérica se inclinen por la compra de aviones de Embraer. Dicha política podría permitirle a la firma tener un atractivo mayor *vis-à-vis* sus mayores competidoras, tales como Lockheed Martin y Boeing.

Tal como estaba previsto en la alianza estratégica, la anticipación de intenciones de adquisición por parte de las Fuerzas Aéreas podría ser un importante vector de ampliación de la escala de la industria regional. A fin de potenciar su impacto en el desarrollo de la cadena, es importante que estas adquisiciones sean acompañadas por investigaciones conjuntas sobre el potencial impacto de los programas de *offset*, buscando iden- tificar eventuales oportunidades de *spillovers* tecnológicos conjuntos. En ese sentido, preocupan las crecientes manifestaciones del gobierno británico en contra de la eventual transferencia del Brasil de tecnologías del Gripen a la Argentina.[8]

Pese a que la Argentina es uno de los mayores exportadores mundia- les de biodiesel, particularmente de soja, los trabajos para su inserción en la matriz energética argentina se encuentran en un nivel de avance inferior en comparación con Brasil, donde predomina el biocombustible de caña de azúcar. Un mayor intercambio de experiencias entre ambos países podría ser un interesante vector de cooperación en el fomento del "enverdecimiento" de la cadena de valor aeronáutica. La incursión de la Argentina en la plataforma podría darse gradualmente, a partir de la potenciación de la agenda de trabajo en combustibles renovables en curso entre EMBRAPA y el Instituto Nacional de Tecnología Agropecuaria.

Más allá de estas recomendaciones, es fundamental la consolidación de un cuerpo directivo de alto perfil técnico en FAdeA. Los problemas de gestión han sido una constante en la historia reciente de la empresa, menoscabando sus potencialidades. La asociación con Embraer abre un nuevo capítulo para la firma y la industria aeronáutica en la Argentina. La valorización de la capacitación, de una adecuada gestión y de una constancia en su plan de inversión será clave para su futuro y para las posibilidades de profundización de la integración productiva en el sector aeronáutico.

A medida que continúe avanzando la reindustrialización y la con- siguiente acumulación de conocimiento y capacidades industriales y tecnológicas en FAdeA, será necesaria una participación más orgánica de

---

8   Pese a que el caza Gripen es fabricado por la sueca SAAB, utiliza diversas partes y subsis- temas de tecnología sensibles producidos en Gran Bretaña.

la empresa argentina en los proyectos de Embraer. Este mayor involucramiento fortalecerá la cooperación y las posibilidades de crecimiento de la empresa en el mercado argentino y, posiblemente, permitirá una acción coordinada para la venta de aeronaves al resto de los países de la región.

La asociación empresaria entre FAdeA y Embraer es una de las nuevas herramientas desarrolladas por los gobiernos de Argentina y Brasil para llevar adelante el desarrollo tecnológico en el sector aeroespacial, un sector que potencialmente tiene grandes ramificaciones productivas y diversos impactos en las economías nacionales. Este nuevo enfoque regional permite llevar adelante un sueño anhelado por ambas naciones: el desarrollo económico conjunto y la mejora tecnológica en el ámbito de la integración regional sudamericana, apuntando a competir en los exigentes mercados globales.

Referencias bibliográficas

ABDI (2009). "Indústria Aeronáutica", *Serie Estudos Setoriais de Inovação*, Agência Brasileira de Desenvolvimento Industrial, Belo Horizonte, Brasil.

AAIA (2007). "Aerospace Industry Profile", en *Aerospace Statistics: Aerospace Facts and Figures*, 55th Edition, Aerospace Industries of America, Arlington, VA, USA.

ANAC (2013). "Brazil's Action Plan on the reduction of Greenhouse Gas Emissions from aviation", Agência Nacional de Aviação Civil de Brasil, Brasilia, Brasil.

Bamber, P. y Gereffi, G. (2013). "Costa Rica in the Aerospace Global Value Chain: Opportunities for Entry & Upgrading", en Bamber, P.; Gereffi, G.; Frederick, S. y Fernandez-Stark, K., (eds.), *Costa Rica in Global Value Chains. An Upgrading Analysis, Center on Globalization, Governance & Competitiveness*, Duke University, Durham, USA.

Bernardes, R. (2000). *Embraer, elos entre Estado e mercado*, Hucitec, São Paulo, Brasil.

Bernardes, R. y Pinho, M. (2002). "Aglomeração e aprendizado na rede de fornecedores locais da Embraer", Universidade Federal do Rio de Janeiro, Brasil.

Cafaggi, F.; Swensson, L.; Porto Macedo Junior, R.; Piterman Gross, C.; Gabriel de Almeida, L. y Alves Ribeiro, T. (2012). "Accessing the Global Value Chain in a Changing Institutional Environment: Comparing Aeronautics and Coffee", *IDB Working Paper Series*, N° 370, Inter-American Development Bank.

Chiófalo, M.; Rangugni, A. y Brea, E. (2014). "Agustín Rossi: Rueda de Prensa con el Ministro de Defensa Argentino", Gaceta Aeronáutica.

Collopy, P. (2004). "Military technology pull and the structure of the commercial aircraft industry", *Journal of Aircraft*, Vol. 41, N° 1, pp. 85-94.

Dalla Costa, A. y de Souza Santos, E. (2010). "Embraer, História, Desenvolvimento de Tecnologia e a Área de Defesa", *Revista Economia & Tecnologia*, Vol. 6, N° 3, pp. 173-183.

Da Motta Veiga, P. y Ríos, S. (2014) "Introdução e difusão de padrões ambientais e climáticos em cadeias de valor no Brasil: dois estudos de caso". Paper para red LATN.

De Lima Ferreira, V. y Salerno, M. (2009). "A Estratégia Na Relação Com Os Fornecedores Para O Fornecimento Na Aviação: O Caso Da Embraer", XXIX Encontro Nacional de Engenharia de Produção, Salvador de Bahía, Brasil.

Embraer Defense Systems (2010). "KC-390." Boletín de difusión pública sobre especificaciones de la aeronave KC-390, Junio de 2010, Embraer.

Fabricaciones Militares (2014). "En busca de alianzas tecnológicas", Fabricaciones Militares, 30 de septiembre.

Fiegenbaum, J. y Rondinel, R. (2006). "Acuerdos offset de compensación comercial, industrial y tecnológica: Un estudio del caso brasileño", en *Observatorio de la Economía Latinoamericana*, N° 68.

Galasso, C. (2006). "Multinational Enterprises and Knowledge Spillovers in the Aerospace Cluster of Lazio" *DRUID Summer Conference 2006 on Knowledge, Innovation and Competitiveness: Dynamics of Firms, Networks, Regions and Institutions*, Copenhagen, Dinamarca, 18-20 de junio.

Gargiulo, F. (2008). "Indústria de Construção Aeronáutica, O Caso Da EMBRAER: História E Avaliação", Fundação Getúlio Vargas.

Gastão Silva, P. (2014). "Projeto KC-390", *Seminario: Os Projetos Estratégicos das Forças Armadas*, Brasilia, Brasil.

Giunta, A. (1999). "Supplier Relations in Commercial Aircraft Industry: The Case of Alenia in Southern Italy", *Quaderno C.I.R.P.I.*, N° 3.

Gomes, S. (2012). "A indústria aeronáutica no Brasil: evolução recente e perspectivas", en *BNDES 60 anos: perspectivas setoriais*, Vol. 1, BNDES, Rio de Janeiro, Brasil, pp. 138-184.

Joppert Swensson, L. (2012). "Contractual Networks and the Access of Small and Medium Enterprises to Global Value Chains", *Max Weber Program Working Paper*, EUI MWP; 2012/28.

Luz, M. (2010). "Políticas E Programas Para O Setor Aeroespacial No Brasil: Uma Análise Comparada Com O Canadá", Universidade de São Paulo, Brasil.

Mardones Costa, I. (2002). "Los Offset o Compensaciones Industriales en Proyectos de Defensa", *Revista de Marina*, N° 3.

Niosi, J. y Zhegu, M. (2005). "Aerospace Clusters: Local or Global Knowledge Spillovers?", *Industry & Innovation*, Vol. 12, N° 1, pp. 5-29.

Niosi, J. y Zhegu, M. (2010). "Multinational Corporations, Value Chains and Knowledge Spillovers in the Global Aircraft Industry", *International Journal of Institutions and Economies*, Vol. 2, N° 2, pp. 109-141.

Nolan, P., Zhang, J. y Liu, C. (2008). "The Global Business Revolution, the Cascade Effect, and the Challenge for Firms from Developing Countries", *Cambridge Journal of Economics*, Vol. 32, N° 1, pp. 29-47.

PWC (2014). "Top 100 Aerospace Companies", *Flight International*, N° 31, pp. 28-47.

Sobie, B. (2010). "Brazil MRO sector poised for major expansion", *Flight Global*, 6 de julio.

Sturgeon, T.; Gereffi, G.; Guinn, A. y Zylberberg, E. (2013). *Brazilian Manufacturing in International Perspective: A Global Value Chain Analysis of Brazil's Aerospace, Medical Devices, and Electronics Industries*, Confederação Nacional da Indústria (CNI).

Apéndice

Tabla 1. Socios y roles en el Programa del KC-390 de Embraer

Socio del KC-390	País	Rol/ Equipamiento proveído
Embraer's ELEB Equipamentos Ltda.	Brasil	Tren de aterrizaje
Elbit Systems' AEL	Israel/Brasil	Computadora de misión, HUD, DIRCM, Suite de autoprotección
Aero Vodochody	República Checa	Sección trasera del fuselaje II, de la tripulación y paracaidista, puertas, puerta de emergencia y escotillas, rampa de carga, borde de ataque fijo
BAE Systems	Gran Bretaña/ Estados Unidos	Ordenadores de control de vuelo, electrónica de control del actuador
Cobham plc	Gran Bretaña	Sistema de reabastecimiento aéreo
Denel Saab Aerostructures	Suecia, Sudáfrica, Estados Unidos	Componentes compuestos, en colaboración con Hitco.
Finmeccanica's DRS Training & Control Systems	Estados Unidos	Manejo de carga y sistema de entrega aérea
EEA	Portugal	Trabajos de ingeniería y pruebas en tres sectores no especificados
Esterline Control Systems	Estados Unidos	*Autothrottle* (función de piloto automático que controla la fuerza del motor de la aeronave)
FAdeA	Argentina	Spoilers del ala, puertas para la nariz, tren de aterrizaje, puerta de la rampa, carenados de la aleta, cono de cola, gabinete electrónico
United Technologies's Hamilton Sundstrand	Multipaís	Actuadores eléctricos hidrostáticas, electrónica actuadores, controles eléctricos, sistema de datos de aire *SmartProbe*, indicadores de combustible, los controladores de protección parabrisas de hielo
Goodyear Tire & Rubber	Estados Unidos	Neumáticos
United Technologies's Hamilton Sundstrand	Estados Unidos	Sistema de generación de energía eléctrica, unidad de potencia auxiliar
International Aero Engines*	Multipaís	Motores *v2500-5*. Las versiones más potentes pueden alcanzar una fuerza de 33.000 libras
Liebherr-Aerospace Toulouse SAS	Francia	Controles ambientales y de presión de la cabina
OGMA	Portugal	Paneles centrales del fuselaje, ascensores, carenas, puertas del tren de aterrizaje
Rockwell Collins	Estados Unidos	Aviónica de cabina: *Pro Line Fusion*
Safran Group's Hispano-Suiza	Francia	Sistema generador de energía eléctrica de emergencia
Safran Group Sagem DS	Francia	Sistema compensador del estabilizador horizontal, con actuadores eléctricos
Thales	Francia	*HPIRS INS* (sistema de navegación de GPS)
Aernova	España	*Flaps, Rudder y Spoiler*
Finmeccanica's SELEX Galileo	Italia	*T-20 Gabbiano Tactical Radar*: realiza vigilancia básica marítima y terrestre, así como la navegación

Fuente: elaboración propia en base a Defense Industry Daily (2012) y sitios web de las empresas.
* IAE es una empresa conjunta entre Pratt & Whitney, MTU y Japanese Aero Engine Corp., con cada socio centrado en módulos de motores específicos. La línea de montaje final se encuentra en Alemania.

Funcionamiento Actual y Potencial de la Asociatividad Empresaria entre los Países del Mercosur

Fernando G. Cafferata y Natalia dos Santos Claro

1. Introducción

El proceso de globalización de la economía internacional ha impactado en la organización productiva en el nivel regional, donde se han visto conformadas varias cadenas de valor en el ámbito del Mercosur. Dichas cadenas productivas se gestan, muchas veces, como producto de un primer desarrollo microeconómico que implica acciones entre firmas localizadas en distintos países de la región, las cuales han interactuado e interactúan de diversas formas a través de transacciones, asociaciones y/o emprendimientos empresariales conjuntos (en adelante, EECs). Una primera fase a nivel micro de asociatividad empresarial entre las firmas de los países del Mercosur resulta clave para la posterior conformación y/o identificación de potenciales cadenas de valor que conlleven a una profundización de la integración productiva regional, sobre la base de una producción coordinada y complementaria entre las empresas de los países del bloque.

Esta primera etapa permite que las grandes, pequeñas y medianas empresas de los países miembros del Mercosur comiencen a interactuar entre sí, conformando algún tipo de emprendimiento, cooperación y/o asociatividad. Sin embargo, este proceso no está recibiendo no está recibiendo una atención significativa por parte de académicos y *policymakers*, cuyos análisis y objetos de políticas públicas se concentran, en mayor medida, en proyectos de inversión de grandes empresas o en el estudio y potenciación de grandes cadenas de valor ya conformadas.

A fin de generar herramientas eficaces para el planeamiento y la efectividad en la gestión de la política productiva regional resulta esencial conocer, diagnosticar y caracterizar esta primera etapa de desarrollo microeconómico entre las firmas del Mercosur. Ello implica analizar, en cada uno de los países, el comportamiento y las principales características que presentan aquellas empresas que deciden llevar adelante asociatividad empresarial a través de distintos emprendimientos conjuntos en el ámbito regional. En ese marco, resulta también relevante estudiar las implicancias que dichos emprendimientos presentan sobre el desarrollo productivo-tecnológico y el desarrollo sustentable. Asimismo, es preciso determinar cuál es el rol y papel que juega el Estado en cada país, tanto en relación a su participación indirecta (las iniciativas de políticas públicas generadas al interior de cada país) como en relación a su participación directa (comportamiento de las empresas públicas o estatales argentinas, uruguayas, paraguayas y brasileras que se vinculan con otras empresas en el ámbito del Mercosur).

Con el objetivo de brindar un primer diagnóstico de esta situación a nivel regional, la presente investigación empírica y comparada se desarrolla y divide en cinco apartados. En el primer apartado, se analizan las principales tendencias, características y funcionamiento efectivo actual de la asociatividad empresaria en el Mercosur a partir del procesamiento y análisis de datos correspondientes a un grupo de 310 empresas con nacionalidad en países del Mercosur que decidieron asociarse con otras empresas del bloque. Estas empresas conformaron un total de 87 casos de EEC relevados en el marco del Observatorio de Emprendimientos Conjuntos e Integración Productiva Regional de la Red LATN. En esta sección se indagará a escala nacional –según la nacionalidad o radicación de las empresas participantes de la asociación– cuestiones tales como: cuál es el objetivo principal a desarrollar en el emprendimiento y, por ende, el propósito principal que moviliza a las firmas de cada país a embarcarse en el emprendimiento asociativo; cuál es el marco legal que tienden a utilizar dichas empresas en cada país; y cuál es el sector o rama de actividad dominante por nacionalidad de origen de las empresas.

En el segundo apartado, estudiamos el funcionamiento de la asociatividad vertical y horizontal entre las firmas asociadas, analizando la complementariedad y competitividad que presentan los emprendimientos en cada caso y haciendo especial hincapié en las relaciones que presenta el tipo de asociatividad complementaria y competitiva respecto a la participación accionaria de las empresas, el tamaño, los marcos legales utilizados en la asociación, la posibilidad de ganar escala o de innovar en distintos eslabones de la cadena productiva, etcétera.

En el tercer apartado, analizamos el impacto o potencialidad que presenta la asociatividad empresarial entre firmas del Mercosur para el desarrollo productivo y tecnológico. Para ello, estudiamos un conjunto de casos de asociatividad empresaria dentro del bloque que presentan alguna relación con el desarrollo productivo-tecnológico y/o la innovación. En este caso, el abordaje empírico en cada uno de los países del Mercosur a escala nacional se realiza sobre un total de 33 experiencias de asociación empresarial seleccionadas en el marco de las 87 asociaciones relevadas hasta el momento por el Observatorio, teniendo en cuenta en cada país tanto el rol del sector privado como del sector público en la materia.

En el cuarto apartado, nos enfocamos en la vinculación que presentan los países del Mercosur entre la asociatividad empresaria y el desarrollo sustentable. En este sentido, trabajamos con el concepto de crecimiento verde y realizamos un estudio empírico sobre un total de ocho experiencias de asociación empresarial relevadas por el Observatorio. Los casos fueron seleccionados por tratarse de emprendimientos vinculados a recursos naturales y/o energéticos. También analizamos el rol del sector privado y público en cada país en este tema.

En el quinto apartado, presentamos un análisis específico, producto de las características propias halladas en el ámbito regional, relacionado al formato de asociatividad empresarial de las franquicias. En relación a ello, distintos estudios (Jung, 2014; Moreira Lima, 2014; Arrellaga, 2014; dos Santos Claro, 2014) han evidenciado que las franquicias se han constituido como una forma de asociatividad empresaria que ha venido ganando terreno en el Mercosur en la última década y cuyo desarrollo y expansión se encuentre probablemente vinculado a las PyMEs de los países miembros del bloque. En este sentido, analizamos las asociaciones en formato de franquicias a partir de un conjunto de 36 casos de emprendimientos de este tipo, introduciendo el concepto de "innovación blanda" para el análisis..

Finalmente, en base a la evidencia empírica recreada, presentamos algunas recomendaciones de políticas públicas sobre los diversos aspectos tratados a lo largo de nuestra investigación.

2. Cuestiones metodológicas para el estudio de la asociatividad empresaria en el ámbito del Mercosur

2.1. Asociatividad empresaria en el ámbito del Mercosur: El concepto de emprendimientos empresariales conjuntos (EECs)

El concepto de asociatividad empresaria se ha estudiado generalmente desde la perspectiva o el enfoque de desarrollo local a nivel de las economías nacionales, puesto que el tipo de asociatividad empresarial mayormente conocida ocurre –por lo general– entre empresas de un mismo país concentradas geográficamente. El ejemplo más común son los casos de conformación de *clusters* empresariales, sistemas productivos locales y redes, distritos industriales, entre otros. Así, "el concepto de asociatividad ha permitido la estructuración de algunas estrategias colectivas que utilizan las empresas para enfrentar el proceso de globalización desde lo local" y "al hacer uso de esta estrategia, la actividad empresarial se realiza en el marco de redes formales e informales, relaciones y determinados eslabonamientos productivos con proveedores, clientes y mercados, reflejando experiencias de endogenización del desarrollo" (Narváez, Fernández y Senior, 2008: 3).

De este modo, el enfoque de desarrollo local considera a "lo local" como una unidad de análisis, adoptando una categoría que le permite enlazar los procesos sociales, económicos, tecnológicos, ambientales y culturales con las prácticas políticas y las estrategias para asegurar la emergencia de capacidades de desarrollo endógenas. En particular, el enfoque de desarrollo local pone el foco sobre la acumulación territorial de los recursos colectivos específicos necesarios para el desarrollo del sistema económico productivo local y de su entorno institucional (Grosjean y Maillat, 1998). En este capítulo extrapolamos la noción de desarrollo y asociatividad empresarial local a la escala regional del Mercosur.

Estudios recientes –como los documentos de trabajo realizados en el Marco del Observatorio de Integración Productiva Regional (Jung, 2014; Moreira Lima, 2014; Arrellaga, 2014; dos Santos Claro, 2014)– han mostrado casos de empresas argentinas, brasileras, paraguayas y uruguayas que se embarcaron en la conformación de EECs entre PyMEs o entre PyMEs y grandes empresas, no ya específicamente en el nivel local sino regional, propiciando la integración productiva a través de la asociatividad empresaria. Dichos trabajos entienden que un EEC es cualquier emprendimiento conjunto que realice o haya realizado una empresa de un país del bloque con una o más empresas radicadas en otro país miembro del Mercosur. En esta definición que se extiende también a las filiales de empresas extra-regionales radicadas en el Mercosur, los EECs pueden ser clasificados a partir de distintas tipologías. Este estudio utiliza dos de ellas: la primera se refiere a los distintos marcos legales, que pueden presentarse en cualquier tipo de asociación empresarial, mientras que la segunda se enfoca en la finalidad y descripción de los EECs.

En relación a los marcos legales, la clasificación incluye las siguientes alternativas:

- Asociaciones de colaboración empresaria (ACE): las empresas involucradas se unen para establecer una organización común para el mediano y largo plazo con el fin de cumplir objetivos mutualistas en relación a los propios miembros (generalmente tienen una duración de diez años con posibilidad de renovar el contrato).
- Unión transitoria de empresas (UTE): las empresas involucradas se unen con un objetivo específico y la unión finaliza cuando éste ha sido concretado.
- Sociedad: en estos casos se realiza un contrato entre dos o más personas jurídicas con el fin de cumplir un objetivo económico, como

por ejemplo concretar un negocio. A partir del contrato se origina una persona jurídica que es diferente a la de los socios que integran a la sociedad. Las sociedades pueden adoptar diferentes modalidades (Sociedades Anónimas, de Responsabilidad Limitada, Colectivas, En Comandita, Cooperativas de Trabajo Asociado, entre otras).

Adicionalmente, debido a las nuevas dinámicas empresariales que se han encontrado en el Mercosur, recientemente se ha ampliado esta clasificación para incluir también en el marco legal los acuerdos como:

- Franquicias: en estos casos una empresa o franquiciante presta su marca, imagen corporativa, *know how*, derecho a la distribución comercial y la explotación de un producto o servicio bajo su nombre, logos, imagen, secretos comerciales y programas a un franquiciado, a cambio de recibir pagos en forma de derechos de entrada, regalías en base a las ventas o canon de publicidad. La franquicia consiste generalmente en una forma de expansión empresarial que se caracteriza por menores inversiones (en comparación con la apertura de sucursales por la propia empresa) y el escaso o nulo riesgo para el franquiciante, ya que el franquiciado es generalmente económica y jurídicamente independiente del franquiciante y el personal franquiciado no depende laboralmente del franquiciante o de la cadena.
- Licencias: asumiendo un contexto internacional se puede definir un acuerdo de licencia como un convenio contractual a partir del cual la empresa nacional otorga a la empresa extranjera el derecho de uso de un proceso productivo, o una patente o marca, u otros activos, a cambio de pagos que pueden ser de carácter inicial o periódico. Cabe destacar que, en caso de ceder una licencia, puede perderse el control del negocio, al revelar a otra empresa los detalles del proceso de fabricación de un producto, por ejemplo.

Con respecto a la finalidad y descripción de los EECs, la clasificación tiene lugar entre:

- EEC Comercial: se refiere a los EEC que tienen como finalidad un acuerdo comercial, un acuerdo de distribución (aprovechamiento de canales de distribución) y/o representaciones (mercados externos, franquicias, etc.).
- EEC Productivo: se refiere a los EEC que tienen como finalidad la participación accionaria, la complementación productiva y/o la ampliación de la capacidad productiva.

- EEC Tecnológico: se refiere a los EEC que tienen como finalidad el intercambio tecnológico (incorporación o abastecimiento) y la cooperación en investigación y desarrollo.
- Otros EECs: son aquellos EEC que tienen como finalidad la conformación de empresas binacionales, las licencias y patentes, el financiamiento, la importación de equipos y/o cualquier otro objetivo no definido en ninguna de las categorías anteriores.

2.2. Acerca de los EEC seleccionados para el análisis

Si bien el proceso de interacción a nivel mesoeconómico entre los países del Mercosur en la conformación de cadenas productivas de valor regionales presenta un ritmo lento que implica una construcción a largo plazo –puesto que a este nivel se busca alcanzar una producción coordinada y complementaria entre las empresas de los distintos países de la región–, a nivel microeconómico la interacción entre firmas localizadas en distintos países del Mercosur y la constitución de EECs pareciera producirse a un ritmo más acelerado. En efecto, desde una perspectiva microeconómica es posible observar que las firmas pueden interactuar más fácilmente de diversas formas y en base a una multiplicidad de objetivos que incluyen tanto el corto como el mediano y largo plazo –y que no se centran únicamente en el aspecto productivo–, a través de transacciones o asociaciones que se llevan a cabo cada vez con mayor frecuencia.

Un relevamiento realizado por el Observatorio de Integración Productiva Regional de la Red LATN permitió el estudio de más de 100 casos de este tipo de asociaciones o emprendimientos. Cabe aclarar que por tratarse de una centena de casos de un universo desconocido es preciso ser cautos al momento de sacar conclusiones para toda la población de EECs. Sin embargo, los resultados del estudio constituyen un punto de partida, o dicho en otras palabras, una primera aproximación el análisis de este fenómeno.

Es importante mencionar que en este estudio se omitieron intencionalmente los casos de emprendimientos vinculados a adquisiciones parciales de empresas (asociaciones de capital) y se consideraron únicamente aquellos emprendimientos entre firmas que se encuentran radicadas en dos países distintos del Mercosur. Así, los casos considerados alcanzaron a 87 EECs, integrados por 310 pequeñas, grandes y/o medianas empresas.[1]

---

[1]   El tamaño de las empresas fue considerado según la cantidad de empleados de acuerdo con el siguiente rango para Argentina, Uruguay y Paraguay: Micro (hasta 10 ocupados), PyME (de 11 a 200 ocupados, dentro de las cuales se dividen en pequeñas empresas para el rango de 11 a 50 ocupados y medianas empresas para el rango de 51 a 200 ocupados) y Grandes (Más de 200 ocupados). Para Brasil se tomó la clasificación utilizada por RAIS/

A continuación, analizaremos estos EECs para caracterizar la situación actual de la asociatividad empresaria en el ámbito del Mercosur.

2.3. Nota aclaratoria sobre los alcances de la presente investigación

Dado que el presente estudio está fundado en la base de datos de EECs del Observatorio, es importante tener en consideración algunos aspectos de la información contenida en dicha base de manera de permitir una interpretación adecuada de los alcances de los resultados que serán presentados *a posteriori*.

En primer lugar, es importante destacar las limitaciones del objeto de estudio, que radican principalmente en el desconocimiento del universo de análisis. En función de que no se trata ni de un censo ni de una muestra aleatoria, es necesario tener presente que las estadísticas que se presentan en este estudio se refieren a los casos relevados en el marco del Observatorio. Por lo tanto, las tendencias y conclusiones que se detallan en los próximos apartados deben ser leídas en dicha perspectiva.

En segundo lugar, la información referida a las empresas ha sido en muchos casos reconstruida en base a fuentes secundarias a través de la búsqueda bibliográfica, artículos en la prensa, revistas especializadas o los sitios web de las propias empresas en internet.[2] Por otra parte, la información acerca de las iniciativas de políticas públicas en la materia también se presenta en muchos casos en forma parcial y en ocasiones no actualizada.

En tercer lugar, y aunque los resultados deban ser tomados con cautela y las tendencias circunscriptas a los casos encontrados, esta línea basal pionera adquiere una importancia radical por su trascendencia heurística en el escasamente explorado campo de estudio de los emprendimientos empresariales en el Mercosur, ya que plantea un análisis de la coyuntura que podrá seguir actualizándose a medida que se releven más casos y se evidencien nuevas tendencias.

MTE (Ministerio de Trabajo y Empleo) o SEBRAE, según la cual se utilizó el siguiente rango: Micro (hasta 19 ocupados), PyME (de 20 a 499 ocupados, dentro de las cuales se dividen en pequeñas empresas para el rango de 20 a 99 ocupados y medianas empresas para el rango de 100 a 499 ocupados) y Grandes (Más de 500 ocupados).

[2]   La falta de colaboración por parte de las firmas para el relevamiento de información es moneda corriente en este tipo de estudios, obligando a los investigadores a recurrir a fuentes secundarias para obtener los datos que necesitan para sus análisis.

3. Análisis comparado a escala nacional entre los países del ámbito del Mercosur

3.1. Caracterización de la asociatividad empresaria entre Argentina, Brasil, Paraguay y Uruguay

En términos generales, y en base a los 87 casos considerados en este capítulo, la asociatividad entre firmas de distintos países del Mercosur se caracteriza por una fuerte presencia de empresas argentinas (116 empresas argentinas sobre 310 empresas relevadas), que además participan del mayor número de emprendimientos registrados (participan de 67 emprendimientos sobre los 87 emprendimientos empresariales conjuntos totales).

Gráfico 1. Principales tendencias observadas. Empresas relevadas y asociaciones empresariales en las que participan según país de origen

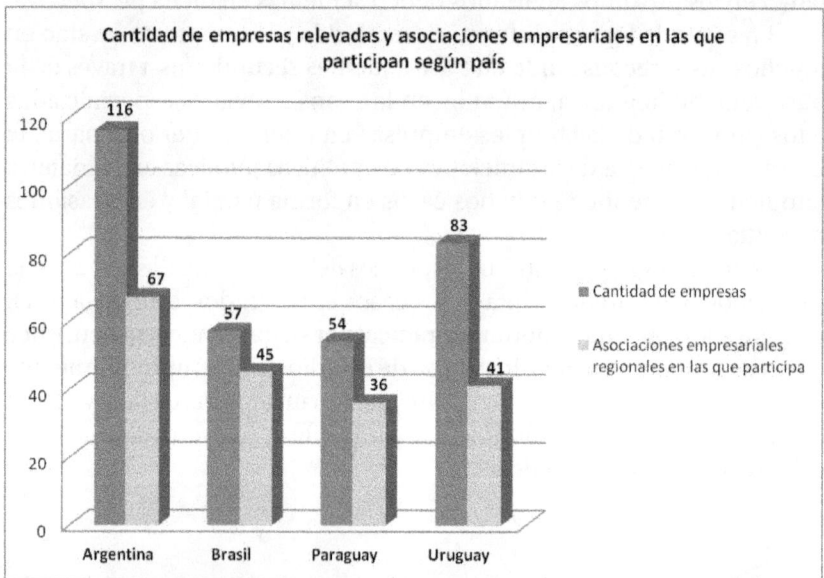

Cantidad de empresas relevadas y asociaciones empresariales en las que participan según país

Fuente: elaboración propia en base a información del Observatorio de Integración Productiva Regional.

De esta forma, las empresas argentinas presentan una mayor tendencia a desarrollar asociatividad empresarial con sus contrapartes del Mercosur, siendo las empresas uruguayas sus socias principales.

Asimismo, las empresas argentinas actúan como las principales socias tanto de las empresas brasileras como de las paraguayas.

Por otra parte, en el marco de las asociaciones empresariales emprendidas en el ámbito del Mercosur, se destaca principalmente la participación del sector privado, que asciende a más del 90% en todos los países estudiados.

Gráfico 2. Principales tendencias observadas. Participación
accionaria de las empresas según país de origen

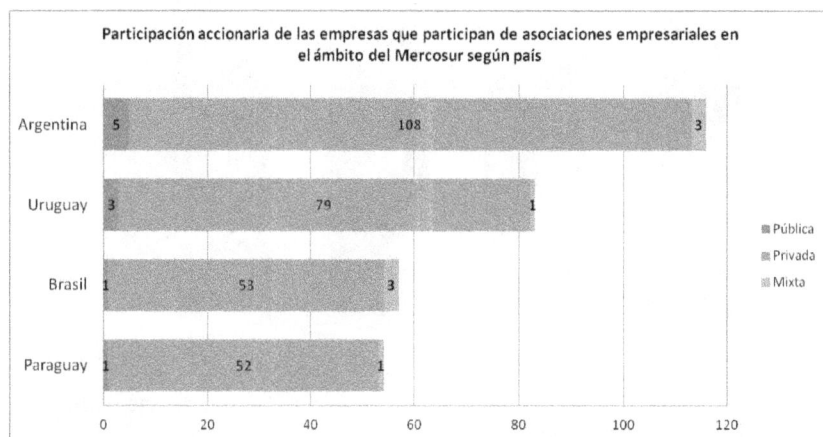

Participación accionaria de las empresas que participan de asociaciones empresariales en el ámbito del Mercosur según país

Fuente: elaboración propia en base a información del Observatorio de Integración Productiva Regional.

Asimismo, el principal objetivo buscado en la asociación por las empresas argentinas, brasileras, paraguayas y uruguayas es de naturaleza comercial, superando siempre el 50%. En orden de importancia le siguen los objetivos productivos y, en una medida inferior, los tecnológicos. El país cuyas empresas concentra la mayor participación en asociaciones con objetivos productivos y tecnológicos es Brasil.

Gráfico 3. Principales tendencias observadas. Objetivos
de las asociaciones según país de origen

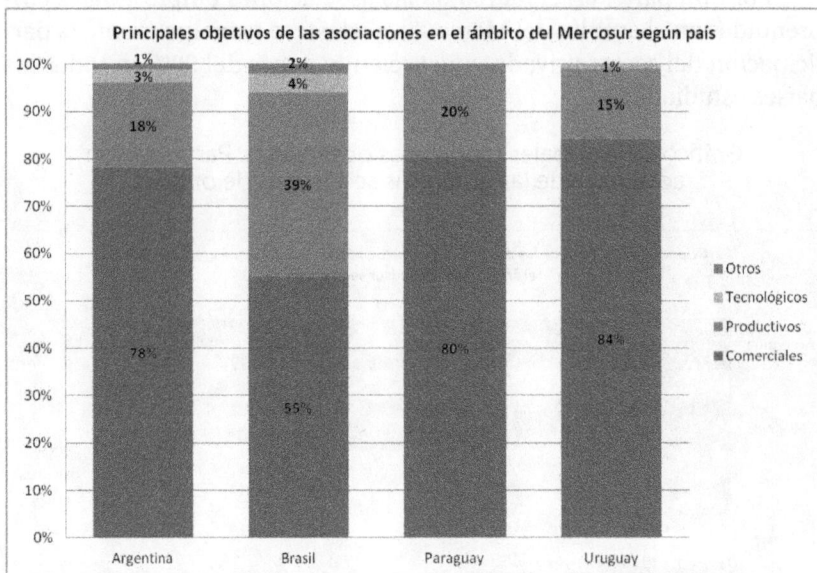

Fuente: elaboración propia en base a información del Observatorio de Integración Productiva Regional.

La asociatividad empresaria intra-Mercosur se encuentra marcada
por un bajo grado de compromiso entre las firmas que integran los EECs,
a veces con nulo reparto del riesgo y una visión que en términos generales
es cortoplacista. En la misma línea, el marco legal mayormente utilizado
por las empresas relevadas en los cuatro países es el de franquicias, en
un porcentaje superior al 70% para los casos de empresas argentinas,
paraguayas y uruguayas, y en un porcentaje superior al 40% para el caso
de las empresas brasileras.

Gráfico 4. Principales tendencias observadas. Marcos
legales de las asociaciones según país de origen

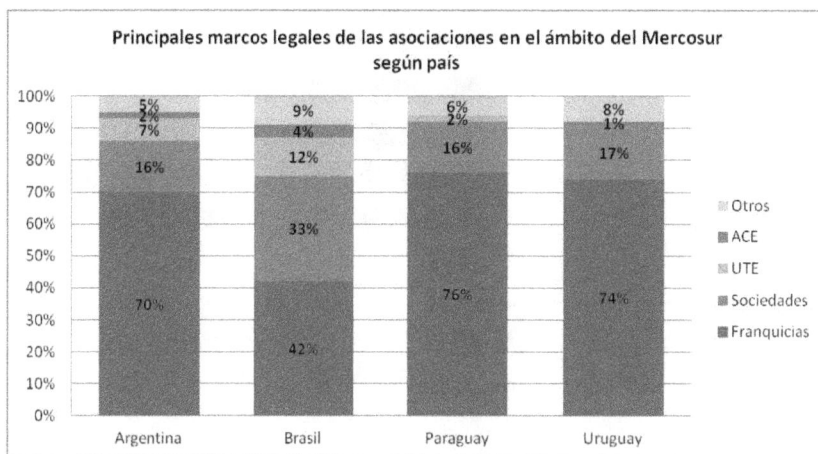

Principales marcos legales de las asociaciones en el ámbito del Mercosur según país

Fuente: elaboración propia en base a información del Observatorio de Integración Productiva Regional

Los sectores de actividad económica de las empresas que presentan mayor potencial para conformar asociatividad empresaria intra-bloque son principalmente los de: la industria manufacturera, hoteles y restaurantes, el comercio al por mayor y menor, enseñanza; y en menor medida, los sectores de: la agricultura y ganadería, transporte, almacenamiento y comunicaciones, construcción, actividades inmobiliarias y suministro de electricidad, gas y agua. Debido a que en el nivel microeconómico las asociaciones empresariales se concentran en estas ramas de actividad, estos sectores económicos pueden presentar mayor potencialidad para la conformación de cadenas regionales de valor.

Finalmente, resulta importante mencionar que si bien el sector público presenta un número de EECs considerablemente inferior a los emprendimientos integrados entre firmas del sector privado, las actividades de los primeros se encuentran mayormente vinculadas al desarrollo productivo y tecnológico, a la innovación y al crecimiento verde. Por su parte, el sector privado presenta un rol de promotor de una innovación del tipo "blanda"[3] a través de la expansión de franquicias de firmas del Mercosur en el interior de dicho bloque.

---

[3]   Introducimos la noción de innovación blanda como una forma de diferenciarla del concepto más tradicional de innovación, a la que nos referimos como innovación dura. Esta última hace referencia al aprendizaje tecnológico y su adaptación y mejora al momento

Gráfico 5. Principales tendencias observadas. Ramas de actividad de las empresas según país de origen

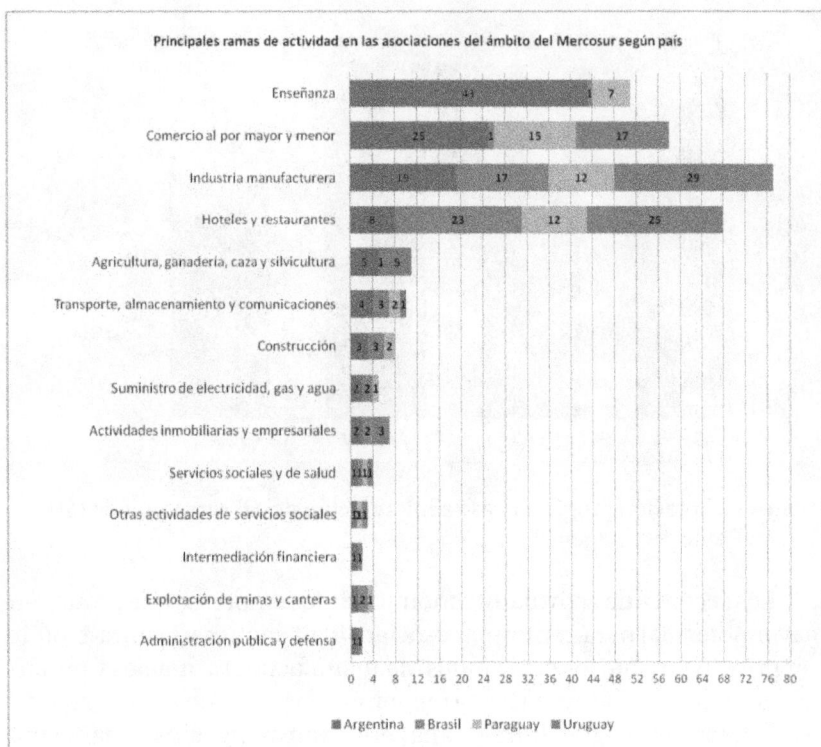

Principales ramas de actividad en las asociaciones del ámbito del Mercosur según país

■ Argentina ■ Brasil ▓ Paraguay ■ Uruguay

Fuente: elaboración propia en base a información del Observatorio de Integración Productiva Regional.

3.2. Caracterización del funcionamiento de la asociatividad horizontal y vertical en el ámbito del Mercosur. La primacía de la competitividad

La tendencia general indica que entre las firmas del ámbito del Mercosur prima el tipo de asociatividad horizontal, ya que el 86% de los emprendimientos constituyen asociaciones del tipo competitivas. Sólo el 13% restante de la muestra se trata de emprendimientos llevados adelante por empresas complementarias entre sí. Sin embargo, y más allá de la

---

de aplicar ese conocimiento al proceso productivo o al desarrollo de productos, mientras que la innovación blanda se concentra en la adaptación y mejora de procesos de gestión de negocios.

tendencia general, a partir del análisis de la complementariedad y competitividad se pudieron evidenciar distintas tendencias.[4]

Con el objetivo de estudiar esta cuestión y poder establecer cuándo se considera que las empresas que se asocian se encuentran en el mismo eslabón productivo o no, se trabajó con indicadores vinculados a los CIIU de las empresas relevadas en las asociaciones. De este modo, si las empresas asociadas en un mismo emprendimiento presentan el mismo CIIU o rama de la actividad económica, se consideran que son competitivas, ya que desarrollan su actividad en el mismo sector o eslabón productivo. Por otra parte, si las empresas que participan de un mismo emprendimiento presentan un CIIU diferente, se consideran que son complementarias o que forman parte de distintos eslabones de la cadena productiva. En base a ello se creó para este análisis una variable dummy que arroja el valor 1 si los CIIU de las empresas que forman la asociación son iguales y 0 si éstos son distintos. Asimismo, es preciso mencionar que es condición suficiente que 1 sólo CIIU difiera para que la asociación sea considerada complementaria (DOS SANTOS CLARO, 2014:84).

En base a dicho análisis se encontró que, por una parte, Argentina se constituye en el país que concentra la mayor parte de los emprendimientos de tipo competitivo debido a la gran cantidad de franquicias que las firmas de ese país desarrollan en el Mercosur, manteniendo este tipo de asociaciones principalmente con Uruguay y Paraguay. Asimismo, Brasil y Uruguay reúnen la mayor parte de los emprendimientos complementarios, formando parte cada uno de un total de 7 de las 11 asociaciones complementarias y coincidiendo en 5 de ellas.

En cuanto a la distribución geográfica, la mayor parte de los emprendimientos clasificados como complementarios se localizan en Uruguay (en el 55% de los casos) radicados principalmente en Montevideo. Respecto de los competitivos, una buena parte se sitúan también en Uruguay y en Argentina (27% y 21%, respectivamente).

Si se analizan los objetivos que motivan los emprendimientos, se advierten dos grandes tendencias. En aquellos emprendimientos que

---

[4]   En relación a esta sección es importante tener en cuenta la definición que utilizamos para trabajar los conceptos de complementariedad y competitividad. Cuando se analiza la asociatividad vertical y horizontal lo que se busca conocer es si las asociaciones tienen lugar entre empresas que compiten entre sí (asociatividad horizontal) o bien si se generan entre empresas complementarias (asociatividad vertical). A fin de poder analizar esta cuestión, en un estudio reciente se estableció un criterio vinculado a la actividad económica de las empresas a partir del cual, si la asociatividad tiene lugar entre empresas que se encuentran en el mismo eslabón de la cadena productiva se tratarían de empresas que compiten entre sí y, por el contrario, si la misma ocurre entre empresas que se encuentran en diferentes eslabones de la cadena, se tratarían de empresas que presentan una mínima complementariedad (DOS SANTOS CLARO, 2014:84).

presentan fines comerciales y productivos las empresas partícipes tienden a conformar asociatividad horizontal, favoreciendo el tipo competitivo de emprendimiento, mientras que los emprendimientos que presentan objetivos tecnológicos tienden a unir empresas complementarias –esta cuestión se presentó como estadísticamente representativa en relación a la muestra recolectada, puesto que el 100% de los emprendimientos tecnológicos son asociaciones del tipo vertical–.

En este sentido, se observa en base a los resultados presentados que los marcos legales pueden actuar como potenciadores de complementariedad o competitividad. Por un lado, la amplia utilización de franquicias tendería a profundizar la asociatividad horizontal en el ámbito regional, generando así mayor competencia entre las empresas asociadas, salvo cuando estos contratos establecen reglas claras respecto a la cercanía máxima o mínima entre las franquicias de una misma marca en una misma localidad. Por otro lado, las empresas que forman parte de asociaciones complementarias tenderían a utilizar un marco legal más diversificado a partir del formato de UTE (18%), Sociedades (45%), ACE (9%) y marcos legales de otro tipo como los tratados internacionales-bilaterales y consorcios (27%).

En cuanto a las ramas de actividad, los emprendimientos complementarios se concentran en su gran mayoría (73%) en tres: industria manufacturera (36%), suministro de electricidad, gas y agua (18%) y construcción (18%). En estas ramas existe una gran potencialidad de complementariedad entre los países del bloque. Los emprendimientos competitivos se nuclean mayormente (78%) en cinco grandes ramas de actividad: industria manufacturera (30%), comercio al por mayor y menor (20%), hoteles y restaurantes (14%), construcción (7%) y suministro de electricidad, gas y agua (7%).

Además, se observa una diferenciación estadísticamente significativa entre el tipo de emprendimiento (complementario/competitivo) y su motivación (innovación/escala), siendo las empresas que forman parte de las asociaciones complementarias las que presentan una mayor tendencia hacia la búsqueda de innovación. Si se toma como un tipo de innovación el hecho de que la rama de actividad de un emprendimiento sea distinta a la rama de actividad de las empresas que conforman dicho emprendimiento –ya que implicaría la combinación de conocimientos y un nuevo aprendizaje en otro sector de la cadena productiva o rama de actividad de las empresas que conforman el emprendimiento–, se observa que existen 17 emprendimientos que están beneficiándose de este tipo de innovación, siendo la mayor parte de estos emprendimientos asociaciones del tipo complementario (65%). Adicionalmente, cuando la rama de actividad de las empresas que integran un emprendimiento coincide con la rama de actividad del emprendimiento que desarrollan, se puede observar una tendencia que indica que el 100% de las asociaciones competitivas en el ámbito regional persiguen el objetivo de una mayor escala.

El tipo de participación accionaria de las empresas también presenta una fuerte influencia en el carácter complementario o competitivo del emprendimiento. Así, en el caso de que existiera una mayor participación de empresas privadas en los EECs del Mercosur se profundizaría a futuro una mayor tendencia a conformar asociaciones de carácter más competitivo (del total de las asociaciones horizontales, el 95,3% se compone de empresas privadas, el 2,3% de empresas mixtas y otro 2,3% de empresas públicas); mientras que una mayor participación de empresas públicas conforman asociaciones complementarias en el ámbito del Mercosur (del total de empresas públicas relevadas, el 53% forman asociaciones de tipo complementario).

3.3. El impacto de las asociaciones empresariales del ámbito del Mercosur en la integración productiva, el desarrollo tecnológico y la innovación

En el proceso de surgimiento de un paradigma tecnológico, las dimensiones sociales, los organismos públicos de investigación, las universidades e instituciones académicas y las empresas cumplen un papel fundamental, ya que estos actores intervienen tanto en la conformación como en la consolidación de las trayectorias tecnológicas y los cambios de paradigmas (ver Naclerio y Salas, en este volumen). Entre ellos, son las empresas quienes aplican los conocimientos y las mejoras tecnológicas a la producción, permitiéndoles mejorar sus resultados y obtener ventajas competitivas.

En este sentido, la innovación es entendida a los fines de esta investigación como un acto colectivo en el que participa una gran cantidad de actores de la cadena productiva, superando así el mero esfuerzo realizado por individuos particulares. Desde esta perspectiva, la innovación se relaciona estrechamente con el concepto de asociatividad, convirtiéndose esta última en una herramienta muy útil para el desarrollo de la primera, especialmente en el contexto de las prácticas industriales postfordistas. A fin de adaptarse a las nuevas condiciones de competitividad de la economía internacional bajo el marco de un esquema en el que los objetivos de desarrollo productivo se comienzan a fundir cada vez más en objetivos de desarrollo tecnológico y viceversa, distintas empresas han venido utilizando la herramienta de asociatividad empresarial no únicamente a escala local sino regional.

Así, la asociatividad materializada en los EECs entre firmas del Mercosur es una herramienta que permite a las empresas alcanzar sus objetivos de desarrollo productivo-tecnológico y de innovación: "La asociatividad o cooperación entre empresas es un rasgo crucial, siendo la innovación un proceso acumulativo que implica un aprendizaje en la práctica, el uso y la interacción, y a menudo produce un rendimiento creciente" (Meyer-Stamer y Harmess-Liedtke, 2005).

En este sentido, sobre los 87 casos de asociatividad empresarial considerados en este capítulo, 33 casos presentaban como motivación alcanzar y/o promover objetivos de desarrollo productivo-tecnológico y/o innovación en asociación con una empresa de otro país miembro del Mercosur. Es decir, se ha trabajado con un conjunto de empresas argentinas, brasileras, paraguayas y uruguayas que han intentado adaptarse a las nuevas condiciones de competitividad utilizando la herramienta de asociatividad empresarial, no ya a escala local (desarrollo de sistemas productivos locales, la conformación de *clusters*, distritos industriales y redes, entre otros) sino a nivel Mercosur, conformando EECs con otras empresas de la región. En relación a dicho análisis, los 33 casos vinculados al desarrollo productivo, tecnológico y/o innovación tomados en forma aislada presentan algunas tendencias que difieren de las tendencias generales halladas en el primer apartado.

En efecto, a diferencia de lo que indica la tendencia general de emprendimientos que ubica a la participación de empresas argentinas en primer lugar, cuando se analiza separadamente el caso de las asociaciones vinculadas únicamente al desarrollo productivo, tecnológico y/o la innovación son las empresas brasileras las que toman la delantera, participando en 26 asociaciones sobre el total de 33 emprendimientos relevados con dichos fines. Las empresas argentinas participan en 21 emprendimientos, las uruguayas en 15 y las paraguayas en 10.

En coincidencia con la tenencia general, para el caso de los emprendimientos productivo-tecnológicos el sector privado de cada uno de los países supera ampliamente a la cantidad de empresas públicas y mixtas vinculadas con ellos. Sin embargo, a diferencia de la tendencia general, las pocas empresas públicas y mixtas (con mayor capital accionario en manos del Estado) participan al menos en un emprendimiento de desarrollo productivo-tecnológico. Todo ello indica que las empresas públicas concentran su participación en este tipo de emprendimientos que implican una vinculación con el desarrollo productivo, tecnológico y/o la innovación, por sobre aquellos EECs comerciales.

Otra tendencia señala que la mayor parte de los emprendimientos relevados en este análisis impactan únicamente sobre el desarrollo productivo, mientras que una parte bastante inferior a la mitad logra además desarrollo tecnológico y/o innovación (en Argentina sólo el 24% de los casos, en Brasil el 31% de los casos, en Paraguay el 30% de los casos y en Uruguay el 38% de los casos).

Respecto a la vinculación entre el tamaño de las empresas y los emprendimientos con posible impacto en el desarrollo productivo-tecnológico, muy pocos datos de la cantidad de empleados de las empresas relevadas fueron encontrados. Sin embargo, en aquellos casos en los que se pudo acceder a dicha información, a diferencia de lo que indica la literatura (que son generalmente las empresas chicas las que se asocian en emprendimientos de desarrollo productivo-tecnológico a fin de lograr escala) en su mayoría se trata de empresas grandes.

La rama de actividad en la cual en todos los países bajo estudio es mayor el impacto del desarrollo productivo tecnológico como producto de las asociaciones empresariales realizadas entre firmas del Mercosur es la industria manufacturera (en Argentina en un 57% de los casos, en Brasil en un 69%, en Paraguay y en Uruguay en un 60%, respectivamente).

El marco legal mayormente utilizado por las empresas argentinas, brasileras, paraguayas y uruguayas que forman parte de asociaciones con posible impacto sobre el desarrollo productivo-tecnológico es el formato de Sociedad (las empresas argentinas lo utilizan en un 64%, las brasileras en un 69% y las paraguayas y uruguayas en un 80%).

Una mención aparte merece el rol del sector público en las asociaciones empresariales con posible impacto en el desarrollo productivo, tecnológico y/o innovación, ya que difiere según el país del que se trate. Para el caso de Argentina, existe una participación directa del sector público en las asociaciones con fines productivos, tecnológicos y/o de innovación a través de sus empresas estatales y con capitales mixtos que tienen injerencia en distintos emprendimientos en la región. Si bien en comparación con los casos de empresas del sector privado las empresas públicas y mixtas con mayor participación estatal que forman parte de este tipo de emprendimientos son poco significativas en cuanto a su cantidad (tan sólo 4 casos: AESA, Tandanor, YPF, Telecom Personal y ARSAT), se puede observar que del total de emprendimientos relevados la mayor parte participan en emprendimientos productivos con posible impacto en el desarrollo tecnológico y la innovación, mientras que sólo una de las empresas privadas relevadas (El Tejar S.A.), es parte de una asociación de desarrollo productivo con capacidad de innovación.

Asimismo, en lo que se refiere al rol del gobierno argentino en la implementación de políticas vinculadas al desarrollo productivo-tecnológico y/o la innovación, se destacan, hasta el año 2014 inclusive, las iniciativas que se desarrollan tanto desde el Ministerio de Industria de la Nación como desde Ministerio de Ciencia y Tecnología. Por otra parte, resulta también de gran importancia el papel desempeñado por el Instituto Nacional de Tecnología Industrial (INTI). Sin embargo, la mayor parte de las iniciativas argentinas se encuentran vinculadas a la generación y facilitación de información técnica y académica o bien al apoyo con personal experto, mientras que en menor medida existen casos concretos de políticas públicas que ofrecen en forma directa financiamiento a las empresas del sector privado para generar capacidades de desarrollo productivo y tecnológico. En esta línea, de la información brindada en los sitios web oficiales, sólo se pudieron detactar el caso del programa "Capital Semilla" para el apoyo de pequeños emprendedores y microempresas, o el programa Sistemas Productivos Locales.

En lo que respecta a Brasil, el desempeño del sector público en forma directa a través de la participación de empresas estatales en asociaciones productivas-tecnológicas del ámbito del Mercosur es aún acotado. En este sentido, tan sólo se pudo constatar la intervención de una única empresa pública brasilera: TELEBRAS. Esta firma forma parte del emprendimiento con desarrollo productivo, tecnológico e innovación: "Consorcio TELEBRAS, ODEBREHT, ANTEL, ARSAT" entre Brasil, Argentina y Uruguay. Sin embargo, en relación al rol del Estado brasilero en cuanto a la generación de políticas públicas vinculadas al desarrollo productivo, tecnológico y/o la innovación existe una gran batería de iniciativas que se encuentran cuantificadas y articuladas en metas y objetivos concretos, y en algunos casos, se presentan indicadores de desempeño de cada programa y el grado de cumplimiento de las metas fijadas –aunque estos datos no siempre están actualizados al año en el que se realizó el relevamiento (2014)–. Los principales organismos vinculados a estas iniciativas son el Ministerio de Desarrollo, Industria y Comercio Exterior y el Ministerio de Ciencia, Tecnología e Innovación.

El rol del sector público en el caso de Paraguay es aun más acotado. Específicamente, en relación a los EECs, no se ha detectado ninguna participación de empresas públicas o estatales paraguayas en asociaciones de desarrollo productivo-tecnológico en el ámbito regional. Por otra parte, en lo que se refiere a las políticas públicas implementadas en la materia, el Consejo Nacional de Ciencia y Tecnología concentra la mayor cantidad de programas relevados, mientras que el Ministerio de Industria y Comercio lleva adelante otros proyectos en relación al sector privado del país, tales como el Programa Innovación y Calidad para Cadenas Productivas y Pymes y la Red de Inversiones y Exportaciones (REDIEX).

Finalmente, el sector público uruguayo mantiene una participación activa a través de empresas estatales en asociaciones productivas-tecnológicas entre países del bloque, que se observa en al menos tres casos que constituyen emprendimientos importantes para la región. Por una parte, ANCAP participa de dos asociaciones regionales en simultáneo. Una de ellas se encuentra vinculada al desarrollo productivo, específicamente a la comercialización y distribución de cementos (entre Uruguay y Argentina). De este último emprendimiento también participa la empresa mixta uruguaya Cementos de Plata S.A. (que presenta el 95% de acciones en manos del sector público y 5% del sector privado). La otra asociación de ANCAP tiene vinculación con desarrollo tecnológico y la innovación, ya que su principal objetivo es la construcción de una planta de cemento de última tecnología en Uruguay que proporcionará un significativo proceso de aprendizaje para la compañía, a fin de que puedan abastecer las necesidades de materiales del sur de Brasil, con participación de la empresa española Cemento Molins. Otra de las empresas públicas uruguayas con participación en asociaciones en el ámbito del Mercosur es ANTEL, la compañía estatal de telecomunicaciones de Uruguay, que participa actualmente de un importante consorcio vinculado al desarrollo productivo, tecnológico e innovación junto con otra empresa pública argentina (ARSAT) y las empresas brasileras TELEBRAS y ODEBRECHT a fin de construir nuevas conexiones internacionales de fibra óptica, conectando así todas las redes de telecomunicaciones de los países del sur de América. En lo que se refiere al desarrollo de políticas públicas en el área, las principales acciones son dirigidas desde el Ministerio de Industria, Energía y Minería y el Ministerio de Educación, este último a través de la Dirección de Innovación, Ciencia y Tecnología para el Desarrollo (DICYT). Una cuestión relevante a destacar en este marco es que Uruguay presentó en 2010 su "Plan Estratégico Nacional de Ciencia Tecnología e Innovación".

3.4. El impacto de las asociaciones empresariales del Mercosur en el crecimiento verde

Varios son los autores (Jacobs, 2012; Da Motta Veiga y Polónia Rios, 2013; Samaniego, Claro y Torres, 2014; Conte Grand y D´Elia, 2013, entre otros) que señalan que durante los últimos años, el concepto de crecimiento verde ha ganado un espacio significativo sobre la noción de desarrollo sustentable. El concepto de crecimiento verde enfatiza la necesidad de generar una integración estratégica entre las políticas ambientales y las de crecimiento económico sin dejar de lado la inclusión social, relacionando así las preocupaciones climáticas-ambientales y sociales con políticas de desarrollo productivo e industrial. El crecimiento verde implica entonces un crecimiento económico en términos del Producto Bruto Interno con considerables mejoras ambientales (reducción de riesgos ambientales, reconstrucción del capital natural como activo económico) y sociales (mejorar el bienestar del ser humano, su calidad de vida y la equidad social), sin incurrir en una disminución de los recursos naturales. De esta forma, se crea un círculo virtuoso entre las dimensiones ambientales, económicas y sociales.

Por lo expuesto, se concluye que el crecimiento verde está más asociado a una estrategia práctica que a una definición teórica. Dicha estrategia de crecimiento consiste en "transformar en fuentes de expansión la producción y el empleo reduciendo la pobreza a través de: 1) la gestión sustentable de recursos naturales y del medio ambiente (el capital natural); 2) el desarrollo de nuevas tecnologías verdes; 3) la reconversión de sectores industriales hacia patrones de utilización de insumos y energía menos intensivos en emisiones y polución y 4) la diversificación productiva en dirección a sectores asociados a la reducción de emisión y polución" (Da Motta Veiga y Polónia Rios, 2013: 5).

Desde esta perspectiva y a fin de analizar experiencias de asociaciones empresariales en el Mercosur vinculadas al crecimiento verde, se han seleccionado un total de 8 EECs en base a su potencial para el desarrollo de un crecimiento verde e inclusivo, por tratarse de emprendimientos conjuntos que presentan una vinculación directa con la energía eléctrica y los recursos naturales de agua y gas. Asimismo, involucran actividades que muestran tanto problemas de contaminación futura como de gestión de recursos naturales. Del análisis también se desprenden algunas tendencias particulares que difieren de la tendencia general volcada en el primer apartado de este capítulo.

En primer lugar, es importante mencionar que aún se desconoce el impacto ambiental que tendrán esas ocho asociaciones empresariales. En relación a ello resulta necesario que los gobiernos de los países que conforman el bloque realicen los estudios de impacto ambientales correspondientes en cada caso, tanto sobre aquellos emprendimientos vinculados a los recursos hídricos (represas) como aquellos asociados a la explotación y distribución de gas y energía eólica, a fin de tener una dimensión de las posibles consecuencias –aún desconocidas– que pueden traer aparejados dichos emprendimientos en relación a los recursos naturales y energéticos de los países que los conforman en cada caso.

Entre los emprendimientos vinculados únicamente al crecimiento verde, sobresale Brasil, que participa en 6 de los 8 relevados. Argentina participa en 5 asociaciones, Uruguay en 3 y Paraguay en 2. Asimismo, la mayor parte de los emprendimientos conjuntos vinculados al crecimiento verde tienen lugar entre Argentina y Brasil (3 casos) y entre Uruguay y Brasil (2 casos).

Por otra parte, si bien la tendencia general es que las empresas públicas participen en un porcentaje mucho menor que el sector privado en asociaciones empresariales regionales, los pocos emprendimientos vinculados al crecimiento verde concentran la participación de la totalidad del sector público, superando al caso de los emprendimientos vinculados al desarrollo productivo-tecnológico analizados en el apartado anterior. En relación a ello, de las 4 empresas que participan en dichos emprendimientos por parte de Argentina, tres son públicas (Delegación del Estado Argentino, EBISA, FOMICRUZ) y una privada (IMPSA). Las empresas brasileras totales que participan de asociaciones vinculadas al crecimiento verde son 3, dos de las cuales son mixtas con mayor participación accionaria en manos del Estado (Electrobras y Petrobras S.A.) y una privada (Chui Holding). En el caso de Uruguay, participan dos empresas públicas (ANCAP y Delegación del Estado Uruguayo). Finalmente, la participación de Paraguay en tales emprendimientos se reduce a una empresa de carácter público (ANDE). Asimismo, de acuerdo a los pocos datos encontrados de la cantidad de empleados de dichas empresas, la tendencia señala que las asociaciones en el ámbito regional vinculadas al crecimiento verde están mayormente conformadas por grandes empresas.

Otra tendencia, que difiere de la general expuesta en el primer apartado, indica que la principal motivación de las empresas que participan de asociaciones con potencial crecimiento verde es la productiva en el 80% de los casos y existe sólo un 20% con fines comerciales, que concentran los dos emprendimientos de distribución y comercialización de gas entre Uruguay y Brasil: Montevideo Gas y Conecta, para el interior del país.

Asimismo, la rama de actividad a la que pertenece la mitad de empresas asociadas en este tipo de emprendimientos corresponde a suministro de electricidad, gas y agua (todos los países poseen al menos una empresa que pertenece a esta rama de actividad participando en alguna de las mencionadas asociaciones); el 20% a la explotación de minas y canteras; otro 20% a la administración pública y defensa y un 10% a la industria manufacturera. Si a ello se le suma el hecho de que la mayor parte de los emprendimientos vinculados al crecimiento verde presenta un carácter complementario, se observa no sólo una gran potencialidad en esas ramas de actividad entre los países del Mercosur sino una capacidad de generar complementariedad entre dichos países en el marco del crecimiento verde y la gestión de recursos naturales.

En relación a la duración y estabilidad de la asociación, los marcos legales utilizados en la conformación de emprendimientos vinculados al crecimiento verde en el ámbito del Mercosur parecieran presentarse como más perdurables en el tiempo y con una visión de mediano y largo plazo, debido a que incluyen muchas de las veces acuerdos y asociaciones entre empresas de países limítrofes, destacándose en este sentido las UTEs, los tratados binacionales y las comisiones técnicas mixtas.

En lo que se refiere al rol del sector privado, en este tipo de asociaciones su actuación se concentra en el campo de la energía eólica, específicamente en la construcción de seis parques en El Complejo Eólico Chuí en Rio Grande do Sul.

La participación directa del sector público en los emprendimientos relevados hasta el momento con potencial impacto en el crecimiento verde es muy activa, ya que los mismos han sido llevados adelante por empresas públicas o mixtas (estas últimas con mayor participación accionaria del sector público). En este sentido, y a diferencia de lo que ocurre en otros países del mundo en el que el sector privado es generalmente el que actúa con un papel relevante en muchos de los procesos vinculados a la economía, en los países del Mercosur el sector público de cada país estaría en condiciones de mantener un rol protagónico para la reconversión verde, a partir de la participación directa de sus empresas en el marco de los emprendimientos o asociaciones vinculadas a los recursos naturales hídricos y gasíferos, así como también la producción de energía eléctrica.

En lo que se refiere al rol del Estado vinculado a su actividad de implementación de políticas públicas concretas en el plano nacional del conjunto de países bajo estudio, se encuentran iniciativas aisladas que muchas veces no presentan una vinculación directa con el crecimiento verde o que no son desarrolladas en el marco específico de dicho concepto. De hecho, en algunos de los países los organismos gubernamentales y no gubernamentales encuentran posiciones enfrentadas en relación a este marco conceptual, que resulta más o menos integrado, según los sectores desde los cuales se analice la importancia de la reconversión verde. Entre todos los países analizados, Brasil es el que más se destaca en relación a la generación de políticas vinculadas al crecimiento verde. Este último, a diferencia del resto, está trabajando en el marco del concepto de crecimiento verde, y ha adoptado una estrategia específica en este sentido, siendo en la actualidad uno de los siete países apoyados por el Global Green Growth Institute y manteniendo políticas verdes, como el ejemplo del sistema de transporte de Curitiva, que se erigió como un caso paradigmático en la materia.

3.5. El papel de las PyMEs en las asociaciones empresariales del ámbito del Mercosur. La innovación "blanda" por franquicias

Para abordar la temática de la innovación blanda es preciso volver a hacer hincapié en el hecho de que la innovación implica un proceso colectivo en el que influyen una gran cantidad de actores que trasciende el mero hecho de incorporar tecnología, ya que comprar una máquina o una licencia sólo pueden constituir el puntapié inicial del proceso de innovación. La incorporación de tecnología no se constituye *per se* en una condición suficiente para que un sistema esté realmente innovando. En este sentido, sólo se puede considerar que ocurre innovación cuando existe un esfuerzo para mejorar y adaptar las tecnologías duras y blandas. Así, el conocimiento como tal, su incorporación y el aprendizaje se volverían factores indispensables para el estímulo de la innovación (ver Naclerio y Salas, en este volumen; Naclerio, 2010).

En este sentido, los EECs relevados vinculados al formato de franquicias pueden presentar un tipo de innovación considerada como "blanda". Si bien las franquicias consisten en acuerdos comerciales en la mayor parte de los casos y presentan un menor compromiso entre las partes en el reparto del riesgo, consideramos que este tipo de emprendimiento mantiene cierta vinculación con la innovación, entendida en tanto un proceso de aprendizaje por parte del franquiciado vinculado principalmente a la transferencia del *know how* por parte del franquiciante asociado a una estrategia comercial y modelo de negocio concreto, capacitación del personal con métodos y formas diferenciadas de atención al cliente e incluso, según la franquicia de que se trate, asociado a métodos y técnicas muy precisas de elaboración de determinados productos (como el caso de los helados en Argentina). De esta forma, si bien la actividad del franquiciado consiste básicamente en replicar un negocio, la construcción de dicha réplica implica el desarrollo de un proceso de aprendizaje que imponen las franquicias en una gran cantidad de cuestiones tales como la capacitación del personal, normas vinculadas a la disposición y presentación de productos, normas de seguridad del local, cuestiones relativas a la infraestructura y la presentación de la marca y mercadería, entre otras cuestiones.

Desde mediados de la década de 2000, el formato de franquicias se ha convertido en un tipo de asociación que ha ganado notoriedad en el ámbito regional, impulsado principalmente por firmas o marcas que han conseguido primero un renombre a escala nacional y que buscan expandirse al Mercosur (dos Santos Claro, 2014). En relación a ello, en el presente estudio se analizó un total de 36 casos de emprendimientos entre firmas de países del Mercosur que utilizaron el formato de franquicias, encontrándose los resultados y tendencias que se exponen a continuación:

- Argentina es el principal exportador de franquicias en el ámbito del Mercosur (en relación a la cantidad de firmas relevadas hasta el momento, que superan los 30 casos). Existe un fuerte desarrollo del sector privado de firmas argentinas a través de la venta de franquicias en los países del bloque, fomentando así un tipo de asociación en el espacio regional que implica un nulo reparto del riesgo, dado que este último es asumido en su totalidad por el franquiciado.
- Paraguay y Uruguay actúan como los principales países importadores de dichas franquicias argentinas. Por su parte, Brasil exporta franquicias de una menor cantidad de firmas que Argentina (se relevaron solamente 9 casos de asociaciones con firmas brasileras), pero con un mayor desarrollo de locales franquiciados (existiendo casos de hasta 42 locales en Argentina).
- De acuerdo a los datos de la cantidad de empleados, la mayor parte de las firmas argentinas que actúan como franquiciantes son pequeñas y medianas empresas con menos de 200 empleados.
- Las ramas de actividad económica con mayor potencialidad para el caso de las franquicias son las de enseñanza, hoteles y restaurantes y la industria manufacturera –particularmente aquella relacionada a la indumentaria, zapatos y accesorios–.

Finalmente, es importante destacar para el caso de las franquicias que existe una gran cantidad de información brindada por las propias empresas, quienes a fin de encontrar potenciales socios destinan secciones específicas en sus sitios web con la descripción y el plan de negocios, mientras que omiten otra clase de datos.[5]

---

[5] Existe la posibilidad de que la gran cantidad de franquicias relevadas en el marco del Observatorio en relación a otro tipo de asociaciones podría deberse también a la mayor facilidad en el acceso a la información que presenta este formato en contraposición a un acceso más restringido cuando se trata de marcos legales tales como UTE, ACE o Sociedades que las empresas celebran en ámbitos privados y muchas veces no difunden. Sin embargo y más allá de esta cuestión, resulta evidente que el formato de franquicias, especialmente de firmas argentinas en el Mercosur, se ha expandido con mayor fuerza en los últimos años.

4. Recomendaciones de políticas públicas

En términos generales la investigación aquí emprendida evidenció que los sectores privados de los distintos países que conforman el bloque regional se han inclinado por desarrollar asociaciones que implican un compromiso limitado con otras firmas de la región, vinculadas principalmente a la obtención de beneficios comerciales de corto plazo y basadas en asociaciones horizontales de competitividad. Sin embargo, el sector de empresas públicas –aunque menor que el sector privado en términos de cantidad de empresas que participan en emprendimientos conjuntos en el Mercosur–, ha presentado una fuerte concentración en emprendimientos vinculados al desarrollo productivo-tecnológico y al crecimiento verde, generando además asociatividad vertical y una mayor complementariedad en la conformación de las asociaciones de las que son parte. En este sentido, y mientras que en muchos países ha sido generalmente el sector privado el que ha tomado la iniciativa en estas cuestiones, para el caso de los países del Mercosur consideramos que el rol del sector público de los países del bloque resulta fundamental como principal motor del desarrollo productivo-tecnológico, la innovación y la reconversión verde, tanto en su participación directa en dichas asociaciones a través de las empresas estatales como en su función de promover políticas públicas vinculadas a estas cuestiones.

En este sentido, se exponen a continuación una serie de recomendaciones de política que sintetizan propuestas para los *policy-makers* a partir de los hallazgos en el marco del análisis de los EECs del Mercosur. Adicionalmente, se sintetizan recomendaciones de política pública cuyo contenido coadyuvará a mejorar las políticas presentes y futuras en la materia.

A partir de los datos analizados surge como evidencia la necesidad de prestar atención a la fase microeconómica del proceso de conformación de cadenas de valor por varios motivos. En primer lugar, se destaca que desde un análisis microeconómico sencillo, los emprendimientos empresariales no sólo son de diverso tipo, sino que se conforman con diversos objetivos que superan aquellos comerciales. Estos objetivos sin duda tienen un valor diferente para clientes y ciudadanos de los distintos países. Por ende, es necesario ahondar más en el estudio de esta fase de conformación de la cadena de valor, para poder entender mejor cuáles emprendimientos pueden generar el mayor valor económico y también social. En segundo lugar, es necesario estudiar cómo funcionan los emprendimientos empresariales conjuntos por dentro, cómo las empresas se distribuyen entre las actividades primarias y las actividades de soporte para agregar valor al mismo y minimizar los costos y, finalmente, cómo se apropian y distribuyen el margen de beneficios.

Del trabajo de recolección de datos e información surge la necesidad de proponer un mayor esfuerzo para mejorar la transparencia en la información de planes, programas, proyectos e iniciativas de los gobiernos de la región. En un contexto de escasez de información o, directamente, de falta de información, es necesario instar a los gobiernos de la región a dar un mayor acceso a la información pública relativa a la materia.

A partir del análisis de la información relevada, resulta posible afirmar que los gobiernos del Mercosur, fundamentalmente a través de sus empresas estatales (públicas y mixtas) juegan un papel clave en el Desarrollo Productivo y el Crecimiento Verde en la región. En ese sentido, pareciera que las mencionadas empresas funcionan como eje estratégico en el desarrollo y consolidación de ambos ejes de desarrollo, indicando que la producción de bienes (privados, sociales, públicos) por parte del Estado no solamente tiene un carácter social, sino que también puede estar a la vanguardia de la innovación en ejes estratégicos como los mencionados. Este hallazgo pareciera tener un sustento importante, que se corroboraría en la medida en que los precios de ciertas *commodities*, tales como el petróleo, presentan fluctuaciones enormes que hacen poco atractiva la inversión privada en la materia. Asimismo, resulta imperioso comenzar a realizar diagnósticos sobre los posibles impactos ambientales que pueden traer aparejados dichos emprendimientos.

Como consecuencia del trabajo de análisis elaborado sobre los datos empíricos relevados, se presenta como una necesidad fundamental la implementación de acuerdos en el marco del Mercosur para continuar promocionando el crecimiento o bien la reconversión verde en relación a los grandes emprendimientos energéticos (hídricos, gasíferos, eólicos, etc.). En ausencia de estos marcos, una importante cantidad de empresas públicas y mixtas realizó pasos sustantivos en este sentido, lo cual indica la necesidad de avanzar en esta vía para profundizar y potenciar el crecimiento verde en la región.

Asimismo, sale a la luz la imperiosa necesidad de continuar relevando de una forma sistemática y periódica datos relativos a los emprendimientos empresariales del Mercosur para seguir ampliando la muestra, así como también continuar con los procesamientos y análisis de dichos datos para evidenciar los cambios o continuidades en las tendencias a medida que se amplía la muestra. En este sentido, se valora como fundamental la experiencia que ha logrado el Observatorio de Integración Productiva Regional en la sistematización y compilación de dichos datos y resulta necesario su fortalecimiento por parte de los gobiernos. El trabajo realizado hasta el momento es el precedente más importante en la materia, motivo por el cual es, sin lugar a dudas, un hito destacable. A pesar de ello, la realidad empresarial es dinámica y la coyuntura política y económica continuará modificando la importancia relativa de los resultados obtenidos. En consecuencia, es fundamental continuar con la actualización y sistematización constante de los datos relevados, así como también de los análisis. Esta herramienta es la única que permite obtener información empírica capaz de poner a prueba hipótesis y evaluar políticas públicas en la materia.

Aparece además como conveniente proponer la creación de un observatorio de políticas públicas en la materia, a partir del cual se recauden, analicen y sistematicen los diversos intercambios entre los países sobre experiencias de políticas exitosas. Esto resulta a todas luces fundamental, ya que no sólo funcionaría como una fuente de información, sino como un real intercambio de buenas prácticas y distintos formatos de iniciativas entre los países de forma sistematizada.

Finalmente, y como conclusión de las últimas dos recomendaciones, se hace evidente la necesidad de continuar profundizando el trabajo de investigación sobre las áreas indagadas y encontrar nuevas áreas de trabajo en la materia, que permitan impulsar la frontera del conocimiento a la vez que brinden información y propuestas para mejorar la toma de decisión de los hacedores de política.

Referencias bibliográficas

Arrellaga, G. (2014). "Emprendimientos Empresariales Conjuntos del Mercosur en el Paraguay", Working Paper, N° 168, *Serie de Integración Productiva Regional*, LATN, Buenos Aires, Argentina.

Conte Grand, M. y D´Elia, V. (2013). "Estudio de caso sobre el crecimiento verde e inclusivo en América Latina", Latin American Trade Network e International Development Research Centre, mayo-diciembre.

Da Motta Veiga, P. y Ríos, S. (2014). "Escenarios de crecimiento verde en América Latina", en Quiliconi, C. y Peixoto Batista, J., (eds.), *Los Desafíos del Crecimiento Sustentable con Inclusión en América Latina*, Teseo, Buenos Aires, Argentina, pp. 57-86.

dos Santos Claro, N. (2014). "Identificación y seguimiento de los Emprendimientos Empresariales Conjuntos. Estudio para Argentina", Working Paper, N° 166, *Serie de Integración Productiva Regional*, LATN, Buenos Aires, Argentina.

Grosjean, N. y Maillat, D. (1998). "Territorial production systems and endogenous development", Institute for Regional and Economical Research, University Neuchatel, Suiza.

Jacobs, M. (2012). "Green Growth: economic theory and political discourse", Working Paper, N° 92, Centre for Climate Change Economic and Policy, Grantham Research Institute on Climate Change and the Environment, London, United Kingdom.

Jung, J. (2014). "Identificación y Seguimiento de los Emprendimientos Empresariales Conjuntos. Estudio Para Uruguay", Working Paper, N° 169, *Serie de Integración Productiva Regional*, LATN, Buenos Aires, Argentina.

Meyer-Stamer, J. y Harmess-Liedtke, U. (2005). "Cómo promover Clusters", mesopartner documento de trabajo.

Moreira Lima, U. (2014). "Integração Produtiva no Mercosul: A Participação de Empresas Brasileiras em Empreendimentos Conjuntos Nos Países Do Bloco", Working Paper, N° 167, *Serie de Integración Productiva Regional*, LATN, Buenos Aires, Argentina.

Narváez, M.; Fernandez, G. y Senior, A. (2008). "El desarrollo local sobre la base de a asociatividad empresarial: Una propuesta estratégica", *Opción*, Vol. 27, N° 57, Universidad del Zulia, Maracaibo, Venezuela, pp. 74-92.

Naclerio, A. et al. (2010). *Sistemas Productivos Locales: Políticas Públicas y Desarrollo Económico*, primera edición, Programa de Naciones Unidas para el Desarrollo, Buenos Aires, Argentina.

Samaniego, J. L.; Claro, E. y Torres, V. (2014). "Economía para un desarrollo sostenible e inclusivo: la experiencia de países emergentes", en Quiliconi, C. y Peixoto Batista, J. (eds.) *Los Desafíos del Crecimiento Sustentable con Inclusión en América Latina*, Teseo, Buenos Aires, pp. 25-56.

SOBRE LOS AUTORES

Lucas D. Arce es Investigador del Centro de Análisis y Difusión de la Economía Paraguaya (CADEP-Paraguay) y Profesor de la Universidad de Belgrano (Argentina). Actualmente trabaja para el International Development Institute de King's College London (Inglaterra). Posee una maestría en Relaciones Económicas Internacionales de FLACSO Argentina/UdeSA/Universitat de Barcelona y un posgrado en Métodos Cuantitativos Aplicados a la Economía de CINVE-Universidad ORT Uruguay. Sus investigaciones se centran en economía política internacional, innovación y *upgrading*, enfoques de cadenas de valor y comercio internacional.

E-mail de contacto: lucas.arce@comunidad.ub.edu.ar

Andrea Bovris es Subgerente en Belgrano Cargas y Logística S.A. y socia de BCDC y Asociados. Es Licenciada en Economía egresada de la Universidad Católica Argentina. Ha sido funcionaria pública en los niveles provincial y nacional, y se desempeñó como Jefa de Gabinete del Ministerio de Industria de Argentina (2012 - ene 2014). Su área de expertise se centra en el desarrollo y diseño de políticas públicas, política industrial, política automotriz y negociaciones internacionales.

E-mail de contacto: abovris@yahoo.com

Mariano A. Barrera es investigador asistente del CONICET y docente e investigador del Área de Economía y Tecnología de la FLACSO, en donde integra el "Programa sobre petróleo y minería". Es Doctor en Ciencias Sociales por FLACSO, Magíster Economía Política con Mención en Economía Argentina por la misma institución, y Licenciado en Ciencia Política por la Universidad de Buenos Aires. Se especializa en temas energéticos.

Email de contacto: marianoabarrera@gmail.com

Fernando G. Cafferata es Gerente de Recursos Financieros en el IAFPRPM (organismo previsional) del Ministerio de Defensa y Profesor en la Universidad de Buenos Aires y en el Instituto Ortega y

Gasset – Miami Dade College (Goberna-América Latina). Se ha desempeñado como Subsecretario, Director Nacional y Coordinador en los Ministerios de Defensa y Seguridad de la Nación. Es Magister en Economía y Magister en Administración y Políticas Públicas por la Universidad de San Andrés (Argentina), y Licenciado en Ciencia Política por la misma Universidad. Sus temas de investigación giran en torno a las políticas públicas y las evaluaciones de impacto cuantitativas y económicas de políticas públicas en los sectores de desarrollo económico, política fiscal, seguridad ciudadana y defensa nacional. E-mail de contacto: fernando_cafferata@gmail.com

Natalia dos Santos Claro es especialista en planificación de políticas públicas, evaluación de desempeño y gestión de programas con orientación por objetivos. Posee extensa experiencia en la elaboración, monitoreo y evaluación de políticas públicas, planes, programas y proyectos para organismos internacionales y el sector público. En este último se ha desempeñado como Directora y asesora en distintas carteras ministeriales de rango nacional. Es Magíster en Relaciones y Negociaciones Internacionales por FLACSO/UdeSA/Universitat de Barcelona, Licenciada en Ciencia Política por la Universidad de Buenos Aires y Periodista por T.E.A.
E-mail de contacto: natalia2santos@gmail.com

Natalia García es Directora de Políticas Productivas del Ministerio de Economía y Finanzas Públicas. Es Magister en Economía Social por la Universidad Nacional de General Sarmiento y Licenciada en Economía por la Universidad de Buenos Aires. Su principal área de investigación son las políticas públicas para el desarrollo productivo.
E-mail de contacto: nataliagarci@gmail.com

Juan M. Graña es Investigador del CONICET en el Centro de Estudios sobre Población, Empleo y Desarrollo, Instituto de Investigaciones Económicas, Facultad de Ciencias Económicas, UBA. Es Doctor en Economía por la Universidad de Buenos Aires y Licenciado en Economía por la Universidad de Buenos Aires. Sus principales temas de investigación incluyen el desarrollo económico e industrial, así como el mercado laboral.
E-mail de contacto: juan.m.grana@gmail.com

Eugenia Inchauspe es Analista en el Ministerio de Economía y Finanzas Públicas de Argentina. Es Magíster en Economía Política con Mención en Economía Argentina (FLACSO) y Licenciada en Estudios Internacionales de la Universidad Torcuato Di Tella. Se especializó en Alta Formación en Integración Productiva del Mercosur (Cooperazione

Italiana, Universidad de Roma y Comisión de Representantes Permanentes del Mercosur). Fue becaria de la Agencia Nacional de Promoción Científica y Tecnológica (MINCYT) y del Consejo Nacional de Investigaciones Científicas y Técnicas (CONICET). Su campo de especialización gira en torno del desarrollo productivo y los procesos de integración regional.
E-mail de contacto: eugeinchauspe@hotmail.com

Alejandro Naclerio es coordinador responsable del Programa Sistemas Productivos Locales del Ministerio de Industria de Argentina y Profesor en la Universidad Nacional de Moreno, en la Universidad Nacional de Quilmes y en la Universidad Nacional de La Plata. Es Doctor en Economía por la Universidad de Paris 13, Francia, Magister en Organización Industrial, Innovaciones y Estrategias Internacionales por la Universidad de Paris 13, Magister en Ciencias Sociales del Trabajo por la Universidad de Buenos Aires y Licenciado en Economía por la Universidad Nacional de La Plata. Sus temas de investigación se centran en economía de las innovaciones y del desarrollo.
E-mail de contacto: alaejandro.naclerio@econo.unlp.edu.ar

Gustavo Rojas de Cerqueira César es Investigador Asociado del Centro de Análisis y Difusión de la Economía Paraguaya (CADEP) y Profesor de la Universidad de Belgrano (Argentina). Posee una maestría en Relaciones Económicas Internacionales de FLACSO/UdeSA/Universitat de Barcelona y es Licenciado en Relaciones Internacionales por la Pontificia Universidad Católica de Minas Gerais (Brasil). Ha sido Analista Económico de la Embajada de Brasil en Buenos Aires y consultor del IIPE-UNESCO. Sus investigaciones se centran en economía política internacional, enfoques de cadenas de valor y comercio internacional.
E-mail de contacto: grojascc@gmail.com

Julieta M. A. Salas es Asesor Técnico del Ministerio de Industria en Planes de Asociatividad para el Desarrollo Productivo, Planes de Fortalecimiento Cooperativo y Proyectos de Inversión, Consultora de YPF en el marco del Programa Sustenta. Es MA en Ciencias Sociales del Trabajo por la Universidad de Buenos Aires y Licenciada en Economía por la Universidad de Buenos Aires. Sus temas de investigación incluyen economía laboral y análisis de cadenas de valor.
E-mail de contacto: jalas@industria.gob.ar

Pablo Trucco es Investigador del Área de Relaciones Internacionales de FLACSO Argentina, Investigador de la Red LATN y Consultor del Ministerio de Industria de la Nación. Es MA en Economía por la Universidad Estatal de San Diego, Licenciado en Relaciones Internacionales por la Universidad del Salvador y Licenciado en Economía por la Universidad de Buenos Aires. Sus principales temas de investigación incluyen economía política internacional y economía política del regionalismo en América del Sur. E-mail de contacto: ptrucco@flacso.org.ar

La integración productiva es resultado de la interacción entre transformaciones sistémicas, políticas gubernamentales y decisiones de las empresas. Este libro explica los cambios ocurridos en estas tres dimensiones y su impacto sobre la integración productiva en el Mercosur, destacando el potencial y las limitaciones actuales de un proceso difícilmente eludible en el largo plazo. El libro presta especial atención a las estrategias asociativas de empresas que operan en el nivel regional, poniendo el foco sobre los incentivos empresarios y las regulaciones que refuerzan asimetrías y aquellas que inducen a que el proceso integrador se traduzca en desarrollo económico tanto para los países grandes como para los pequeños, así como en beneficios para las firmas de gran tamaño y para las PyMEs. Los elementos teóricos y conceptuales explicados en este volumen, junto con los análisis del comercio intra-regional, los análisis de caso de cadenas de valor y de emprendimientos conjuntos entre empresas de distintos países del bloque así como las tendencias regionales en ese tipo de emprendimientos ofrecen al lector una aproximación holística y extendida de la integración productiva en el Mercosur.

Esta tirada de 100 ejemplares se terminó de imprimir en diciembre de 2015 en Imprenta Dorrego, Dorrego 1102, CABA